Niki Lauda
Meine Story

Niki Lauda
Meine Story

In Zusammenarbeit mit Herbert Völker

VERLAG ORAC, WIEN

Titelfoto: Alois Rottensteiner
Rückseite: Tamotsu Futamura

Farbfotos: Alois Rottensteiner (29), Tamotsu Futamura (7), Wolfgang Wilhelm (4), BUNTE (3), Herbert Völker (2), Arthur Thill.

Schwarzweißfotos: Alois Rottensteiner (22), DPPI (3), Austria Wochenschau (2), Roger Benoit (2), Erich Kaszay (2), Ferdi Kräling (2), Josef Reinhard (2), Brian Aris, Castrol, Jeff Hutchinson, Rainer Schlegelmilch, Thomas Streimelweger, Oskar Weissengruber, Günther Wiesinger.

ISBN 3-7015-00225-8
1. Auflage 1985
Copyright © 1985 by Verlag Orac, Wien
Alle Rechte vorbehalten

Schutzumschlag: Bronislaw Zelek
Grafik: Thomas Frik
Technik: Imprima W. Menches
Satz: Druckerei Robitschek, Wien
Druck- und Bindearbeiten: Wiener Verlag, Wien

Inhalt

1. JUNGER MANN AUS GUTEM HAUS:
   EIN TOTALER VERSAGER   7

2. DAS NEUE MODELL FÜR RENNFAHRER-KARRIEREN
   Mit Tricks, Krediten und Sponsoren in den Fahrersitz   29

3. FERRARI
   Mythos und Realität des alten Herrn. Marlene, der erste
   WM-Titel, ein Traktor-Unfall und der Auftritt des
   Wunderheilers   52

4. NÜRBURGRING
   Der 1. August 1976, und die Folgen bis heute   69

5. WEITERLEBEN
   Vertrauenskrise bei Ferrari: Wieviel taugt ein angebrannter
   Weltmeister? Die Niederlage 1976, die Revanche 1977.
   Die Kündigung   80

6. BRABHAM
   Ecclestone, das komische Staubsauger-Auto,
   die schwarze Alfa-Serie und die Verlockungen des
   Geschäftslebens. Der erste Rücktritt   105

7. DAS COMEBACK
   Das Herantasten, der erste Versuch, ein Vertrag wie nie zuvor.
   Der Fahrerstreik von Kyalami   115

8. DER TURBO KOMMT
   Das McLaren-Team, das TAG-Projekt, der Porsche-Motor   140

9. DAS SCHWERSTE JAHR
Ein Gegner wie noch nie: Alain Prost. Politik und Intrigen, —
wie ein perfekter Renault-Vertrag platzte   147

10. ESTORIL
Das Finale vor dem dritten Weltmeistertitel   162

11. LEERE KILOMETER
Das seltsame Jahr 1985. Defekte ohne Ende als Gesetz der
Serie. Als Außenseiter im McLaren-Team   178

12. VON 400 BIS 1000 PS
13 Jahre in der Formel 1. Was sich änderte in Technik und
Fahrstil. Frust und Reiz der technischen Sophistication im
Rennsport. Was zählt der einzelne, was kann er bewegen und
bewirken?   189

13. BERUFSKOLLEGEN
Von Fittipaldi bis Senna   200

14. DAS LAUDA-SYSTEM
Die Verteidigung meiner Zeit   207

15. DIE FLIEGEREI
Das Hobby, das Beruf wurde. Beginn der Lauda Air.
Propellerstart und Ernüchterung. Durchstarten:
Die Expansion   225

16. IBIZA
Gegensätze, die einander anziehen. Marlene, Lukas, Matthias   235

17. ENDSPURT
Das Sechs-Millionen-Dollar-Angebot. Mein letztes Rennen   245

ANHANG
Alle Starts Niki Laudas. 297 Rennen in 18 Jahren   263

1. Kapitel

Junger Mann aus gutem Haus: Ein totaler Versager

Ein gutes Haus ist schon eine Hilfe, auch wenn ich zwischendurch das Gegenteil behauptet habe, aus lauter Wut über etliche Prügel, die ich zwischen die Füße gekriegt habe. Die Laudas sind wer in Österreich. Zumindest waren wer, denn wir sterben ein bisserl aus, was die Branche Industriekapitäne betrifft.

Zentralfigur war mein Großvater, genannt „der alte Lauda". Dies unterscheidet ihn selbst nach seinem Tod von allen anderen Laudas, die vielleicht auch alt werden mögen. Mir gefiel das Sichtbare an ihm, die grandiose Stadtwohnung mit livriertem Diener, das riesige Bauerngut in Niederösterreich, der phantastische Besitz in St. Moritz.

Er schimpfte unerhört auf die Sozialisten und auf alles, was sie sagten und taten. Eines Abends, ich war etwa zwölf, sah ich ihn im Fernsehen. Er stand in der ersten Reihe und kriegte einen Orden umgehängt, vom damaligen Obersozialisten der Nation. Ich setzte mich sofort hin und schrieb meinem Großvater einen Brief: Ich verstünde nicht, wie man sein Lebtag soviel schimpfen und dann von seinen bösesten Gegnern einen Orden annehmen könne. Keine Antwort. Monate später, bei einem rituellen Jahresbesuch in unserem Haus, sah ich ihn wieder. Er war mir sehr willkommen, denn er hatte einen Jaguar, den ich in unserem Garten umdrehen durfte. Fast alle Gäste erlaubten, daß ich ihre Autos im Garten wenden durfte, es ersparte ihnen Arbeit, und man hatte mich als Fachmann akzeptiert. Nach einer halben Stunde Smalltalk zog Großvater jenen Brief aus seiner Brusttasche und stellte mich zur Rede. Was ich mir dabei gedacht hätte, wie frech ich sei und überhaupt. Als Anklage gegen meine Eltern las er den ganzen Brief vor, als müsse er Wort für Wort das Ausmaß dieser Impertinenz belegen. Meine Mutter schimpfte mich heftig, Vater blieb locker. Innerlich gliederte ich mich damals aus dem Lauda-ist-was-Besonderes-Denken aus, so gut ich es halt begriff. Sobald ich ein bisserl selbständig wurde, hab ich mich fürchterlich gerächt: Ich blieb jeweils am Weihnachtstag jenem Lunch fern, zu dem die ganze Familie im feudalsten Hotel Wiens, dem Imperial, anzutreten hatte. Härter konnte sich ein Jung-Lauda einem Alt-Lauda gegenüber nicht gebärden.

Ich sehe in meiner Erziehung und meinem Background schon die Erklärung für etliche meiner Eigenschaften. Ich bin etwas unterkühlt aufgezogen worden, jenen gedankenlosen Selbstverständlichkeiten folgend, die damals in unseren Kreisen halt existiert haben. Etwa das Reiten: Es war logisch und völlig unausweichlich, daß ich reiten lernen mußte, obwohl mich alles daran angewidert hat. Schon das Geräusch, das trapp-trapp des aus der Box kommenden Pferdes, ist mir auf die Nerven gegangen, der Geruch ist mir auf ekelhafte Weise in die Nase gestiegen, und als erstes ist mir gleich einmal schlecht geworden. Bevor ich überhaupt aufsteigen konnte, mußte ich noch schnell raufrennen zum Klo. Kein Mensch in meiner Familie hätte die Flexibilität gehabt, mir als Zehnjährigem das Reiten zu ersparen und es vielleicht später zu probieren. Hier die Kurve zu kratzen, war einfach nicht drin. Man kann jetzt sagen: Meine Eltern haben recht gehabt, denn immerhin hab ich tadellos reiten gelernt und meine Phobie abgelegt. Und wenn mir heute in Ibiza danach zumute ist, kann ich aufs Pferd meines Schwagers steigen und habe jedenfalls eine Idee, wie man mit den Ponies der Kinder umgehen sollte.

In der Kühle dieser Wohlerzogenheit mag eine Erklärung für meine Sucht liegen, Leistung zu zeigen, es besser zu machen als andere Menschen. Immerhin ist mir auch viel Sicherheit mitgegeben worden. Oft sieht man Leute, die in einem teuren Restaurant, wo die befrackten Ober herumwedeln, zu ganz anderen Menschen werden, — sie schauen anders, reden anders, machen besondere Bewegungen und strecken den kleinen Finger weg. Ich habe gelernt, mich überall auf der Welt zu bewegen und selbstverständlich meine Manieren einzusetzen. Daß ich mich trotzdem manchmal wie ein Flegel benehme und Vokabeln im Repertoire habe, die man bei Laudas nicht lernen konnte, mindert nicht den Vorteil, mich unter allen Umständen sicher zu fühlen, was das Auftreten und den Umgang mit Menschen betrifft.

Meine Schulerfolge waren abenteuerlich unter allen Blickwinkeln — Erziehung hin, Erziehung her. Ich hatte vom ersten Tag an keine Beziehung zur Schule. Ich hab den Zweck der Sache nicht eingesehen, vor allem ab dem zwölften Lebensjahr, als ich mich schon für Autos interessiert habe. Ich bin zweimal durchgeflogen, einmal in der dritten, dann in der fünften Klasse. Da hatte ich immerhin schon ein Auto, ein Käfer-Cabrio vom guten Jahrgang 1949. Dafür hatte ich von meinen Taschengeldern 1500 Schilling zusammengebracht, konnte nun immerhin im Hof auf und abfahren, konnte den Wagen lackieren, den Motor auseinandernehmen und wieder zusammenbauen. Ich habe den VW dann auf das Gut meiner Großeltern schleppen lassen, dort gab es Privatstraßen, auf denen ich auch schon fahren konnte. Ich habe eine Sprungschanze gebaut und probiert, wie weit der Käfer fliegen kann. Er ist 22 Meter weit geflogen, und bei den Rekordsprüngen sind ihm die Federn bei den Ohren rausgekommen.

Nach dem zweiten Sitzenbleiben haben mich meine Eltern in eine Maturaschule gesteckt. Da hatte ich natürlich die totale Freiheit und habe noch weniger getan, bin zu keiner einzigen Prüfung angetreten und hab nur Blödsinn gemacht. Irgendwann ist es meinen Eltern zu bunt geworden und sie schickten mich in eine Mechanikerlehre, ich muß wohl 17 gewesen sein. Für Lauda-Verhältnisse war das sehr arg.

Ich kam in eine Volvo- und BMW-Werkstatt und hab mir gedacht, eigentlich ist das gar nicht so schlecht. Ich war also Lehrbub, und täglich in der Früh hab ich meinen Ranzen genommen, — da war das Essen drin —, und bin mit der Tramway in meine Werkstatt gefahren. Meine Karriere als Mechanikerlehrling hat bald einen scharfen Knick bekommen. Eines Morgens kam ein aufgeregter Geschäftsmann mit seinem Volvo. Es war noch ganz zeitig, vielleicht sieben Uhr, und er wollte rasch einen Ölwechsel, weil er um acht Uhr wichtige Termine hatte und dann sein Auto brauchen würde.

In den Augen des Meisters war ich prädestiniert zum Ölwechseln, ich mußte in die Garage runterfahren und das Auto über eine Grube stellen. Ich bin runtergestiegen und hab versucht, die Mutter der Ölwanne aufzukriegen. Leider habe ich in die falsche Richtung gedreht und damit die Schraube überdreht. Ich bin zu meinem Gesellen raufgegangen und hab gesagt, er soll sich das einmal anschauen, ich krieg die Ölschraube nicht runter. Der Geselle hat natürlich sofort überrissen, was los war, und es gab einen riesigen Wirbel, weil der ganze Motor ausgebaut werden mußte. Dann mußte die Ölwanne von oben abmontiert werden, neue Ölwanne, Motor wieder einbauen — das dauerte zwei Tage und der Kunde hat getobt wie ein Irrer, es war einer von den wirklich aufgeregten Menschen.

Die Mechaniker haben mir alles nachgeschmissen, was sie in die Finger kriegten, Schlüsseln und Schraubenzieher sind nur so geflogen. Von diesem Moment an wurde ich wie der größte

Trottel behandelt, durfte bei den Autos nicht mehr hingreifen und war nur noch zum Wurstsemmelholen qualifiziert.

In den Ferien habe ich meinen Führerschein gemacht, draußen am Land beim Gut meiner Eltern. Da die Strecke zur Fahrschule ziemlich weit war, bin ich mit einem der herumstehenden Autos hingefahren und habe um die Ecke geparkt.

Nach einem Jahr Wurstsemmelholen und Schraubenschlüssel-Nachgeschmissenkriegen sagte ich meinem Vater, daß ich jetzt wieder Sehnsucht nach einer intellektuellen Laufbahn hätte. Vater war einverstanden, aber zur Strafe für all meine Irrungen mußte ich jetzt die Abendkurse belegen und sollte tagsüber weiter arbeiten. Ich habe es dann etwas ernsthafter als vorher versucht, habe die Nebengegenstände geschafft und wohl auch zwei Hauptgegenstände. Für die Englischprüfung hatte mir mein Großvater ein kleines Auto versprochen, aber als ich in seiner Zwanzig-Zimmer-Wohnung am Schubertring vorsprach und ihn dran erinnerte, hat er mich einen Frechling geschimpft. Ob ich nicht sehe, was er für ein sparsamer und genügsamer Mensch sei, und die Tante Helga (seine zweite Frau) trage dieses Kostüm jetzt schon weißgottwielange und weiß der Teufel. Mein Vater hat damals gesagt, ich solle mich nicht kränken, ihm hätte der Großvater immer ein Pferd versprochen, das er auch nie gekriegt habe.

Natürlich war es sehr demütigend für einen Neunzehnjährigen aus „meinen Kreisen", kein Auto zu haben, alle andern hatten eins. Mit Freundin war's besonders kompliziert, dem Mädel war die Straßenbahn kaum zuzumuten. Irgendwann ist mir alles zu sehr auf die Nerven gegangen, — die Maturaschule mit all den Strebern, und daß ich ja schon ein volles Jahr meiner Rennfahrerkarriere (die war längst beschlossen) verloren hatte. Ich schaute mich um ein abgekürztes Verfahren um, damit ich nie wieder was von dem elenden Thema Matura hören würde. Ich selbst, davon war ich tief überzeugt, würde nie in meinem Leben einen Beruf ergreifen, zu dem ich ein Reifezeugnis brauchen würde, also ging es einzig und allein um die sturen Ambitionen meiner Eltern. Ihnen konnte geholfen werden. Eine Kollegin aus der Maturaschule hatte eben den Abschluß geschafft, und ein weiterer Mitschüler fühlte sich in der Lage, ihr Zeugnis so zu fälschen, daß mein Name aufscheinen würde. Das Mädchen würde Verlustanzeige machen und dann ein Duplikat ihres Zeugnisses kriegen.

Ich war sehr erstaunt, als ich das gefälschte Zeugnis bekam, denn der grafisch talentierte Mitschüler hatte mit Tintentod und Radiergummi ziemlich ungenial herumgeschistelt, und ich war schrecklich enttäuscht über die schlechte Qualität der Fälschung — sie war auf hundert Meter zu sehen. Ich hab kurz die rechtlichen Folgen überlegt, bin aber zu dem Schluß gekommen, daß eine Fälschung für den reinen Hausgebrauch keine große Sache sei. Jedenfalls habe ich mich entschlossen, das gute Stück daheim herzuzeigen, hab aus der Entfernung damit gewachelt, es sofort wieder an mich genommen und später zerrissen. Der Erfolg war durchschlagend: Als ich in meinem tiefen Glück und meiner Ergriffenheit das Schriftstück hin und herschwenkte, waren alle völlig happy. Wie ein Lauffeuer ging's durch die erweiterte Familie, *DER NIKI HAT MATURIERT,* ein einziger Jubelruf, und ich konnte mich endlich den gescheiteren Dingen des Lebens zuwenden.

Mit den Maturaprämien aus der Verwandtschaft kaufte ich einen VW-Käfer um 15.000 Schilling. Dann ergab es sich, daß mein Schulfreund Draxler, der noch keinen Führerschein hatte, eines Nachts Lust auf eine Ausfahrt hatte, und zwar nicht mit meinem faden VW, sondern mit dem aufregenden Mini Cooper S, den sein Vater in der Garage stehen hatte (er wollte ihn damals verkaufen und verlangte 38.000 Schilling dafür). Jung-Draxler stahl das Auto, ich war der Chauffeur. Wir waren ziemlich flott unterwegs, man kann sagen, der künftige

Weltmeister war schon ein bisserl zu spüren, jedenfalls war Draxler durchaus dieser Ansicht. Um vier Uhr früh, in voller Attacke über die Wiener Höhenstraße, rutschte ich auf dem Rauhreif einer Brücke aus, der Wagen knallte quer gegen den hohen Randstein, die linken Räder waren abgeknickt, alles war verbogen und verzogen und gestaucht.

Draxlers Vater war ein gefürchteter großer Mann, es würde unbeschreiblichen Ärger für seinen Sohn und mich geben. Peter wußte eine Lösung: „Wennst den Wagen schnell kaufst, merkt er's nicht."

So bin ich direkt von der Höhenstraße zur Wohnung meiner Großmutter gefahren, hab sie aus dem Bett geklingelt und gesagt, bitte, ich hab gerade ein Auto zertrümmert, das kostet 38.000 Schilling, und wenn ich das nicht zahlen kann, komme ich ins Gefängnis. Großmutter zog sich an, fuhr mit mir auf die Bank und gab mir die achtunddreißig Flocken. Damit tauchte ich beim Herrn Draxler auf und sagte: „Bitte, ich möchte gern Ihr Auto kaufen".

Ich besaß also über Nacht zwei Autos: Einen müden VW und einen unbeweglichen Mini. Ich verkaufte den Käfer und steckte das Geld in die Reparatur des Mini. Zu jener Zeit gab es den Fritz Baumgartner, das war der König der Mini und für mich eine der großen Figuren im österreichischen Rennsport. Er annoncierte in der „Autorevue" den Verkauf seines Mini Cooper S in Rennversion, und ich, der ich ja absolut nichts zu tun hatte, kein Job, keine Schule, garnix, bin rausgefahren nach Baden, wo das Auto stand und hab es mir angeschaut: Ein dunkelblauer Renn-Mini ohne Motor. Baumgartner sah, wie ich um das Auto herumging, und kam runter, um Guten Tag zu sagen, er war für mich damals der liebe Gott. Irgendwie haben wir uns ein bißchen befreundet, eines Tages ist er zu mir nach Hause gekommen, hat das Haus meiner Eltern gesehen, und da sind ihm die Augen übergegangen. Es hat ihn überzeugt, daß man sich mit mir auf eine Zusammenarbeit einlassen könne, und wir haben dann gemeinsam in der elterlichen Garage den Rennmotor aufgebaut und einen Handel abgeschlossen: Er gibt mir den Renn-Mini, ich gebe ihm dafür meinen wieder reparierten Straßen-Mini plus 15.000 Schilling, die ich zu diesem Zeitpunkt natürlich nur schuldig bleiben konnte.

So war ich innerhalb kürzester Zeit von Null zu einem Rennauto gekommen: Aus Nichts war die Matura geworden, aus dem Zeugnis war ein VW entstanden, aus dem VW ein Mini und aus dem Mini ein etwas schuldenbelasteter Renn-Mini. Zu Hause hatte man natürlich mitgekriegt, daß ich in der Garage an einem Renngerät bastelte, aber ich sagte, das sei rein technisches Interesse, mir ginge es nur um die ingenieurmäßigen Aspekte. Ich mußte versprechen, daß ich kein Rennen fahren würde.

Ein paar Tage später, am 15. April 1968, stieg mein erstes Rennen, und ich reiste in Begleitung meines neuen Gönners nach Mühllacken in Oberösterreich. Es war ein Bergrennen, und im ersten Lauf hielt ich mich an die von Baumgartner verkündete Drehzahlgrenze, 9000 Touren, ging vom Gas und wurde Dritter. Ich sagte, daß ich mit dem Gas anstünde, daraufhin riet er mir zu kurzzeitigem Überdrehen. Das habe ich gemacht, den zweiten Lauf gewonnen, aber beim Zusammenrechnen hat es nur noch für den zweiten Rang gereicht.

Inzwischen packte den Fritz Baumgartner das schlechte Gewissen, oder kriegte er Angst um die ausständigen 15.000 Schilling, jedenfalls ging er heimlich zu meinem Vater und beichtete ihm, daß ich mein erstes Autorennen gefahren sei, daß ich sehr talentiert sei, aber er möge mich doch um Himmels davon abhalten, auch das nächste Rennen zu fahren. Dieses sei das Dobratsch-Bergrennen, das sei sehr schwierig, ein Europameisterschaftslauf mit gefährlichen Ecken und steilen Abgründen, davor solle man mich bewahren. Auf diese Weise hat der Fritz

Baumgartner den besorgten Freund gespielt und ist wahrscheinlich auch zu seinen fünfzehntausend Schilling gekommen, ich nehme an, Vater hat sie ihm bezahlt.

Mein Vater hat mir einen Riesenzirkus gemacht und war entsetzt über meine Lügen. Mit allen Mitteln seiner Autorität verbot er mir den Start beim Dobratsch-Rennen, ich solle mir da ja keine falschen Hoffnungen machen.

Meine Situation fand ich als absurd und lächerlich: Ich hatte kein Privatauto mehr, mußte als stolzer Neunzehnjähriger meine Freundin in der Tramway ausführen, hatte ein Rennauto, das ohne Nummerntafel in der Garage stand und durfte keine Rennen fahren.

Eine kurze Analyse der Situation besagte: Was sein muß, muß sein, ich würde am 28. April am Dobratsch starten. Ein Schulfreund borgte mir den väterlichen BMW V 8, der eine Anhängevorrichtung hatte, ein anderer Freund borgte mir 3.000 Schilling für den Sprit, mitten in der Nacht holte ich meinen Mini aus der Garage und lud ihn auf. So bin ich samt Freundin Ursula Pischinger am Dobratsch aufgetaucht. Das Auto hat zuerst jämmerlich gestottert und gespuckt, der Mechaniker eines weiteren Freundes hat mir den Motor eingestellt, und dann hab ich ganz locker meine Klasse gewonnen.

Als ich nach Hause kam, wußte mein Vater schon aus der Zeitung Bescheid. Er sagte, er habe jetzt endgültig genug von mir, und sobald ich es mir leisten konnte, bin ich tatsächlich ausgezogen und habe dann schon gemeinsam mit Mariella Reininghaus in Salzburg gewohnt.

Das Verhältnis zu meinem Vater hat sich erst Jahre später normalisiert, als ich schon erfolgreich in der Formel 1 unterwegs war, da hat er dann endlich eingesehen, daß er nichts mehr verhindern kann. In der Zeit vor seinem Tod hatten wir dann sogar wieder eine herzliche Beziehung. Mit meiner Mutter und meiner Großmutter, der spontanen Helferin in größter

Not, komme ich heute noch sehr gut aus, wenn wir einander auch nur selten sehen. Von meinem Großvater, dem alten Patriarchen, wird noch die Rede sein.

Wenn hier die Frage auftaucht, *warum* ich eigentlich so total und endgültig darauf ausgerichtet war, Rennfahrer zu werden: Ich weiß es nicht. Es war einfach so, und es gab überhaupt nichts auf der Welt, was mich nur annähernd so interessierte. Zu studieren oder einen normalen Job zu erlernen, war unheimlich weit weg von mir. Innerhalb meiner Motorsportwelt war ich aber recht nüchtern und praktisch eingestellt, ich dachte immer nur an den nächsten Schritt, erstmal den Führerschein, und dann weiter, jeweils zur folgenden Etappe, die überschaubar wurde. Ich habe auch keinen Starkult betrieben, mich mit niemandem identifiziert, obwohl es ja gerade in jener Zeit mit Jim Clark eine richtige Heldenfigur gegeben hat.

Clark verunglückte genau eine Woche vor meinem ersten Rennen, und ich kann mich an die Situation erinnern: Ich war als Zuschauer bei einem Rennen in Aspern, es war schon gegen Ende, da sagte der Platzsprecher: Jim Clark ist in Hockenheim tödlich verunglückt. Das ist mir durch und durch gegangen, und ich war sehr traurig. Im Sinn von: Schade, dieser Mann wird uns fehlen, die Welt ist jetzt ärmer geworden. Aber es war nichts, was mir den Rennsport verleiden konnte, nichts vom Drama des Sterbens, nichts von Leid und Mitleid. Daß ich selbst drauf und dran war, mich in den kommenden Wochen, Monaten und Jahren in Gefahr zu begeben, dieser Gedanke hatte bei einem Neunzehnjährigen natürlich überhaupt keine Chance.

Auch mit Jochen Rindt habe ich mich nicht identifiziert, ich hab nie seine Posters an die Wand gehängt. Natürlich hat er mir sehr imponiert, ich mochte seinen Kopf. Dieser einmalige, unverwechselbare Schädel, der gefiel mir. Er signalisierte mir, daß das ein außergewöhnlicher Mann sei. Im November 1969,

ICH WAR ZIEMLICH BRAV

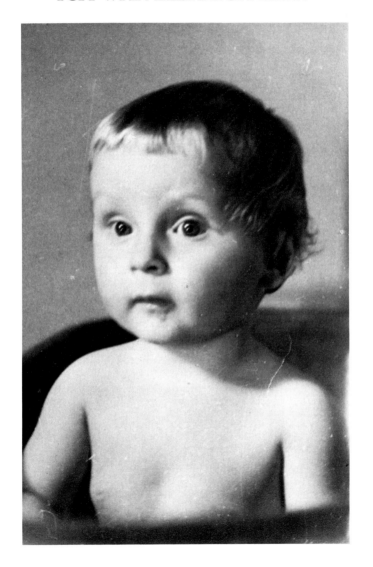

…erste Auto, lange vor
…Führerschein: Ein
…-Cabrio Jahr-
…1949, Preis
…Schilling, natürlich
…auf Privatgrund zu
…gen, entweder
…m im Hof oder am
…der Großeltern bei
…hwang

„Ein junger Mann, der weiß, was er will, auch wenn er im Moment kein Bargeld hat" — erstes Rennen auf Mini Cooper S, 1968

Erster Überschlag: 1969 in Wien-Aspern, Formel-Vau

Formel-3-McNamara, Brands Hatch, 1970

Gegenverkehr: mit Depailler und Cevert. Aus dem Formel-2-Jahr 1971 mit March

*Über Jochen Rindt, 1969:
„Jeder andere Mann
hätte wahnsinnig blöd
in einem solchen Mantel ausgeschaut,
aber bei ihm wirkte
es ganz souverän."*

Österreichring 1972,
Formel 2: Lauda vor
Graham Hill, Ronnie
Peterson und Henri
Pescarolo.

Rechts: Mariella Reininghaus

kurz vor der Jochen-Rindt-Show, ließ er eines der tollsten Ausstellungsstücke, das Green Monster, aus Werbezwecken ein paar Meter auf dem Asperner Flugplatz fahren. Ich stand dort in der Menge der Zuschauer und sah den Jochen mit seinem prachtvollen langen Pelzmantel. Jeder andere Mann hätte wahnsinnig blöd in einem solchen Mantel ausgeschaut, aber bei ihm wirkte es ganz souverän. Er kam schnurstracks auf mich zu und gab mir die Hand. Ich war hingerissen und sehr stolz, es war so überraschend für mich. Sein Tod, ein knappes Jahr später, hat mich sehr getroffen.

Jenes erste Jahr, 1968, war deshalb wichtig, weil sich alles sehr rasch entwickelte. Ich bekam ein Gefühl dafür, keine Zeit zu vertrödeln und auf keiner Stufe lang herumzuhocken.

Acht Wochen nach dem ersten Mini-Cooper-Start saß ich schon in einem Porsche 911, finanziert durch den Mini, eine weitere Pilgerreise zu meinen Großmüttern, und Schulden, natürlich. Mit dem Schuldenmachen habe ich mir leichter getan als andere junge Leute, — ein Blick auf die elterliche Villa hatte auf jeden Gläubiger einen beruhigenden Einfluß.

Ich fuhr Berg- und Flugplatzrennen, war ziemlich gut, jedenfalls gut genug, um aufzufallen, bekam für 1969 eine Formel-Vau-Chance bei Kurt Bergmanns Kaimann-Team (dort hat sich ein paar Jahre später auch Keke Rosberg zum ersten Mal einen Namen gemacht).

1970 war mein Formel-3-Jahr, immer am finanziellen Limit, aber dennoch völlig unbeschwert. Ich meine, um in der Formel 3 zu fahren, *mußtest* du unbeschwert sein, denn es war die pure Wahnsinnsformel. Motoren und Fahrwerke waren ziemlich gleichwertig und ausgereizt, es gab 25 Leute, die alle ungefähr gleich schnell waren, und keiner gab nach. Man flog in Formation mit 200 über Kuppen, und einer rempelte den andern wie beim Autodromfahren im Prater. Man mußte verrückt sein, in dieser Formel zu fahren, und das paßte 1970 gut auf mich.

Allein mein Formel-3-Beginn war typisch für die ganze Saison. Ich fuhr mit einem weiteren wahnsinnigen österreichischen Fahrer, Gerold Pankl, nach Südfrankreich, nach Nogaro. Das war eine 36-Stunden-Fahrt mit dem Transporter und den zwei geladenen Rennautos im Genick. Wir waren die einzigen Österreicher gegen 30 bescheuerte Franzosen. Erstes Training: Ich hänge mich in den Windschatten von Pankl, sauge mich an und will ausscheren. In diesem Moment setzt sein Motor aus, ich fahre mit meinem linken Vorderrad gegen sein rechtes Hinterrad, steige auf, fliege über einen Streckenposten, lande vor einer Leitschiene, verliere sämtliche Räder und rutsche hundert Meter an der Leitschiene entlang, dann ist von dem Auto nichts Entscheidendes mehr übrig. Das war nach meinen ersten fünf Minuten in der Formel 3, im allerersten Training.

Ich war mühelos in der Lage, solche Szenen als unbedeutend abzutun und ihnen nicht zu erlauben, sich auf mein Gemüt zu legen. Ich bin ja pausenlos rausgeflogen. Von Nogaro sind wir in einer Amokfahrt zurück nach Wien gekommen, ich hab aus Deutschland ein neues Chassis geholt, hab ein Auto schnell fertigmachen lassen (gegen Schulden) und bin auf den Nürburgring gefahren. Ich lag an fünfter Stelle, vor mir in Sichtweite war keiner, hinter mir auch keiner. Trotzdem habe ich mich rausgeschmissen, ich weiß bis heute nicht, warum. Dann wieder nach Frankreich, wieder 36 Stunden im Wagen. Beim Schalten vermurkst sich was im Gestänge, statt rauf schalt ich runter, da waren Getriebe und Motor beim Teufel. Dann kam Brands Hatch. Vor dem Rennen fragte mich Fotograf Alois Rottensteiner, welches für ihn die beste Kurve sein würde. Ich sagte ihm: Vor den Boxen, da fliegt sicher einer raus. Na bitte: Ich will jemanden außen ausbremsen, schneide die Ecke, der andere knallt mir gegen das Hinterrad, und ich fliege raus — haargenau vor Rottensteiner. Totalschaden.

Hin und wieder bin ich auch ins Ziel gekommen, vom zweiten bis zum sechsten Rang, also ganz gut für die damalige Dichte der Formel 3, in der Leute wie James Hunt gefahren sind. Meine Unfälle haben mich vorerst nicht irritiert, und ich habe erst am 5. September 1970 zu denken angefangen. Das war der Tag, an dem Jochen Rindt in Monza gestorben ist, aber mein Erlebnis hatte mit ihm nicht das geringste zu tun. Auch der Gedanke an ihn hat mich höchstens traurig gemacht, aber nicht beeinflußt.

Es war ein Formel-3-Rennen in Zolder. Dritte Runde: Ein Unfall — Hannelore Werner — irgendwo auf der Strecke. Wir kamen in Formation über die Kuppe, Tempo 210. Vor uns war plötzlich der Ambulanzwagen mit Tempo 50. Die ersten drei haben sich rechts vorbeigezwängt, James Hunt war dabei und Gerry Birrell. Dann wollte noch einer rechts vorbei, der hat's aber nicht mehr ganz geschafft, drehte sich ein und begann zu kreiseln. Jetzt wollte ich links vorbei, inzwischen war dieser andere Wagen nach links gekreiselt, wir kollidierten, ich drehte mich, der nächste Wagen erwischte mich volley. Alles spielte sich mitten auf der Fahrbahn ab, ich saß in meinem zerlemperten Auto, da kam die nächste Gruppe über den Hügel. Inzwischen waren schon die gelben Flaggen draußen, es gab jede Menge Signale, aber keiner von der Meute wäre bereit gewesen, vom Gas zu gehen. Ich konnte nur warten, wo sie mich abschießen würden: Links, rechts oder in der Mitte. Einer flog über meine Schnauze, dann sprang ich raus und rannte einfach weg.

Dieses Erlebnis am Todestag des Jochen Rindt war der Höhepunkt meiner dritten Saison, einer echten Anti-Saison. Ich begann damals, eines meiner Talente zu entwickeln: Nachdenken, Analysieren, Ein-Ziel-Setzen. Das Ergebnis war: Ja, ich will Rennfahren, nach wie vor. Aber ich will nicht irgendein Wahnsinniger in einem Feld von zwei Dutzend weiteren Wahnsinnigen sein. Daher gab es nur eine logische Konsequenz: Sofort mit der Formel 3 aufzuhören und die nächsthöhere Rennklasse anzupeilen, das war damals die Formel 2. Dazu würde ein unheimlicher finanzieller Kraftakt nötig sein. Es bedeutete eine Verdoppelung des Einsatzes, ohne bisher was gewonnen zu haben.

2. Kapitel

Das neue Modell für Rennfahrer-Karrieren
Mit Tricks, Krediten und Sponsoren in den Fahrersitz

Anfang der siebziger Jahre begann, woran man sich inzwischen schon als Selbstverständlichkeit gewöhnt hat: Das Sich-Einkaufen eines Fahrers in ein Team. Ich glaube, in der Formel 1 war der Spanier Alex Soler-Roig der erste, der sein Privatgeld nahm und sich damit ein paar Grand-Prix-Starts erkaufte. Das war die Kehrseite des neuen Professionalismus im Motorsport: Es war mehr Geld im Umlauf, alles wurde größer, aufwendiger, teurer. Die schwächeren Teams konnten sich nur noch einen Fahrer leisten und nahmen einen zahlenden Gast ins zweite Cockpit.

March war eines der interessantesten Formel-2-Teams jener Jahre, man hatte den jungen Superstar Ronnie Peterson als Nummer Eins, benötigte daher keine wirklich gute Nummer Zwei, sondern war bereit, einen wie mich zu nehmen — gegen Geld, natürlich. Immerhin hatte ich keinen schlechten Namen, mein Auftreten war überzeugend, ich konnte meine Argumente wahrscheinlich besser vortragen als die meisten anderen Einundzwanzigjährigen, die aus der Formel 3 rauswollten. Ich unterschrieb, bevor ich das Geld noch tatsächlich hatte, — es ging um eine halbe Million Schilling. Ich schaffte es, einen

Werbevertrag von der Ersten Österreichischen Spar-Casse zu kriegen, und man kann natürlich sagen, daß in diesem speziellen Fall der Name Lauda nützlich war.

1971 war normal, das heißt mittelmäßig, ich lernte eine Menge von Peterson, aber am Ende der Saison waren noch zwei Drittel meiner Schulden offen und ich brauchte neues Geld, um mich für 1972 einzukaufen. Wenn schon, denn schon, wollte ich diesmal einen kombinierten Formel-2-und-Formel-1-Vertrag bei March, wo man zwar recht happy mit mir war, mich aber noch lang nicht als Gratis- oder gar bezahlten Fahrer einstufte. Verlangt waren 2,5 Millionen Schilling. Ich sagte sinngemäß: Kein Problem, meine Herren. Ich erweckte den Eindruck eines jungen Mannes, der alles arrangieren kann.

Die Erste Österreichische war zufrieden mit dem Werbewert gewesen, den ich ihr gegeben hatte, ein zusätzlicher Kredit kam durchaus in Frage. Der General gab mir eine Zusage, ich flog nach England, unterschrieb den March-Vertrag, kam zurück und hörte, daß der Aufsichtsrat der Bank mein Projekt abgeschmettert hatte. Der alte Tycoon Mautner-Markhof hatte geglaubt, seinem guten Freund, dem alten Lauda, diesen Gefallen tun zu müssen, und mein Großvater fand das wunderbar: *Um den Buben zur Vernunft zu bringen.* Die Packelei zwischen den beiden Altspatzen und ihre Einmischung in Dinge, die sie überhaupt nichts angingen, machte mich wild. Ich rief den alten Lauda an und fragte ihn, was er sich dabei vorgestellt habe. Es folgte sein berühmtes Zitat: „Ein Lauda hat auf den Wirtschaftsseiten der Zeitung zu stehen, nicht im Sportteil." Ich hab ihm den Hörer hingeknallt und bis zu seinem Tod nie wieder was von ihm gehört. Was den mächtigen Mautner-Markhof betraf, so hab ich mir meine ganze Wut vom Herzen geschrieben und ihn mit aller Frechheit eines Youngsters beschimpft. Nie wieder in meinem Leben hab ich einen derart argen Brief geschrieben. Es kam damals auch Mautner-Markhofs unglückselige Rolle als Präsident des Österreichischen Olympischen Comités dazu (im Streit Karl Schranz gegen Avery Brundage wegen der Amateurbestimmungen), jedenfalls war der noble Herr mein ideales Feindbild von einem vertrottelten Alten. Auch von ihm habe ich bis zu seinem Tod nichts mehr gehört.

Ich ging zu einer weiteren Bank, der Raiffeisenkasse, und traf dort einen Mann, der eine feine Antenne für das Mögliche und Unmögliche hatte, Karlheinz Oertel. Er verschaffte mit einen Kredit über 2,5 Millionen Schilling, und seine Sponsorleistung war die Übernahme der Zinsen und der unvermeidlichen Lebensversicherung. Das Geld trug ich zu March, hatte somit nichts Bares mehr und zweieinhalb Millionen Schulden. Das einzig Schöne dran: Es belastete mich nicht. Ich hielt das für den richtigen Weg, um rasch in die oberste Liga zu kommen, und das genügte.

Ich lebte damals mit Mariella Reininghaus in einer winzigen Wohnung in Salzburg. Ich hatte Mariella beim Skifahren in Gastein kennengelernt, sie war mit einer Grazer Partie gekommen, zu der auch Helmut Marko gehörte. Ich riß gerade einen riesigen Stern, einen von der spektakulären Sorte, und steckte tief im Schnee drin. Sie zog mich raus und fragte, ob ich mir wehgetan hätte. Ich sagte nein, aber ob sie vielleicht Lust hätte, mit mir zum Jägerball zu gehen. Der Jägerball war damals so ziemlich das Tollste, was Wien für die Jeunesse Dorée zu bieten hatte. Sie sagte gleich ja, und so kam sie halt ein paar Tage später aus Graz nach Wien angereist. Wir haben es ziemlich genau zehn Minuten am Jägerball ausgehalten, es war unendlich öd. Trotz unserer Verkleidung, ich im Steireranzug mit Krawatte, sie im Dirndl, gingen wir in ein Kaffeehaus, und da hat es eigentlich gleich gefunkt.

Von da an waren wir mehr oder weniger beisammen und haben dann die kleine Wohnung in der Salzburger Alpenstraße bezogen. Salzburg war aus mehreren Gründen die logische Wahl. Erstens ist es eine tolle Stadt, zweitens hatte ich Wien mitsamt meiner Verwandtschaft und den jungen und alten Society-Clans satt, und drittens war es immerhin um dreihundert Kilometer weiter westlich als Wien. Das bedeutete praktisch für jedes Rennen dreihundert Kilometer weniger Anfahrt.

Mariella war ein sehr hübsches und intelligentes Mädchen, kontrolliert und kühl. Was Logik und Geradlinigkeit betraf, waren wir einander sehr ähnlich. Ihre Konsequenz und ihre Beherrschtheit haben gerade in diesen wilden Jahren (was das Rennfahren betraf) auf mich abgefärbt. Damit hat sie einen starken Einfluß auf meine Entwicklung genommen, und ich habe ihr eine Menge zu verdanken. Wir waren viel auf Achse, und Mariella war bei fast jedem Rennen dabei. Eine ihrer besonderen Eigenschaften war die Fähigkeit des Schweigens und In-Sich-Versinkens. Sie konnte im Auto sitzen und stundenlang den Mund nicht aufmachen, und wenn ich sie an der Rennstrecke alleinließ, gab es gute Chancen, sie beim Wiederkommen an derselben Stelle in genau derselben Haltung zu finden, in der ich sie beim Weggehen gesehen hatte.

Nie zuvor und nie danach bin ich in einer Saison soviele Rennen gefahren wie 1972 — Formel 1, Formel 2, Tourenwagen und Langstrecke, insgesamt 30 Rennen. Trotzdem war es ein Alptraumjahr, denn mein wichtigstes Auto — der Formel-1-March — war ein totales Häusl, eine gigantische Fehlkonstruktion. Das Ding hieß 721 X, galt als revolutionäres Wunderauto, hatte das Getriebe vor dem Differential und wurde von den March-Leuten als neues Weltmeistergerät angesehen, ein würdiges Ding für ihren unvergleichlichen Ronnie Peterson.

In Jarama, ein paar Tage vor dem Großen Preis von Spanien, wurde der 721 X zum ersten Mal getestet, natürlich vorerst nur von Peterson, ich durfte zuschauen. Ronnie war auf Anhieb fast so schnell wie Jackie Stewart auf dem Tyrrell, und

Stewart war das Maß aller Dinge. Das löste unheimliche Euphorie im March-Team aus, und keiner wollte zur Kenntnis nehmen, daß sich Stewart zwei Tage lang mit Stoßdämpferproblemen herumgeschlagen hatte, seine Rundenzeiten daher nicht viel aussagten. Ich konnte nur zuhören, wie Ronnie das neue Auto begeistert lobte und Robin Herd sich dran begeilte.

Tags darauf hatte ich endlich die Chance, das Auto zu fahren. Für mich war es unfahrbar, ich hab mich gleich zweimal gedreht. Das Auto war unerhört aggressiv, und das Heck war besonders giftig. Ich bin mit dem Ding jedenfalls überhaupt nicht zurechtgekommen und hatte viel schlechtere Rundenzeiten als Peterson. Am Abend hockten wir im Hotel beisammen, und Robin Herd tröstete mich: „Wenn du einmal so viel Erfahrung hast wie Ronnie, wirst du auch mit diesem Auto zurechtkommen."

Ich sprach auch mit Ronnie, der hat wiederholt, das Auto sei gut und meine Probleme müßten an mir liegen, nicht am Auto. Deprimiert fuhren Mariella und ich auf ein paar Ferientage nach Marbella. Ich habe nicht viel von den Ferien gehabt, weil ich mir Tag und Nacht den Kopf zerbrochen hab, woran das liegen könne, daß mich das Auto nicht mag. Zum ersten Mal spürte ich Verunsicherung, ob ich vielleicht doch nicht ganz der tolle Fahrer sei, für den ich mich hielt (der bisherige direkte Vergleich mit Ronnie Peterson hatte mich eher ermutigt, ich spürte, daß er innerhalb meiner Reichweite war, aber natürlich war ich damals der einzige, der das gespürt hat).

Für unser miserables Abschneiden beim spanischen Grand Prix fanden Ronnie und die March-Leute immer noch irgendwelche Erklärungen, aber in Monaco dämmerte auch ihnen, daß die Wunder des Wunderdings auf einer anderen Ebene liegen müßten. Nach einem weiteren Versuch war klar, daß das Auto hinten und vorn nicht stimmte, daß alle Umbauten nichts bringen würden, daß man das Projekt 712 X nur einsargen und vergessen konnte.

Ich hatte eine Menge daraus gelernt: Erstens, daß ich mich auf mein technisches Feeling mehr verlassen sollte, zweitens, daß es Techniker gab, die voll Euphorie in die falsche Richtung stürmten, drittens, daß es berühmte Fahrer gab, die eher versuchen würden, ein schlechtes Auto mit letzter Kraft zu bändigen, anstatt den Ingenieuren zu erklären, warum das Auto schlecht sei und wie man es vielleicht besser machen könne.

Peterson verließ das sinkende Schiff und ging zu Lotus. Ich stand vor dem dreifachem Bankrott: Sportlich miserable Ergebnisse einer Saison (wer sollte da noch groß an mich glauben); Schulden von nunmehr zwei Millionen Schilling (500.000 hatte ich aus meinem Verdienst bei den Tourenwagen-Rennen zurückbezahlt); keine Aussicht auf einen neuen Vertrag (denn obwohl man bei March einige meiner Qualitäten kapiert hatte, würde man mich nur in der Formel 2 und als Testfahrer einsetzen, als Steigbügelhalter des nunmehr erwünschten Chris Amon).

Diese letzte vernichtende Auskunft bekam ich erst im Oktober, und da treibt kein Mensch mehr einen Formel-1-Vertrag fürs nächste Jahr auf, vor allem nicht einer, der sich zuletzt mit viel Geld eingekauft und damit nichts produzieren konnte als Plätze in den letzten Startreihen.

Als ich von dieser letzten Besprechung mit March aus Bicester wegfuhr, hatte ich zum ersten, einzigen und letzten Mal in meinem Leben den Gedanken, mich umzubringen. Ich wußte, daß ich in soundsovielen Kilometern zu einer T-Kreuzung kommen würde und nichts anderes tun müßte, als voll am Gas zu bleiben, — drüben war eine solide Mauer.

Ich hab noch rechtzeitig mein Hirn eingeschaltet. Zivilberuf würde keine Lösung sein: Ich hab keine Ausbildung, hab nichts gelernt, würde mich unglücklich fühlen und endlos brauchen, um meine Schulden zurückzuzahlen, zwanzig, dreißig Jahre vielleicht, und wenn ich die Schere zwischen Zinsen und Verdienst weiter durchrechnete, kam ich eher auf vierzig Jahre.

Also Rennfahren, aus den gleichen Gründen wie bisher: Als einzige Art von Zukunft, die für mich vorstellbar und begreifbar war. Das „Projekt 1973" müßte allerdings bargeldlos funktionieren, soviel war auch klar. Eine weitere Aufstockung meines Krediets war nicht drin.

Ich hatte losen Kontakt mit Louis Stanley, dem Boss des englischen BRM-Rennstalls. Er kannte immerhin meinen Namen und hatte schon ein paar nette Worte über mich gehört. Für mich war er ein spleeniger alter Bursche, der einen traditionsreichen Rennstall führte, den seine Frau — aus der Milliardärsfamilie der Owens — geerbt hatte. Es war eines von den mittleren Teams, mit guten Ingenieuren und einem imposanten, aber komplizierten Zwölfzylindermotor. Die besten BRM-Tage lagen eindeutig in den sechziger Jahren, und auch hier wieder in der ersten Hälfte des Jahrzehnts. Graham Hill war 1962 auf BRM Weltmeister geworden, das war der Sockel der BRM-Legende.

Ich wurde zu Testfahrten nach Paul Ricard eingeladen. Ich bat Clay Regazzoni, den Nummer-Eins-Fahrer des Teams, mir einmal die Strecke zu zeigen, und er chauffierte mich mit seinem privaten Ferrari Daytona um den Kurs. In der zweiten Runde haben wir uns gleich einmal mit Tempo 200 gedreht, und so kam ich zu meiner ersten Meinung über den berühmten Regazzoni: Ist schon ein wilder Hund, quirlt sich auf einer Sightseeing Tour mit 200 von der Strecke, im Privatauto. Ich war in einem Alter, wo man das ziemlich gut fand.

Die Testfahrten selbst waren frustrierend, weil die ersten zwei Tage nur Regazzoni und Vern Schuppan fahren durften, ich bloß zwanzig Runden am letzten Tag erlaubt kriegte. Trotzdem war ich schneller als Schuppan, somit hatte ich immerhin die erste Hürde geschafft und durfte dem Boss himself im Londoner „Dorchester" Hotel, wo er eine Suite unterhielt, unter die Augen treten. Auch Stanley würde mich nur nehmen, wenn ich zahlte, darüber gab es keine Illusionen. Als bezahlte Fahrer hatte er ja immerhin schon Regazzoni und Beltoise. Vern Schuppan würde er feuern.

Ich spielte ihm vor, daß mein Sponsor — Dr. Oertel und dessen Raiffeisenkasse — auch 1973 zahlen würde, obwohl ich wußte, daß dort nichts mehr ging. Ich kam natürlich immer ärger in die Geld (= Schulden)/Zeit-Schere und mußte meinen Marschplan neuerlich straffen: Diesmal würde ich keine ganze Saison lang Zeit haben, sondern mußte innerhalb der ersten drei Rennen was Tolles schaffen. So toll, daß man mich sofort von einem geldbringenden zu einem geldverdienenden Fahrer promovieren würde. Meine Taktik ging jetzt dahin, meine künftigen Sponsorzahlungen (die es nicht gab), auf derartige Ratentermine zu zerlegen, daß ich das erste Loch noch stopfen können und beim zweiten Termin schon der neue Star sein würde.

Der ganze Rhythmus meines Schuldenmachens und Weiterlizitierens hatte sich seit der 38.000-Schilling-Havarie, die von Großmutter bezahlt worden war, auf abenteuerliche Weise beschleunigt. Ich war drauf und dran, für mein Lebtag ein Schuldner zu werden.

Louis Stanley reiste kurz vor Weihnachten 1972 nach Wien, um den Vertrag mit mir abzuschließen. Ich mußte natürlich einen Sponsor herzeigen, dafür konnte ich noch einmal Dr. Oertel gewinnen, dessen Englisch meiner hilfreichen Interpretation bedurfte. Meinen tatsächlichen Plan mußte ich verschleiern: Zahlung der neuerlich geforderten zwei Millionen Schilling auf drei Raten. Fälligkeit der ersten Rate zu einem Zeitpunkt, da ich sie selbst von meinen BRM-Startgeldern und meinen Tourenwagen-Gagen zurückzahlen können würde. Fälligkeit der zweiten Rate zu einem Zeitpunkt, wo man mich schon als kommenden Star erkannt haben und eine Änderung der Bedingungen vorschlagen würde.

In abenteuerlichen Verhandlungen am Wiener Flughafen kamen wir in die Nähe einer Einigung, ich wollte noch das Okay meiner „Sponsoren" einholen. Wie Stanley die dazwischenliegenden Stunden in Wien verbrachte, beschreibt er in seinem Buch „Behind The Scenes": "Lauda went off to get approval und promise of funds. I went into Vienna, to Christmas carols sung by the Vienna Boys Choir in St Stephen's Cathedral, walked along the Kärnterstraße, indulged in Vienna's favourite pastime of coffee at Sachers and sampled *Kastanienreis mit Schlag* — boiled and sieved chestnuts with whipped cream. Back at the airport Lauda signed a contract on the terms agreed."

Somit war ich um weitere zwei Millionen Schilling Schulden reicher — vier Millionen an der Jahreswende 1972/73.

Die Frage, ob es nicht Wahnsinn war, unter solchem Druck überhaupt in ein Rennauto zu steigen, beantworte ich aus heutiger Sicht natürlich mit Ja, es war Irrsinn, diese ganzen Aktionen übereinander aufzutürmen und in immer größere Abhängigkeit zu geraten. Auf das Fahren selbst hatte es aber keinen Einfluß. Du denkst nicht ans Geld, wenn du in den Wagen steigst. Ich habe damals genauso wenig an meine Schulden gedacht wie ein paar Jahre später an die phantastischen Beträge, die ich damit verdiente. Geld, egal im Soll oder im Haben, hat nie meinen Fahrstil verändert.

Für keinen der drei BRM wurde die Saison 1973 berauschend, ein vierter Platz von Beltoise war das beste Resultat aus fünfzehn Rennen, ich bin immerhin auch einmal fünfter geworden, — das war in Zolder, die ersten zwei WM-Punkte meines Lebens. Die BRM-Autos waren bereits im vollen Sinkflug ihres technischen Niedergangs, sie haben auch nachher kein Rennen mehr gewonnen, bevor sie endgültig verschwanden.

Wir hatten laufend technische Probleme und Unzulänglichkeiten, teilweise reine Schlamperei, teilweise auf fehlende Entwicklungsarbeit zurückzuführen. In jeder Beziehung verharrte dieses Team im Gedenken der sechziger Jahre, und Louis Stanley markierte die Karikatur eines reichen Sportmäzens. Es gab zwei Möglichkeiten, mit ihm zu reden: Entweder er rief mitten in der Nacht bei dir daheim an (tagsüber komme man so schwer durch, sagte er), oder er empfing dich zum Teetrinken im „Dorchester". Dort machte ich ganz gute Figur, vor allem hatte ich im Verlauf meiner wunderbaren Erziehung den endgültigen wienerischen Handkuß erlernt, den ich bei der gnädigen Frau erfolgreich anbrachte. Ich wollte was bewegen, wollte Stanleys Interesse auf die technischen Probleme lenken. Wieder einmal hatte ich um Audienz im „Dorchester" gebeten, wieder erklärte ich ihm, daß unser stolzes Monstrum von einem Zwölfzylinder zuwenig Leistung bringe. Er hörte sich das in aller Ruhe an und antwortete immer ganz leise und vornehm, man mußte aufpassen wie ein Haftelmacher. Dazu trank er erstaunliche Mengen Tee. Als er soviel getrunken hatte, daß er fällig war, aufs Klo zu gehen, sagte er, daß er dieses technische Problem nun auf der Stelle lösen werde. Nach zehn Minuten kam er zurück und sagte:

"I just had a phone call from the test house, we found twenty more horse powers in the exhaust system."

Die Korrektheit seiner Aussage in Zweifel zu ziehen, wäre unmöglich gewesen, genauso gut hätte ich seiner Frau einen Knödelreiter geben können. Die Diskussion war beendet, und ich war überzeugt, daß er bloß am Klo war, und tatsächlich hatte man auch beim nächsten Rennen keine zusätzlichen 20 PS gefunden, weder im Auspuffsystem noch sonstwo.

Zu meiner Zeit schien dieses Privatvergnügen, einen ruhmreichen Rennstall weiterzuführen, schon an einem sehr knapp gehaltenen Geldschlauch der Owen-Familie zu hängen, anders kann ich mir die schwache technische Basis nicht erklären. Immer wieder gingen unsere Benzinpumpen ein, und die Mechaniker sagten, das seien Geräte aus dem zweiten Weltkrieg. Wenn ich sie fragte, ob die auch schon von Pedro Rodriguez und Jo Siffert benutzt worden seien, sagten sie, kann schon sein.

Daher war es sinnlos, Louis Stanley zu echter Arbeit zu motivieren, er hatte keine Beziehung zur technischen Seite dieses Sports, er liebte nur seine Herrscherrolle und all die *social events*, die mit dem Rennsport verbunden waren. Er war einer der letzten seiner Art und sicherlich nicht der rechte Mann, ein Team, in dem schon Fangio und Hawthorne und Behra und Brooks und Trintignant und Stirling Moss gefahren waren, in die neuen Zeiten zu führen. Neue Zeiten in technischer und geschäftlicher Hinsicht.

Mit meinen Gagen aus den Tourenwagenrennen für das erfolgreiche BMW-Alpina-Team konnte ich mit Ach und Krach die erste vereinbarte Rate an BRM zahlen. Im Mai wäre die zweite fällig geworden, aber ich war blank. Als die Zeit/Schulden-Schere mich endgültig erwischen würde, kam der Grand Prix von Monaco. Ich war schnellster BRM-Fahrer im Training (sechster) und lag im Rennen 25 Runden lang an dritter Stelle — hinter Jackie Stewart und Emerson Fittipaldi. Dann Getriebeschaden, aber trotzdem, es war *mein* Rennen.

Am Abend schlug mir Stanley vor, die fehlenden Ratenzahlungen einzufrieren und mich zum bezahlten Fahrer zu machen, falls ich mich auf zwei weitere Jahre an BRM binden würde. Ich hatte keine Wahl und unterschrieb.

An jenem Tag war Enzo Ferrari vor dem Fernseher auf mich aufmerksam geworden. Zur endgültigen Überzeugung, daß er mich haben wollte, kam er, als ich im Regentraining von Zandvoort der schnellste Mann des ganzen Feldes war.

Zandvoort 1973, das war jenes tragische Rennen, bei dem das langsame Verbrennen des Roger Williamson im Fernsehen übertragen wurde. Rund um diesen Unfall hat es viele Mißverständnisse gegeben, ich möchte daher noch einmal darüber reden.

Mir selbst wurde im Zusammenhang mit diesem Unfall Herzlosigkeit nachgesagt, als sei es mir egal gewesen, daß da einer verbrannte. Es war nicht irgendeiner, sondern einer von den Lieben. Ich mochte ihn, und ich hatte engen Kontakt zu seinem Sponsor Tom Wheatcroft, der ein herzlicher und gescheiter Mensch war. Wir kannten einander alle aus der Formel 3, unsere Beziehung war also familiär, durchaus nicht Formel-1-mäßig.

Drei Perspektiven zum selben Ereignis. Erstens, rein sachlich:

Achte Runde, Williamsons March bricht an einer schnellen, aber unproblematischen Stelle nach links aus. Später festgehaltene Spuren am Beton deuten auf einen Aufhängungsschaden hin, aber es könnte auch ein Reifendefekt gewesen sein. Eigenes Verschulden scheint auf Grund des Ablaufs so gut wie ausgeschlossen zu sein. Der Wagen prallt gegen die Leitplanken, wird über die Bahn zurückgeworfen, überschlägt sich dabei mehrere Male. Er bleibt an der gegenüberliegenden Leitschiene mit den Rädern nach oben liegen.

Zweite Perspektive: Williamsons bester Freund, David Purley, war zum Zeitpunkt des Unglücks unmittelbar dahinter, kriegte alles mit. Er bremste sofort, fuhr auf die Wiese, rannte zum nunmehr bereits brennenden Wagen des Freundes. Die Flammen waren noch nicht bedrohlich. Purley bemühte sich, den Wagen umzukippen, allein war er zu schwach dazu. Streckenposten, Feuerwehrleute hielten ihn eher zurück, als daß sie

AUFSTEIGER

*1973 auf BRM in Monaco:
25 Runden lang an dritter Stelle,
und Enzo Ferrari saß vor dem Fernseher*

BRM-Eigentümer Jean und Louis Stanley

Enzo Ferrari 1974

Ferrari-Teamchef Luca Montezemolo 1974

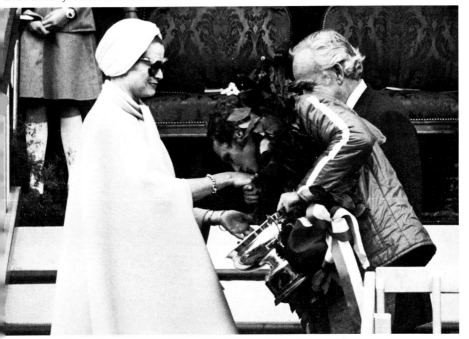
Sieg in Monaco 1975

Mit Ferrari Weltmeister 1975
Linke Seite: Barcelona 1975, erste Runde.
Andretti rammt Lauda, Regazzoni fährt hintendrauf

1975, Nürburgring

1976, im Jahr des Sechsradlers: Scheckter (Tyrrell) vor Jarier und Pryce (beide Shadow)

Mit Herbert von Karajan, Rennwagen-Show 1975 in Salzburg

Anfang der Fliegerei: 1975 mit Clay Regazzoni in der Cessna Golden Eagle

mit angepackt hätten. Im Fernsehen ist zu sehen, wie Purley die Leute zum Auto hinstößt, dann aber doch allein anpacken muß — vergeblich. Zuschauer, die helfen wollen und über den Zaun klettern, werden von Polizisten zurückgetrieben. Die Rennleitung bekommt zwar Handsignale von Fahrern, die Start-und-Ziel passieren, weiß damit aber nichts anzufangen. Keine Telefonverbindung, kein Abbruch, nichts, nur der einsame Kampf des David Purley, live im Fernsehen.

Aus der Perspektive eines Fahrers: Ein Riesenunfall, keine Frage, Rauch und Feuer, aber der betroffene Pilot ist ganz offensichtlich gerettet und versucht jetzt, sein Auto zu löschen. Die Tatsache, daß Purley um das Leben von Williamson kämpfte, war nicht ansatzweise für mich erkennbar, denn der geparkte zweite Wagen war außerhalb des Sichtfelds in der Wiese, vielleicht auch verdeckt vom Rauch, ich weiß es nicht mehr.

Als wir nachher mitkriegten, was wirklich passiert war, waren wir zutiefst betroffen. Das tränenüberströmte Gesicht des zusammengesunkenen Tom Wheatcraft werde ich mein ganzes Leben lang nicht vergessen. Als besonders grausam stellte sich für uns nachträglich die Diskrepanz zwischen dem Blickwinkel der Fahrer und dem des Fernsehpublikums dar: Für die Millionen daheim rannte die Show vom unmenschlichen Sport, in dem die Kollegen — außer Purley — nichts tun, um einen der ihrigen zu retten, sondern blödsinnig ihre Runden drehen und drei- oder viermal an der Stelle vorbeikommen, ohne anzuhalten. Man mag uns für kalt, egoistisch und berechnend halten, aber es ist keiner dabei, der nicht versuchen würde, einen anderen aus einem brennenden Auto zu zerren. Im Fall des Roger Williamson kam alles zusammen: Miserabler Ordnerdienst, Feigheit und Ratlosigkeit, eine unfähige Rennleitung und eine mißverständliche Szenerie, die den anderen Piloten nicht ermöglichte, die Tatsachen zu kapieren.

Mir persönlich ist ein unglückliches Statement nach dem Rennen besonders schwer angelastet worden. Ich kann auch jetzt, so lange Zeit danach, nur sagen, daß mir jeder Zynismus oder auch nur irgendeine Art von Kaltschnäuzigkeit in diesem Moment unendlich fern lag. Wir alle wurden in Minuten, wo uns nur zum Heulen war, von Reportern gedrängt und geschubst, und da konnte es schon passieren, daß man eine Aussage abkürzte, nur um einen besonders sensationsgeilen und lästigen Frager loszuwerden. Auch heute noch empfinde ich das Rennen von Zandvoort 1973 als einen der deprimierendsten Tage meiner Karriere.

*

Ab jenem Juli 1973 war sich Enzo Ferrari darüber im klaren, daß er mich haben wollte. Er schickte seinen Botschafter aus.

Ferrari und BRM — welch ein Vergleich! Journalist Helmut Zwickl sagte, die beiden verhielten sich zueinander wie die NASA zu einem Verein zur Förderung des Drachenfliegens.

Klar wollte ich zu Ferrari und weg von BRM, denen ich nun mit Haut und Haar für die nächsten zwei Jahre gehörte. Als innerliche Ausreden für den Vertragsbruch im Herbst erlaubte ich mir drei Gründe:

Louis Stanley war mit meinen vereinbarten Gagenzahlungen im Verzug. Es war bekannt, daß BRM-Zahlungen in jener Phase höchst mühsam ihren Weg fanden.

Zweitens kannst du dich aus jedem Vertrag rauskaufen, wenn du dafür zahlst. Ferrari war bereit, mir das Geld für ein Pönale zur Verfügung zu stellen.

Drittens war der ganze BRM-Haufen derart demotiviert und hatte überhaupt keine Idee, wo es technisch lang ging, daß der Untergang des Teams ganz deutlich vorhersehbar war.

Stanley warf mir natürlich keine Rosen nach, das wäre auch zuviel verlangt gewesen. Sein Team, mitsamt den stolzen Heldentafeln aus den sechziger Jahren, verschwand. Er selbst tauchte noch manchmal auf und bot 1976, nach meinem Nürburgring-Unfall, die Entsendung des führenden britischen Chirurgen an. Später in London hatte ich Gelegenheit, mich persönlich für das Angebot zu bedanken. So bleibt er mir auch heute in seiner Erscheinung als Gentleman in Erinnerung. Sie war eindrucksvoller als die des Teamchefs.

3. Kapitel

Ferrari

John Surtees war 1964 Weltmeister auf Ferrari geworden. Danach hatte Ferrari pro Saison durchschnittlich ein einziges Rennen gewonnen, und 1973 war das Team völlig im Eck. Jacky Ickx und Arturo Merzario fuhren hoffnungslos hinterdrein, und als sich Ickx in Silverstone, knapp nach Saisonmitte, gerade für den 19. Startplatz qualifizierte, wurden die Rennen nur noch fallweise beschickt. Colombo war der verantwortliche Techniker für das Desaster, und Mitte der Saison wurde der geniale Mauro Forghieri aus Sibirien zurückgeholt. Warum Forghieri in Ungnade gefallen war, weiß ich nicht mehr, jedenfalls bekam er eine neue Chance. Colombo entwickelte das Ickx-Auto, Forghieri bastelte am Merzario-Auto. Nach außen hin waren ohnedies die Piloten schuld.

Noch im Herbst 1973 wurde ich hinuntergeholt und Enzo Ferrari vorgestellt. Ich fuhr ein paar Runden auf der Teststrecke Fiorano, danach sollte ich dem alten Herrn meine Meinung sagen. Ich konnte damals noch nicht italienisch, Ferraris Sohn Piero Lardi war der Dolmetsch (Piero war ein uneheliches Kind und durfte deshalb nicht Ferrari heißen, der Alte hielt die Erinnerung an seinen „legitimen" Sohn Dino heilig. Dino war als 24-jähriger 1956 an Leukämie gestorben. Erst in den achtziger Jahren wurde Piero zu einem „vollwertigen" Sohn erhoben und durfte seinen Namen auf Ferrari ändern. Bezeichnend für Enzo Ferraris Einstellung war ein Satz, den er selbst in seinem Buch geschrieben hatte: Die Liebe zwischen Mann und Frau sei zu sehr vom sexuellen Begehren überlagert, daher „ist die einzige große und tiefe Liebe, die auf dieser Welt möglich ist, die eines Vaters für seinen Sohn").

Zurück zum Herbst 1973. Was hältst du vom Auto, fragte Ferrari, der alle seine Fahrer duzte. Ein Schmarrn, habe ich gesagt, aber Lardi hat mich gleich unterbrochen: Das kannst du nicht sagen.

Wieso kann ich das nicht sagen?, das Auto untersteuert lächerlich, ist in keine Ecke reinzukriegen, es ist unfahrbar. Nein, sagt Piero, das kann man nicht übersetzen.

Also sage ich, das Auto liegt schlecht, es untersteuert viel zu sehr, man müßte die Vorderachse umbauen.

Ferrari an Forghieri: „Wie lange brauchst du für die Veränderungen, die sich Lauda vorstellt?"

„Eine Woche."

Ferrari zu Lauda: „Wenn du in einer Woche nicht um eine Sekunde schneller bist, fliegst du raus."

Forghieri war zu diesem Zeitpunkt schon sehr weit mit seiner Arbeit an einer neuen Vorderachse mit einem tieferen *roll center,* das wußte ich und war daher nicht allzu schockiert. Aber ich kapierte, in welches Fettnäpfchen ich gerutscht war: Nicht die Ferrari-Autos hatten die Saison verschissen, sondern bloß die Fahrer Ickx und Merzario, die Autos waren ohnedies super. Einem Enzo Ferrari zu sagen, daß sein Auto schlecht liegt, war im System nicht vorgesehen.

In jener Woche bin ich dem Forghieri Tag und Nacht auf der Schulter gehockt, und tatsächlich war die neue Vorderachse um soviel besser, daß ich mit Leichtigkeit meine Haut rettete — zum ersten und längst nicht zum letzten Mal bei Ferrari.

Einer seiner Mitarbeiter hat über Enzo Ferrari gesagt: „Er ist das Leben, die Fahne, er ist die Fabrik." Das hatte in den siebziger Jahren volle Gültigkeit, sogar noch in den Achtzigern, und es drückt das Pathos aus, das immer Teil der Ferrari-Legende, aber auch der Ferrari-Realität gewesen ist.

Als ich ihn kennenlernte, 1973, war Ferrari 75 Jahre alt, wirkte auch nicht jünger. Er konnte mit großer Würde auftreten, im kleinen Kreis war er weniger eindrucksvoll. Er hatte ein paar seltsame Gewohnheiten, kratzte sich an den unmöglichsten Stellen und spuckte minutenlang, in totaler Hingabe, in sein riesiges Taschentuch, das — voll entrollt — groß wie eine Fahne war. Geistig war er noch gut beisammen, seine Formulierungen waren witzig und gescheit. Trotz all der hündischen Verehrung, in deren Mittelpunkt er lebte, hatte er eine feine Selbstironie. Ein Journalist fragte ihn, wie er, Enzo Ferrari, sich selbst sehe.

„Wenn ich morgens in den Spiegel schaue, verstehe ich mich selbst nicht." Gütig setzte er eine weitere Erklärung dazu, — daß man eben nicht alle Dinge im Leben begreifen könne. Das ist natürlich wunderbar.

Auch die unhöfliche, aber in Italien durchaus brennende Frage, was mit der Firma nach seinem Tod geschehen werde, führte zu einer völlig souveränen Antwort: „Ich empfinde keine Spannung für das, was nach mir sein wird."

Trotzdem war er durchaus bereit, auch kräftig in den Schmalztiegel zu greifen und d'Annunzio-hafte Sprüche zu deklamieren. Wenn es galt, die Belegschaft zu motivieren, in den sogenannten Jahresreden, war von Treueschwüren die Rede, und von den Waffen der Arbeit, mit denen man siegen werde.

Teil der Legende war auch seine Weigerung, Rennen zu besuchen und überhaupt die Gegend Modena/Maranello zu verlassen, mit seltensten Ausnahmen. Da er auch nicht allzuviele Gäste empfangen hat, geriet er in eine isolierte eigene Welt, in der er völlig abhängig von den Informationen seiner Lakaien und den Zeitungsmeldungen wurde. Wirklich objektiv, mit kühler Gelassenheit, über Ferrari zu berichten, ist in Italien einfach nicht drin, und zwischen den Emotionen der einzelnen und den Zielen diverser Lobbies bauen sich Tiraden aus Druckerschwärze auf, die schon vielen Ferrari-Abhängigen auf den Kopf gefallen sind. Enzo Ferrari war nie in der Lage, diese Meldungen auf ihren Wahrheitsgehalt und ihre Absichten zu filtern, drum lebten seine Fahrer, Teamchefs und Techniker dauernd unter dem Druck der Presse, — mit dem Endeffekt, daß fast kein Engagement unter normalen, ruhigen Verhältnissen auslaufen konnte. Es gab immer „Casino", von Fangio bis Alboreto.

Wenn diese Emotionen, mit denen bei Ferrari Sport und Geschäft betrieben werden, in die richtige Richtung laufen, ergeben sich tolle Möglichkeiten, vor allem in Verbindung mit den technischen Einrichtungen und der Teststrecke von Fiorano. Sie ist nur ein paar hundert Meter vom Fabriksgelände in Maranello entfernt und steht jederzeit zur Verfügung, — kein anderes Formel-1-Team hat eine ähnliche Anlage.

Wenn Clay Regazzoni und ich Tests fuhren, tauchte der Commendatore fast immer in Fiorano auf. Da saß er oft den ganzen Tag, meistens Zeitung lesend, er war ein unheimlicher Zeitungsleser. Es schien ihm um den Lärm seiner Rennautos zu gehen, das war der Background, der ihm guttat. Oft blieb er auch über Mittag und speiste in dem kleinen Restaurant, das er sich dort hatte einrichten lassen. Er wußte immer Bescheid, worum es bei den Tests ging, Vorderachse oder Auspuff, was auch immer, und ließ sich laufend informieren. Im Grund lag darin nicht viel Sinn, denn er bot keine technischen Lösungen, trotzdem lief jede Entscheidungsfindung den hierarchischen Weg hinauf zum Boss und von dort wieder runter zum Techniker, Manager oder Fahrer. Daher war es unheimlich wichtig, mit Ferrari direkt zu reden und den Einfluß seiner Lakaien und Informanten zu unterlaufen. Letzten Endes hatte er ja von draußen, von der Welt, nur polierte Informationen, je nach der Person des Überbringers. Die Technik, den alten Herrn happy zu halten, war oft wichtiger als die Technik selbst. Er war kein guter, gütiger Onkel, er war der Herr und man fürchtete seinen Zorn.

An jedem Testtag suchte ich den Kontakt mit dem Chef, und wenn er nicht eh in Fiorano dabei war, fuhr ich rüber in die Fabrik und ging schnurstracks, ohne Anmeldung, zu seinem Zimmer, höfliches Klopfen, Herein, und schon war ich in dieser berühmten Grotte, mit strengem Dunkelblau an den Wänden und dem Bild des verstorbenen Sohnes gegenüber dem Schreibtisch. Dieser direkte Zugang, den sich sonst keiner traute, den der Alte aber gern akzeptierte, hat mein Leben bei Ferrari erleichtert und uns technisch sicherlich weitergebracht. Ich konnte Einfluß auf Forghieri nehmen und die Motivation zum dauernden Weiter-Entwickeln am Leben halten.

Luca Montezemolo, der blutjunge Rennleiter, war zwar ein hohes Protektionskind des Agnelli-Clans, aber trotzdem gut. Seine Herkunft gab ihm innerhalb der Tagesintrigen einen starken Stand, sodaß er sich tatsächlich auf pragmatische Arbeit konzentrieren konnte, was für einen Ferrari-Rennleiter schon ein schönes Ergebnis ist. Ich wüßte auf Anhieb keinen anderen, weder vor noch nach ihm, dem das gelungen wäre.

Das Bild vom dynamischen, vorwärtsstürmenden und durchaus harmonischen Team wurde durch Clay Regazzoni wunderbar abgerundet. Er war der Idealfall eines Teamkollegen für mich — zwar stark, aber nicht so stark, daß intern die Fetzen geflogen wären, die Positionen haben sich im Lauf der Zeit automatisch ergeben. Privat bin ich mit Regazzoni phantastisch ausgekommen, es war immer eine Hetz mit ihm. In Italien ist er als der große Eisenfresser und Weiberheld dagestanden, in seiner Gesellschaft ist es nie fad geworden. Ich habe nie wieder einen Teamkollegen gehabt, mit dem ich privat so viel beisammen gesteckt wäre. Er war aufrichtig und geradlinig, seine Emotionen hat man geradewegs aus seinem Gesicht ablesen können, und wenn ihm was nicht paßte, hat er es sofort gesagt. Durch die Achse Lauda-Montezemolo ist er sicherlich ein bisserl ins Abseits gedrückt worden, das muß ich ehrlich zugeben.

Wir hätten schon 1974 Weltmeister werden können. Zuerst war ich es, der die Chancen weggeschmissen hat, dann spielte bei Regazzonis Endkampf in den beiden Übersee-Grands-Prix die Technik nicht mit. Fittipaldi wurde Weltmeister auf McLaren.

1975 gab es dann das Wunderding von einem Ferrari 312 T, Mauro Forghieris rasendes Denkmal, ein Juwel von einem Rennauto. Ab Monaco hatte ich die Sache im Griff, es gab die goldene Serie Monaco, Zolder, Anderstorp, den Sieg in Le Castellet, und als Draufgabe, als ich schon Weltmeister war, auch in Watkins Glen.

Mein Leben hatte sich in kürzester Zeit verändert, in vielerlei Beziehung. Äußerlich machte die Popularität den größten Unterschied. Schon die beiden Siege des 74er-Jahrs (Spanien, Belgien) hatten gereicht, daß jedermann in Österreich den *Niki* kannte, die Deutschen adoptierten mich ein bisserl, und die Italiener multiplizierten Lauda mal Ferrari. Von Anfang an, als es mit dem Berühmtsein losging, hat es mir wenig bedeutet, und es hat mich höchstens insofern verändert, als ich versuchte, mich privat mehr und mehr in Reservate zurückzuziehen: Ganz kleiner Freundeskreis, ganz bestimmte Lokale, Daheimbleiben. Die neu entdeckte Liebe zur Fliegerei paßte gut dazu. Was mich zuerst nur als technische Aufgabe interessiert hatte, kriegte praktischen Wert: Ein kleines eigenes Flugzeug würde zumindest die Strecke Salzburg-Modena-Salzburg dramatisch kürzer werden lassen. Ich begann mit Flugunterricht und kaufte eine Cessna Golden Eagle, für die ich vorerst auch einen Piloten anheuern mußte. Immerhin konnte ich mir das 1975 schon leisten, das Ferrari-Gehalt war im Vergleich zu meiner früheren Situation grandios (nach heutigem Verhältnis lächerlich), und für meine Tourenwagenstarts bei BMW-Alpina kriegte ich ordentliche Gagen.

Zwischen Mariella und mir lief es nicht mehr so phantastisch, ich könnte gar keinen speziellen Grund dafür angeben, es war einfach so. Trotzdem wollte ich mit Mariella raus aus der winzigen Wohnung, und wir planten ein Haus an einer schönen Stelle im Salzburgerland, — im Bereich der Gemeinde Hof, zwischen Fuschlsee und Thalgau, bloß zehn Autominuten vom Salzburger Flughafen. Mariella übernahm die Koordination mit dem Architekten.

Eines Tages im Sommer 1975 gab Curd Jürgens eine Party in seinem Salzburger Haus. Ich machte mir damals schon fast genausowenig aus solchen Anlässen wie heute, aber irgendwie ergab es sich, daß Mariella und ich doch hingingen. Karajan war dort und hat mit mir über Autos geredet, Curd Jürgens war sehr freundlich, und alles war angenehmer als erwartet. Eine junge Dame fiel mir auf, sie war recht lebhaft und attraktiv, ihre tiefe Bräune kam durch ein weißes Kleid besonders zur Geltung. Irgendwann kam sie in meine Gegend, hockerlte sich vor mir hin und faßte mich an den Knien. Keiner wußte irgendwas vom andern, aber es war ganz selbstverständlich, daß sie mich duzte: „Was willst du trinken?"

„Wasser", sagte ich, und sie brachte mir das Glas. Die offene Art, mit der sie mich angesprochen hatte und die freundliche Wärme ihres Ausdrucks, ihrer Stimme, hatten mir gefallen, und ich fragte jemanden, wer sie sei. *Marlene, die Freundin des Curd Jürgens*. Also die Gastgeberin. Das war auch schon alles, was an diesem Tag passierte.

Tags darauf lief ich zufällig Lemmy Hofer über den Weg. Er hielt mich auf, sprach von einer Überraschung, ließ mich im Garten des „Friesacher" niedersetzen und tauchte mit Marlene auf. Ich war zu scheu, um mit ihr zu reden, und es war eigentlich eine patscherte Situation. Lemmy und ich quatschten irgendwelchen Blödsinn, dann mußte ich weg, weil ich Flugstunde hatte. Die junge Dame hatte unserem Gespräch entnommen, daß ich Rennfahrer sei, am Abend zuvor hatte sie bloß mitgekriegt, daß ich Niki Lauda und somit ein bekannter Sportler sei, allerdings hatte sie auf Tennis getippt. Jetzt sagte sie: „Was macht eigentlich ein Rennfahrer so privat?"

Ich gab irgendeine schlaue Antwort in der Art von: „Das kommt drauf an, nix B'sonderes. Warum?"

„Nur so, ich wollt' es bloß wissen."

Ich war an jenem Nachmittag sehr unkonzentriert bei meiner Flugstunde, besorgte mir die Telefonnummer und rief am nächsten Tag im Haus des Curd Jürgens an. Er war zum Glück verreist, Marlene war da. Ob sie mit mir ausgehen wolle? Ja.

Ich war schon ein öffentliches Tier und mußte achtgeben, wo und mit wem ich mich zeigte, drum fuhren wir hinüber nach Freilassing. Marlene mußte dann wegen einer Entzündung auf ein paar Tage ins Krankenhaus in Salzburg, ich besuchte sie und sie sagte, daß sie jetzt entlassen würde. Kein Wort war wahr, sie hätte brav im Bett bleiben müssen, turnte aber hinten durch ein Fenster raus und wir fuhren auf den Gaisberg zu einem uralten Gasthaus, in dem fünf Bauern Karten spielten. Von da an war eigentlich alles klar.

Marlene flog zurück zu ihrer Familie nach Ibiza, ich trieb meinen Piloten auf, den Herrn Kemetinger, und sagte ihm, wir müssen dringend nach Ibiza. *Das ist aber ein bisserl weit,* sagte er, denn wir hatten ja damals bloß die Golden Eagle. *Ist mir wurscht, wir reiten da runter, um vier Uhr.* Mariella erzählte ich irgendwas von einem Jeans-Werbevertrag in Barcelona.

Also flogen wir nach Ibiza, kamen um Mitternacht an, Marlene war schon am Flugplatz. Sie schleppte uns durchs Nachtleben von Ibiza, dann erlebte ich das wunderbare Chaos ihrer Familie, die Mutter, Schwester Renate, Bruder Tilly — die totale Knaus'sche Welle. Die Mutter ist Spanierin, die Kinder sind in Venezuela (Marlene), Chile und Spanien auf die Welt gekommen, und alles läuft auf südländische Art, unheimlich locker, easy, offen, herzlich. Es war das komplette Gegenteil meines bisherigen Lebens, das Gegenteil meines Diszipliniertseins und Bravseins und meiner Verbissenheit. Ich war hingerissen.

Noch konnte ich alles geheimhalten, und ich versuchte Zeit zu gewinnen, um mit mir selbst und mit Mariella ins Reine zu kommen. Vorerst mußte ich für zwei Wochen nach Amerika, zu Ferrari-Tests vor dem Rennen in Watkins Glen. Es regnete ununterbrochen, ich kam praktisch nicht zum Fahren, hockte nur herum und hatte wahrlich genug Zeit zum Denken. Nach dem Rennen flog ich sofort zurück und traf Marlene im „Friesacher". Ich müsse aber unbedingt heim, sagte ich, *ich kann nach zwei Wochen Amerika nicht gleich am ersten Abend abhauen.*

Dann werde sie halt nach Wien fahren, sagte sie, Curd habe sie ohnedies gebeten, in seinem Haus nach dem rechten zu schauen.

Ich kam heim, alles war wohlgeordnet, bestens. Ich hängte mein Sakko über den Sessel, schaute Mariella an und begriff. So geht's nicht. *Du lieber Himmel, ich hab ganz vergessen, daß ich nach Wien muß, zur Bank* (obwohl es Abend war), schnappte mein Sakko und war weg. Ich hetzte zum „Friesacher" und hatte panische Angst, daß Marlene schon gefahren sein könnte. Ich erwischte sie in dem Moment, als sie ins Auto einstieg. *Alles retour, ich bin da und bleib da.*

Das Geheimnis war dann bald keines mehr, der „Kurier" kam dahinter und ließ die Story von Niki Lauda und der Curd-Jürgens-Freundin hochgehen.

Marlene und ich heirateten im Frühjahr 1976 auf dem Standesamt in Wiener Neustadt, wo sie so nett waren, uns einen

Termin nach Dienstschluß zu geben, somit gab's keinen Zirkus. Der Standesbeamte war indigniert, weil ich keine Krawatte hatte, Trauzeuge Dr. Oertel hat mir die seine geborgt.

Die Rennsaison 1976 begann abenteuerlich, die Ferraris flogen allen davon, ich gewann gleich die ersten zwei Rennen, Regazzoni das dritte. Nachträglich betrachtet, lief alles um einen Hauch zu glatt.

Erstes Anzeichen von *troubles* war der Weggang meines Freundes, meiner Stütze Luca Montezemolo. Seine Karriere durfte auf dem Treppenabsatz eines Rennleiter-Jobs nicht länger verharren, Luca wurde näher heran an den Kraftfluß des Fiat-Imperiums gerufen. Sein Nachfolger Daniele Audetto war ein eitler Bursche, der sich in Tagesintrigen verstrickte, Profilierungsneurosen hatte und insgesamt so hektisch war wie alle anderen Hektiker bei Ferrari. Ab sofort fehlte ein ruhiger, kluger Mann im Schatten des Commendatore.

Dann war der komische Traktorunfall.

Ich wollte auf der Wiese vor dem Haus einen Erdhaufen abtragen und kippte dabei mit dem Traktor um. Es fehlten eigentlich nur ein paar Zentimeter, und ich wäre erschlagen oder zerquetscht worden, jedenfalls wurde ich fest in die Erde gepreßt. Ich hatte bloß zwei gebrochene Rippen, was im Grund ein gutes Ergebnis für diese Art von Unfall mit einem 1,8-Tonnen-Traktor war, aber die Schmerzen waren höllisch.

Noch dazu stürzten sich die Medien auf die Sache, der Formel-1-Weltmeister, der mit dem Traktor verunglückt, war eindeutig ein gutes Thema. Bei Ferrari brach Hektik aus. All meine Siege hatten nicht verhindern können, daß ein Teil der italienischen Presse immer wieder einen italienischen Piloten für Ferrari forderte. Sobald die Meldung meines Unfalls kam, witterte man die Chance, wenigstens fürs nächste Rennen einen Italiener in mein Cockpit zu setzen, und weil gerade zufällig ein Bursche namens Flammini ein gutes Formel-2-Rennen gefahren war, sollte er es sein. Allein der Gedanke daran war grotesk, und bei diesem Überschwappen der Emotionen hab ich meine Sprüche auch nicht auf die Goldwaage gelegt und irgendwem gesagt, die Italiener könnten eh nur um den Kirchturm fahren. Die „Gazzetta dello Sport" hat daraus eine Riesenschlagzeile gemacht, daraufhin ging es in Italien erst recht drunter und drüber.

Die Firma entsandte einen persönlichen Vasallen des Chefs, Sante Ghedini (der dann später ein enger Mitarbeiter von mir geworden ist und heute für Parmalats Werbung und damit auch für mein Kappl zuständig ist). Damals wurde er nachts im Auto von Maranello nach Salzburg gehetzt, kam in der Früh bei mir an, verscheuchte mit dem Stock die Reporter von meiner Tür und versorgte Ferrari laufend mit Bulletins, — es war also ein richtiger Affenzirkus.

Als ich mit diesen teuflischen Schmerzen im Bett lag, schleppte der Salzburger Rundfunkreporter Klettner einen Mann namens Willy Dungl herbei. Ich hatte ihn noch nie gesehen, aber schon eine Menge von ihm gehört: Masseur, Wunderheiler, Guru, Ernährungsspezialist, ein wichtiger Mann hinter den damals sensationellen Erfolgen der österreichischen Skispringer.

Meine erste Begegnung mit Dungl verlief ungefähr so:

Ich lag im Bett und konnte mich nicht rühren vor Schmerzen. Der Wunderheiler wird angekündigt. Bitte, soll kommen. Auftritt Dungl. Schlecht aufgelegt, kurz angebunden, ein zerknautschtes *Guten Tag*. Er schaut mich nur an, hört sich ein bissl was an, greift mich überhaupt nicht an und schwingt sich zu einem Schluß-Statement auf. „Da kann ich überhaupt nix machen. WennS' was von mir wollen, müssenS' Ihnen nach Wien bemühen." Abgang Dungl, und ich denke mir, das ist der größte Muffel auf der Welt.

Trotz eines beruhigenden Weltmeisterschaftsstandes (nach drei Rennen hatte ich 24 Punkte, der nächste Verfolger 10) brach bei Ferrari Panik aus, die auch mich unter Druck setzte. Ich wollte alles tun, um beim nächsten Grand Prix starten zu können. Also fuhr ich — unter zusätzlichen Schmerzen — doch nach Wien, um mich von dem tollen Unfallchirurgen Poigenfürst anschauen zu lassen und bei Willy Dungl vorstellig zu werden, die beiden haben einander in kitzligen Fällen oft ergänzt.

Dungl sagte mir, daß ich mich durch die Überwindung zu dieser Wien-Fahrt sozusagen für seine Hilfe qualifiziert hätte, denn er habe mich bisher für einen sehr arroganten Sportler gehalten, der auf seinen Körper keine Rücksicht nehme. Wenn ich klar und deutlich meinen Willen bekundete, von nun ab was für meinen Körper zu tun, würde er mich jetzt behandeln. Meine Antwort war ungefähr: Ächz.

Von diesem Moment an wurde Dungl einer der wichtigsten Menschen für mich und meinen Beruf. Er ist unschlagbar, er ist ein Genie. Sein Wissen, sein Feingefühl, sein Gespür, seine Methoden — ich kann mir einfach nicht vorstellen, daß es einen zweiten Menschen auf der Welt gibt, der soviel kann. Er hat meinen Körper für mich neu entdeckt, und mit 36 Jahren bin ich in besserer Verfassung als mit 26. Er hat mich dazu geführt, meine Ernährung und meine Gewohnheiten umzustellen und hat mir für alles einen Grund geliefert, den ich wirklich kapieren konnte.

Davon abgesehen, ist er einer der führenden Muffel der Welt. Es ist fast unmöglich, mit ihm zu telefonieren. Er ist so unfreundlich am Telefon, daß du nach drei Worten wieder auflegen willst, weil du nicht weißt, wie du weiterreden sollst. Auch die Tonart zwischen Willy und Gusti Dungl ist ein Genuß für Menschen, die gern Herbes haben, — aber da die beiden kürzlich Silberne Hochzeit gefeiert haben, kann das nicht viel zu bedeuten haben. Im übrigen ist erst abzuwarten, um wieviel sonniger sich jetzt das Gemüt unseres Willy entwickeln wird, — all die Jahre litt er an einem schweren Nierenleiden, von dem nur ganz wenige Menschen wußten, und seit seiner erfolgreichen Nierentransplantation im Sommer 1985 geht es nur noch bergauf mit ihm.

Eine erstaunliche Facette seiner Eigenschaften ist die Tatsache, daß seine goldenen Hände in jenem Moment rostig werden, wenn sie ein Lenkrad angreifen. Mit welcher Sicherheit er den falschen Gang erwischt und dann hartnäckig dabei bleibt, ist hinreißend. Man kann über diese Dinge mit ihm nicht diskutieren, er ist störrisch und rechthaberisch wie ein Esel und wird immer mürrischer.

Ein hübsches Beispiel gab es vor wenigen Jahren in Südafrika, als mir der Mercedes-Importeur einen 380 SE in wunderschönem Goldmetallic zur Verfügung stellte. Ich überließ ihn Willy zum täglichen Einkaufen der frischen Lebensmittel und einigte mich mit ihm, daß er drei Punkte akzeptieren würde, auch wenn er innerlich nicht damit einverstanden sei: Erstens, in Südafrika ist Linksverkehr. Zweitens: Beim Fahren sollte die Automatic immer auf D geschaltet sein. Drittens: Beim Parken sollte immer die Bremse angezogen sein.

Das funktionierte etliche Tage wunderbar. Jedesmal wenn er zurückgekommen war, schlenderte ich beiläufig ums Auto und stellte fest: Noch immer kein Schaden. Ich hatte, wie immer, den starken Ehrgeiz, ein mir geliehenes Auto im Originalzustand zurückzugeben, daher meine Begeisterung über Willys phantastische Formsteigerung.

Allerdings, beim Samstagtraining ist Willy nicht da. Ich hocke schon im McLaren, bin schon angeschnallt, kein Willy. Ich rufe Ron Dennis: „Wo ist Willy?" Der beschwichtigt mich: „Das kann ich dir jetzt nicht sagen." Das war natürlich die blödeste Antwort, ich hab mir Sorgen gemacht und mußte wissen, was los ist. Antwort: „Willy ist auf der Polizei."

Passiert war folgendes: Willy war im Gemüsegeschäft, um die üblichen wunderbaren Sachen einzukaufen, als sich plötzlich — völlig hinterlistiger- und unerklärlicherweise — unser Goldmetallic-Mercedes in Bewegung setzte und durch die Auslage ins Gemüsegeschäft drängte. Riesenschaden, Riesenaufregung. Unerklärlich, hat Willy gesagt, und war furchtbar bös auf den Mercedes. Es ist dann sogar die grandiose Variante aufgetaucht, daß ein paar Schwarze das Auto durch die Auslage geschubst hätten, weil sie das Gemüsegeschäft überfallen wollten, — alles wäre eher in Frage gekommen, als daß Willy vergessen hätte, die Bremse anzuziehen. Ich hab dann das Thema sofort fallengelassen, ich hätte nichts erreicht, als ihn komplett zu vergrämen.

Aber was soll's: Das Autofahren übernehme eh meistens ich, und für alles übrige ist er der Wichtigste, der einzig Wahre, ich hab ihm unendlich viel zu verdanken.

Damals, im Mai 1976, hat mich Dungl tatsächlich für Jarama rennfähig machen können. Die ganze Aktion war aber *am Limit,* es hätte leicht was schief gehen können. Bei einem harten Manöver im Zweitkampf mit James Hunt ist die gebrochene Rippe in die falsche Richtung gesprungen, dabei hätte ich mir die Lunge durchbohren können. Allein die Schmerzen waren jenseits des Erträglichen. Willys Massage nach dem Rennen, um die Rippe wieder in die richtige Richtung zu locken, war reine Zauberei. Mein zweiter Platz in Jarama war teure sechs Punkte wert, insgesamt wars ein Vorgeschmack auf das kommende Chaos in meinem Leben und bei Ferrari.

Vorerst aber noch das große Absammeln: Sieg in Zolder, Sieg in Monaco, Sieg in Brands Hatch. Nach den ersten neun Rennen der Saison 1976 hatte ich 61 WM-Punkte. Die beiden ex-aequo-Zweitplazierten, James Hunt auf McLaren und Patrick Depailler auf Tyrrell, waren kaum noch in Sichtweite: 26 Punkte.

Im Gegensatz zur langjährigen Ferrari-Praxis wollte man damals schon zur Saisonmitte meinen Vertrag verlängern, man wollte sich auf keine Überraschungen einlassen. Normalerweise hat Enzo Ferrari die üble Sitte, seine Fahrer zappeln zu lassen, bis es nirgendwo anders noch einen freien Platz gibt. Auf diese Art werden die Preise gedrückt, und der alte Herr hält sich für einen schlauen Taktiker. Doch 1976 war dem Commendatore außerordentlich daran gelegen, bald mit mir ins Reine zu kommen. Die Show, die sich während dieser Verhandlungen ergab, habe ich schon einmal beschrieben, ich kann das nicht anders ausdrücken, erlauben Sie mir die Wiederholung aus dem Buch „Protokoll" von 1977:

Ich sitze mit dem Alten und dessen Sohn, Piero Lardi, im Hinterzimmer des Cavallino-Restaurants, vis à vis vom Werk in Maranello. Mein Italienisch ist zwar schon brauchbar, aber bei solchen Verhandlungen macht Lardi immer den Italienisch-Englisch-Dolmetsch. Er hätte gern, daß ich auch 1977 bleibe, sagt der Alte, was wäre dazu nötig? Ein Team mit zwei Fahrern, ja nicht drei, sage ich, weil das würde die Kapazität der Techniker und Monteure überschreiten. Und als zweiten Fahrer hätte ich gern weiterhin Regazzoni. Das wird schwer, sagt der Alte, den will ich suspendieren. Wir reden ein bisserl hin und her und ich meine halt immer wieder, für mich wäre es fein, wenn der Regazzoni bliebe.

Auf einmal fragt er, wie es mit dem Geld aussähe. Wieviel ich verlange? Ich nenne ihm die Summe in Schilling: Soundsoviel Millionen Schilling. Er sagt kein Wort, steht auf, geht zum Telefon, ruft den Buchhalter Della Casa an und fragt ihn: Wieviel sind soundsoviel Millionen Schilling? Er wartet auf die Antwort, legt den Hörer auf, kommt zurück und setzt sich mir gegenüber, in aller Ruhe. DANN BRÜLLT ER LOS, wie ich das noch nie erlebt habe, er schreit wie am Spieß: Eine Frechheit, eine Schweinerei, was ich mir erlaube, ich bin verrückt geworden, wir brauchen gar nicht mehr zu reden, wir gehen getrennte Wege, und wenn er Atem holt, übersetzt Piero schnell den letzten Fluch. Ein Dolmetsch ist ein brauchbares Zwischenstück für solche Verhandlungen, da werden die Schimpfworte ein bisserl abstrakter. Ich sage zu Piero, bitte übersetz ihm, wenn wir also getrennte Wege gehen, dann kann ich ja heimfliegen, und Piero sagt, ich soll sitzen bleiben, und das geht hin und her, bis ich endlich sage, Ferrari soll eine Gegenofferte machen. Nein, sagt der Alte, er kann keine Gegenofferte machen, denn er will nur glückliche Fahrer in seinem Rennstall, und seine Gegenofferte können mich nicht glücklich machen. Also gut, dann kann ich ja wirklich heimfahren, weil wenn ihr meine Offerte nicht annehmt und keine Gegenofferte macht, dann gibt's ja keine Chance. Endlich macht er eine Gegenofferte, ein gutes Viertel unter meiner Forderung, bereits in Lire ausgedrückt. Ich werde wütend und sag zu Piero, erklär ihm, daß mir schon sein Teammanager ein paar Millionen Lire mehr geboten hat, und ob er mich auf den Arm nehmen will? Meine Wut ist ehrlich, ich habe keinen Respekt, weil wir gleichwertige Partner sind: Er will meine Leistung kaufen, und die kostet eben soundsoviel. Was, stimmt das mit dem Audetto? schreit der Alte, ja, sage ich, ruf ihn doch rein. Er läßt Audetto antreten, fragt ihn, ob die genannte Summe stimme, ja sagt Audetto, er habe soundsoviel geboten, dann sagt Ferrari zu mir, okay, wenn so ein Wahnsinniger von meinen Angestellten soviel bietet, muß ich mitgehen, und zum Audetto sagt er, wir sprechen uns noch, und läßt ihn abtreten. Aber das ist mein letztes Angebot, brüllt er mich an, er schreit wie ein Stier. Ich zeige guten Willen, komme ihm ein Prozent entgegen, ganz ruhig. Daraufhin wird er auch ruhig und sagt, ich bin unverschämt, ein Wahnsinn, es ist genug, es ist alles überschritten, seine Nerven, ob ich will, daß er stirbt, daraufhin sage ich zu Piero: Übersetze ihm, daß Ferrari ohne mich nie Weltmeister geworden wäre. Piero: „Das kann ich nicht übersetzen, das tu ich nicht." Ich sag ihm, er soll nicht feig sein, er soll das ruhig sagen, und zwar schnell, und Piero sammelt sich und übersetzt dann mit roten Kopf. Da fängt der Alte wieder zu brüllen an, es geht hin und her, eine Stunde lang, bis er wieder fragt, wieviel ich verlange, und da gehe ich um weitere vier Prozent runter, mein letztes Angebot.

Dann sagt er: OKAY, EBREO, — okay, du Jude, aber das darf er natürlich sagen, das ist im Preis drinnen. Im gleichen Moment ist er reizend und nett, ein charmanter alter Herr, der angenehmste Gesprächspartner, den man sich vorstellen kann.

4. Kapitel

Nürburgring

Ich verunglückte am 1. August 1976 auf dem Nürburgring. Ich versuche zu erklären, wie das war mit dem Ring und mir. In den Medien ist das zu einem persönlichen Kampf, zu einer Schicksalsverbundenheit hochstilisiert worden. Das ist reiner Blödsinn, da wird etwas rein-geheimnist, was nie da war. Ich erzähle das jetzt von Anfang an.

Ich hab den Ring 1969 kennengelernt, da war ich 20 Jahre alt und bin Formel Vau gefahren. Wir fanden es alle toll, dort zu fahren, und wir hatten Riesenherzen. Wennst rausgeflogen bist, ist ein Busch aufgegangen und hat dich geschluckt. Hinter dir ist der Busch wieder zugegangen, und kein Mensch hat gewußt, wo du liegst. Wir fanden das nicht schlecht, nur aufregend.

Anfang der siebziger Jahre habe ich mich immer stärker in den Ring verbissen — aber emotionslos. Ich wollte ihn so perfekt wie möglich fahren, und gerade diese enorm lange Rennstrecke bot viel mehr Möglichkeiten zum An-sich-Arbeiten als jede andere. Es kamen die großen Tourenwagen-Jahre, es kam 1973 meine 8:17,4-Runde mit dem BMW-Zweiventiler, von der sich die Augenzeugen heute noch Schauermärchen erzählen. Ich hatte Unfälle, 1973 bin ich mit dem BRM 300 Meter an einer Böschung entlanggerodelt, 1974 habe ich den Jody Scheckter abgeschossen, aber eigentlich war alles normal.

Es sind damals etliche Leute gestorben, auf dem Ring und sonstwo auf den Rennstrecken der Welt. Es wurde klar, daß wir mit den immer schnelleren Autos nicht nur uns selbst, sondern den ganzen Sport ausrotten würden, wenn die Sicherheit nicht verbessert würde. Die vernünftigen Fahrer, die vernünftigen Journalisten, die vernünftigen Funktionäre haben begonnen, auf dieses Ziel hinzuarbeiten, und Jackie Stewart war der Fahnenträger.

Der Nürburgring war von seiner Struktur her natürlich die problematischeste Rennstrecke. 22,8 Kilometer im Wald sind beim besten Willen nicht zu sichern. Auf lange Sicht würde eine Strecke dieser Art nicht zu halten sein. Mittelfristig gab es ab 1974 ein Dreijahresprogramm für Detailverbesserungen, zum Beispiel Leitschienen. Nach Ablauf dieser drei Jahre würde die damalige FIA dem Ring keine Lizenz mehr geben, soviel war klar.

Es kam mein Weltmeisterjahr 1975 mit dem Eintauchen in den totalen Wahnsinn — die erste Nürburgring-Runde unter sieben Minuten. Es geschah im Samstagtraining und war nur aus einer ganz bestimmten Stimmung heraus möglich, ein Kraftakt, den ich nicht wiederholen könnte. Als ich bei den Boxen vorbeikam, sah ich im Rückspiegel, wie die Mechaniker die Arme hochrissen. Da wußte ich, daß die sieben Minuten gefallen waren — exakt hieß der neue, endgültige Formel-1-Rekord (keiner ist mehr schneller gefahren) 6:58,6. Die vorhergehenden Minuten-Durchbrüche waren: Hermann Lang unter 10 Minuten (Mercedes, 1939), Phil Hill unter 9 Minuten (Ferrari, 1961), Jackie Stewart unter 8 Minuten (Matra, 1968).

Zu diesem Gewaltritt im 75er-Jahr hatte ich mich überwunden, obwohl mein Hirn sagte: Ein Irrsinn, was du da tust. Im Vergleich zu unseren so schnell geworden Autos sah der Ring steinzeitlich aus, und ich hab gewußt, daß jeder von uns auf lächerliche Weise gefährdet war.

Im Frühjahr 1976 machte ich innerhalb der Grand-Prix-Fahrervertretung den Vorschlag, den Ring in jenem Jahr nicht mehr zu fahren, ich wurde überstimmt und akzeptierte das. Immerhin habe ich eingesehen, daß ziemlich viel Geld in Detailverbesserungen gesteckt worden ist. Aber mein Vorschlag allein genügte, die Legende von einer Feindschaft zwischen mir und dem Ring zu konstruieren, dabei ist es aber immer nur um Sachliches gegangen.

1976 hatte ich den Unfall, und mit Ende des Jahres lief die FIA-Lizenz für die Rennstrecke Nürburgring automatisch ab. Es hatte nichts mit mir zu tun, es ist bloß alles zufällig zusammengekommen.

Journalisten haben mich öfter gedrängt, zur Stelle des Unfalls zurückzukehren, sozusagen eine kleine Andacht zu halten. Ich weiß nicht, was sie sich davon erwarten — daß mich Emotionen überwältigen, daß ich zum Heulen anfange? Oder daß mir plötzlich an Ort und Stelle die Erinnerung einschießt, wie alles war? Wenn ich dann dort stehe, in diesem problemlosen Linksknick, der immer schon voll gegangen ist, und sage, „Aha, der Grillplatz", denken sie: So ein kalter Hund, der Lauda.

Nur deswegen, weil ich an dieser Stelle stehe, werde ich nicht sentimental. Da kann ich noch fünfzigmal hinkommen, da rührt sich nix bei mir.

Meine Erinnerung an Vorher und Nachher ist punktuell, dazwischen ist nichts, absolut nichts. Ein schwarzes großes Loch.

Vorher. Bei meiner Ankunft am Donnerstag fahre ich mit dem Privatauto durchs Fahrerlager. Wegen eines kleines Staus muß ich etwas warten. Ein Mann kommt zu mir und hält mir ein Bild von Jochen Rindts Grab beim Fenster herein. Er ist ganz glücklich, daß er mir das zeigen kann. Was meint er damit, was soll ich damit anfangen? Keine Ahnung. Diese Szene kommt mir in den Sinn, weil damals auffallend viel vom Sterben geredet worden ist und sich offensichtlich etliche Leute daran begeilt haben.

Dann erinnere ich mich noch an die Fernseh-Sportsendung am Samstagabend, die hab ich in einem Gasthaus in Adenau gesehen. Da geiferte einer, daß Lauda, dieser Feigling, schuld an der ganzen Anti-Nürburgring-Kampagne sei. Der Kerl war link von A bis Z, ratschte eine Lüge nach der anderen herunter und kam ungefähr zu dem Schluß: Wenn der Lauda so feig ist und soviel Angst hat, soll er halt nicht mehr rennfahren. Ich bin damals blau geworden vor lauter Wut über die Wehrlosigkeit, mit der ich da vor dem Fernseher hockte. Diesen Kerl gibt es heute noch, und 1985, auf dem neuen Nürburgring, wollte er ein Interview von mir. Ich hab gesagt, er soll sich wen anderen suchen, und wahrscheinlich weiß er nicht einmal den Grund.

Dann erinnere ich mich, am Sonntag in der Früh als erstem dem Journalisten Helmut Zwickl über den Weg gelaufen zu sein. Er hat gesagt: „Die Reichsbrücke ist eingestürzt", das ist natürlich eine unglaubliche Sache. Die größte Brücke unseres Landes ist in die Donau gebröckelt, sang- und klanglos, und weil es Sonntag war und früh am Morgen, sind nicht ein paar hundert Leute versunken, sondern nur ein einziger. So grotesk die Nachricht war, ich konnte nichts mit ihr anfangen. Ich war irgendwie ratlos damit und hab es schnell weggesteckt.

Die letzte Erinnerung aus dem Rennen ist das Reifenwechseln, von Regenreifen auf Slicks, und wie ich aus der Box fahre.

Nächste Erinnerung: Das Rattern eines Hubschraubers. Dann: Im-Bett-Liegen, bin müde, will schlafen, nichts mehr wissen, alles ist bald aus.

Erst am vierten Tag steht fest, daß ich leben werde. Durch das Einatmen der Dämpfe des brennenden Benzins waren kritische Schäden an Lunge und Blut entstanden. Die Verbrennungen selbst, an Gesicht, Kopf und Händen, wären nicht lebensgefährlich gewesen, dafür sind die Narben heute umso dauerhafter.

Gott sei Dank konnte ich damals keine Zeitungen lesen. „Bild" hatte die Schlagzeile „Mein Gott, wo ist sein Gesicht?" Ein paar Zeilen darunter stand „Niki Lauda, der schnellste Rennfahrer der Welt, hat kein Gesicht mehr — es ist rohes Fleisch; die Augen quellen heraus." Als ich über den Berg war, zum Glück aber noch immer nicht Zeitung lesen konnte, formulierte „Bild" den Aufmacher: „Niki Lauda kommt durch ... aber wie lebt ein Mann ohne Gesicht?" Die „Bild"-Prognose für mein weiteres Leben sah dann so aus: „Wie kann er ohne Gesicht weiterleben? So grauenhaft es klingt: Auch wenn sein Körper wieder ganz gesund ist, wird er sich ein halbes Jahr lang nicht unter Menschen trauen. Erst Anfang 1979 wird sein neu geformtes Gesicht fertig sein. Nase, Augenlider, Lippen sind dann geformt. Dieses Gesicht wird seinem früheren Gesicht kaum noch ähnlich sehen. Nur an seiner Mimik und an seiner Sprache werden Freunde den Rennfahrer erkennen."

Na bitte, da muß man doch ehrlich zugeben, daß ich mir's verbessert habe.

Sobald ich mich vom Mannheimer Krankenhaus nach Salzburg transportieren lassen konnte, das war etwa nach zwei Wochen, sah ich zu Hause den einzigen Film des Unfalls. Ein fünfzehnjähriger Bub war oben im Wald ganz allein gestanden und hatte mit einer 8-mm-Kamera gefilmt. Man sah, wie der Ferrari plötzlich rechts abbog, die Fangzäune durchschlug, gegen die Böschung prallte und zurückgeschleudert wurde. Das ganze muß sich bei einem Tempo von knapp über zweihundert Stundenkilometer abgespielt haben. Beim Zurückschleudern des Autos flog der Tank weg. Dann sah man den quer auf der Fahrbahn liegenden Ferrari, wie er von Brett Lungers Wagen gerammt und fast hundert Meter weitergeschoben wurde, wie die Flammen hochgingen. Aus Fotos und anderen Filmen war dann zu erkennen, wie hilflos der Streckenposten war, ohne Feuerschutz. Wie andere Fahrer — Guy Edwards, Brett Lunger, Harald Ertl — mich zu retten versuchten. Mit welcher Todesverachtung mein wahrer Lebensretter, Arturo Merzario, sich mitten in die Flammen reinstürzte und das Gurtschloß öffnete.

Als ich den Film zum ersten Mal sah, hab ich natürlich gewußt, daß *ich* das bin, daß es *mir* passiert. Aber gefühlsmäßig war es irgendein fürchterlicher Unfall, der irgendwem zustößt — völlig abstrakt. Ich konnte diese Szenen nicht auf mich beziehen. Es gab keine Erinnerung und keinen Zusammenhang. Als wäre es eine völlig fremde Person. Abbiegen, Anprall, Rutschen, Feuer — „schau dir den an! Schau dir den an!"

Es hat nie ein offizielles Statement über die Unfallursache gegeben. Ferrari hat sich nicht geäußert, und ich konnte natürlich auch nichts beitragen, da meine Erinnerung so vollkommen gelöscht war. Heute traue ich mir zu sagen, was ich für die wahrscheinlichste Ursache halte. Sie entspricht jener Version, die mein damaliger Ferrari-Chefmechaniker Ermanno Cuoghi von allem Anfang vertreten hat. Er meint, daß hinten beim Motor der rechte Längslenker ausgerissen sei. Der Motor ist ja ein tragendes Element und durch ein Magnesiumteil mit der Radaufhängung verbunden. Wenn dieses Teil, der Längslenker, abreißt, ist die Halterung des Hinterrads nicht mehr gegeben, das Hinterrad würde lenken und sich wegdrehen. Das würde genau den Effekt ergeben, der zum plötzlichen Rechtsabbiegen führt. Wir hatten solche Defekte schon früher bei Ferrari, Cuoghi wußte das genau.

Allerdings bin ich unmittelbar zuvor mit dem linken Vorderrad über den Randstein gefahren. Das war zwar nicht beabsichtigt, aber ein bloß unbedeutender Fehler, weil die Nürburgring-Randsteine immer in flachem Winkel verlaufen sind, sie waren harmlos. Aber immerhin mag es bewirkt haben, daß das Auto einen Schlag kriegte, der sich nach hinten übertragen hat.

Ich habe seither immer behauptet, daß der Unfall in meiner Seele, meinem Gemüt, meinem Verhalten keine Dauererfolgen hinterlassen hat. Das stimmt, auch wenn ich mir nicht im klaren drüber bin, wieweit der ganze Feuerzauber mich manchmal aus meinem Unterbewußtsein heraus beeinflußt.

Grundsätzlich hat mein Talent, mit sachlichen Überlegungen meine Emotionen zu regeln, gut funktioniert. Es hat keinen Sinn, Komplexe zu kriegen, weil einem ein halbes Ohr fehlt. Schau dich gut in den Spiegel, — so siehst du aus. Wer dich deswegen nicht mag, den kannst du sowieso vergessen. Aus meiner halben Glatze habe ich eine Tugend gemacht und Geld von Parmalat für ständiges Kappentragen kassiert. Auch nach meinem Rücktritt ist das Kappl ihnen noch immer das gleiche Geld wert.

Der Unfall verfolgt mich nicht, er rennt mir nicht nach, weder in Gedanken noch in Träumen. Da ich das Feuer nicht bei Bewußtsein erlebt habe, hat es sich nirgendwo in meine Erinnerung eingegraben. Bloß Assoziationen aus meinem Überlebenskampf sind noch einmal freigeworden, ein einziges Mal, 1984 in Ibiza.

Ein gemeinsamer Freund von Marlene und mir hatte bei uns daheim eine Haschzigarette dagelassen, was für Ibiza völlig normal ist, für uns allerdings nicht. Ich hab zu Drogen jeder Art den totalen Abstand, sie interessieren mich null. Aus irgendeinem Grund hat es sich aber aus der Situation heraus ergeben, daß Marlene und ich diese Zigarette rauchten.

Wir saßen oben im Wohnzimmer, und da war einmal zwanzig Minuten gar nichts. Dann kam's, und es kam so intensiv, daß ich nachher kapierte, daß das Zeug in dieser Zigarette was Spezielles gewesen sein mußte, sicherlich stärker als die normalen Stengel, wie sie in Ibiza umgehen. Wir redeten über irgendwelche Nebensächlichkeiten, haben gelacht über die dümmsten Dinge, immer ärger gelacht, Marlene konnte sich überhaupt nicht mehr halten. Ich lag auf dem Diwan und mein Körper fühlte sich so schwer an, daß ich mich nicht rühren konnte. Es war wunderschön, wie verblödet dortzuliegen, mit der Zunge im linken Mundwinkel.

Marlene hatte offensichtlich weniger erwischt als ich, sie wurde plötzlich hellwach und machte sich Sorgen wegen meines Zustands. Konzentrier dich, sagte sie, konzentrier dich, mach irgendwas! Aber ich lag nur dort und war total happy, das einzige, das ich gesagt habe, immer wieder, war: Wir müssen hier irgendwie wieder raus. Irgendwie hab ich schon gespürt, daß etwas nicht richtig läuft, aber mein Zustand war viel zu angenehm, um was dagegen tun zu wollen.

Marlene läßt nicht locker: Tu was, TU WAS! Mach schnipp mit den Fingern! Ich schau zwei Finger an und will sie zum Schnipp zusammenbringen, aber die Finger fahren immer daneben. Marlene wird noch unruhiger, ganz hektisch. Jetzt reden wir über irgendwas, sagt sie, denk über irgendwas nach!

Wer hat das Penizillin erfunden? Darauf sag ich: Der Herr Penizillin. Ich war total abgetreten. Plötzlich weiß ich, Nürburgring, Krankenhaus, genauso war es: Ich laß mich in ein Loch fallen. Ich werde rücklings, irgendwie mich überschlagend, in ein riesiges Loch runterfallen, und das wird sehr angenehm sein und alles wird aus sein. Ich sag zu Marlene, bitte laß mich sterben, das ist so schön, ich fall da jetzt ins Loch hinunter. Ich hab gespürt, daß das Fallen völlig schwerelos vor sich gehen würde, haargenau wie auf der Intensivstation.

Hör auf mit dem Blödsinn, steh auf, sagt Marlene. Mit Mühe komme ich hoch, dann spiele ich ihr die Bewegungen von einem verrückten Hektiker vor, den wir beide kennen, weil er jeden Tag durch Ibiza rennt. Marlene läßt mich spielen, ziemlich lang, dann sagt sie, komm, gehen wir schlafen. Ich gehe ins Badezimmer und bin ganz fasziniert von dem Abfluß im Waschbecken, da ist wieder ein Loch, ich starre rein und sag, aahhh, jetzt laß ich mich wieder reinfallen. Marlene hat mich aber nicht alleingelassen, gibt mir gleich einen Tritt in den Hintern: Hör jetzt auf, du Trottel. Ich hab überhaupt nichts Komisches an der Situation gespürt, es war mir todernst: Da ist ein Loch, und ich will reinfallen, wie nach dem Unfall. Damals hatten mich Gesprächsfetzen, vom Arzt, von Marlene, dazu gebracht, wieder denken zu wollen, daraus konnte ich langsam meine Situation erkennen und einen Willen fassen. Ich will leben, muß mein Hirn beschäftigen und darf nicht dem angenehmen Gefühl nachgeben, einfach ins Loch reinzufallen. Das Sich-Anhängen an einen Zipfel der echten Welt — ein Gespräch zwischen Menschen — hat mir damals ermöglicht, zu überleben.

Ich schlief schrecklich schlecht und war am nächsten Vormittag noch völlig benommen, bin nach Santa Eulalia ins Kaffehaus gegangen und hab alle Leute blöd angegrinst. Jetzt war mir nicht mehr ernst zumute, es war bloß noch gemütlich. Auf jeden Fall hab ich mir dann, als ich wieder normal war, geschworen, so ein Scheißding nie wieder anzurühren, ich hab's auch nicht mehr getan.

Geblieben ist für mich die aufregende Tatsache, daß der blöde Stengel eine genaue Kopie meines geistigen Zustands nach dem Nürburgring ausgelöst hatte. So haben mich zum einzigen Mal innerhalb von neun Jahren ungewollte Assoziationen mit dem Unglück eingeholt.

Die körperlichen Folgen waren, abgesehen von der raschen organischen Erholung, etwas komplizierter.

So waren beide Augenlider verbrannt, und sechs Ärzte hatten sechs verschiedene Meinungen, wie die Operation gemacht werden sollte. Ich habe mich für einen Augenchirurgen in St. Gallen entschieden. Er hat Haut aus dem Bereich hinter den

Ohren dazu verwendet, um sie an den Lidern einzusetzen. Das hat ein paar Jahre bestens funktioniert, doch Ende 1982 gab es Probleme mit dem rechten Auge. Das untere Lid ist nicht angelegen, über Nacht blieb das Auge einen Spalt offen und hat sich entzunden. Ich hab mich für den berühmtesten Mann auf diesem Sektor entschieden, Ivo Pitangui, von dem ich nachher irgendwo den Beinamen „Michelangelo der plastischen Chirurgen" gelesen habe. Er ist in Rio zu Hause, aber ich fuhr vorher nach Gstaad, um Michelangelo beim Skifahren zu treffen. Er kriegte einen ganz lüsternen Blick, als er mich sah. Auf meine Problemzone, das rechte untere Lid, hat er nur ganz kurz geschaut, alles andere hat ihm viel besser gefallen: Mein halbes rechtes Ohr, meine Augenbrauen, meine Verbrennungsnarben. Wunderbar, hat er gesagt, für das rechte Ohr nehmen wir die Knorpel von den Rippen und da bauen wir ein komplett neues Ohr, von der hinteren Kopfhaut nehmen wir Haare für die Augenbrauen, und bei dieser Gelegenheit bringen wir die Glatze auf der rechten Seite auch gleich in Ordnung, da machen wir eine Transplantation von hier nach hier, und so weiter, er war happy.

Ich hab dann eine halbe Stunde gebraucht, um ihm zu erklären, daß ich in drei Monaten eine Rennsaison beginnen will und daß ich überhaupt keine weiteren Wünsche habe, als mein rechtes Augenlid in Ordnung zu bringen, das wird ohnedies lang genug dauern, und daß ich gar kein neues Ohr will, das aus meinen Rippenknorpeln kommt. Er war enttäuscht, daß er bei mir nicht das volle Service, sondern nur die 500-km-Inspektion machen kann, aber wir haben uns dann auf einen Termin im Jänner 1983 geeinigt, und ich bin mit Marlene und Lukas nach Rio geflogen. Für Lukas war es der erste Flug überhaupt, und schon deshalb ganz lustig.

In der Klinik wurde ich narkotisiert und bin vier oder fünf Stunden später aufgewacht, beide Augen waren verbunden, mir war schlecht von der Narkose. Nach drei Tagen durfte ich zurück ins Hotel, das nicht-operierte Auge wurde geöffnet, das rechte blieb verbunden. Ein Hautstreifen, etwa 2 Zentimeter lang und 5 Millimeter breit, war vom Hinterkopf zum Lid transplantiert worden, und zur Ruhestellung waren Ober- und Unterlid zusammengenäht worden. Die Heilung klappte gut, das neue Hautstück wurde nicht abgewehrt, und nach einer Woche konnten die Nähte entfernt werden. Ein irrer Schreck: Ich seh nichts, überhaupt nichts. Das Auge war nur rot und eitrig, und ich wollte unbedingt einen Augenspezialisten, der sich das anschauen sollte. Das Problem war, daß zum ersten Mal seit Jahren das untere Augenlid wieder angelegen ist und sich der Augapfel an einem Lid gescheuert hat, daß lange Zeit überhaupt nicht existiert hatte. Aber nach ein paar Tagen hat sich alles normalisiert, seither habe ich keine Probleme mehr mit den Augen.

Alle anderen Folgen der Verbrennungen — am Ohr, an der Stirn, an der Kopfhaut — will ich nicht kosmetisch behandeln lassen. Solang keine Funktion beeinträchtigt ist, mag ich daran nichts ändern.

5. Kapitel

Weiterleben

Viele Leute hätten es passend empfunden, wenn ich die ersten Monate nach dem Unfall in einem verdunkelten Zimmer verbracht und Ruhe gegeben hätte. Meine Sachlichkeit — Wiederaufnahme des Berufs, sobald alle Funktionen in Ordnung sind — war störend. Pietätlos für die einen, unappetitlich — mit dem verbrannten Ohrwaschl! — für die anderen. Für Ferrari auf jeden Fall irritierend. Es gab in dem ganzen Laden keinen, der eine pragmatische Linie finden und durchsetzen hätte können. Daniele Audetto machte sich komplett zum Wurschtl, als er — *um mir zu helfen,* weil ich selbst ja wehrlos sei — durch Geheimaktionen die Absage des österreichischen Grand Prix erreichen wollte. Statt solcher bescheuerter Hektik hätte ich Ruhe, Konsequenz und Vertrauen im Team gebraucht, davon war aber keine Rede. Nach außen hin standen Enzo Ferrari und die Firma zu ihrem leicht angebrannten Weltmeister, aber intern war die jämmerliche Unsicherheit jedes einzelnen spürbar. Taktieren statt Vertrauen.

Das Vertrauen mußte ich mir eben selbst basteln, — natürlich mit Hilfe von Marlene, die ganz super war, und von Willy Dungl, der den malträtierten Körper zum Gehen, Laufen und Rennen brachte.

Den Kampf um die Weltmeisterschaft wieder aufzunehmen, war für mich die einzig logische Konsequenz, sobald ich ein Lenkrad ordentlich halten konnte. Das hatte nichts mit „hirn-

1975 BIS 1979

1976, rechts Ermanno Cuoghi

it Stirling Moss

e verlorene WM 1976: Das Rennen von Fuji, hier schon bei auftrocknender Bahn
ks: 1976, Loews-Kurve in Monaco

*1. August 1976, Nürburgring.
Der Ferrari ist bei Tempo 240 plötzlich in rechtem Winkel ausgebrochen und folgt nicht mehr der Fahrbahnrichtung. Er dreht sich, durchschlägt die Fangzäune, prallt gegen die Böschung, wird auf die Fahrbahn zurückgeschleudert und fängt Feuer. Niki, dem der Sturzhelm vom Kopf geschlagen wurde, sitzt bewußtlos im Auto.*

Brett Lungers Wagen („Campari") hat Nikis Ferrari gerammt. Guy Edwards und Brett Lunger sind beim brennenden Wagen, Harald Ertl ruft um Hilfe. Dann die entscheidende Situation: Arturo Merzario springt mitten in die Flammen und kann sofort den Gurt lösen, den die anderen nicht aufbrachten. Daraufhin kann Niki herausgezogen werden.

Niki liegt auf dem Grünstreifen, Fittipaldi, Merzario und Edwards geben erste Hilfe. Mittlerweile ist ein Fahrzeug der Rettungsstaffel gekommen, der Brand wird jetzt mit größeren Feuerlöschern (verdeckt) bekämpft.

Das Wrack wurde offiziell nie untersucht, es kann daher nur Mutmaßungen über die Unfallursache geben.

Österreichring, 1977

Ferrari-Techniker Mauro Forghieri

Marlene

Ferraris Zwölfzylinder, 1977

Long Beach, 1979, Startrunde: Tambay (McLaren) kam von hinten geflogen, Aus für Lauda

Monza, 1978, Startrunde: Vorne Villeneuve und Lauda, hinten eine Massenkollision von elf Autos.
Ronnie Peterson starb an den Folgen des Unfalls
Links: Brabham-Alfa, Casino-Kurve von Monaco, 1978

Im gleichen Team: Mit Nelson Piquet und Brabham-Techniker Gordon Murray

Links: Monaco, 1979, Rascasse-Kurve

1979: Lauda, Patrese (Arrows)

verbrannt" zu tun, wie einige Zeitungen neckisch formulierten, sondern war das beste für meine seelische und körperliche Verfassung. In stiller Andacht des Nürburgring-Happenings im Bett zu liegen, hätte mich psychisch fertig gemacht. Ich nahm meinen Job auf, sobald ich dazu in der Lage war, das war in Monza 33 Tage nach dem Unfall. Ich hatte zwei Rennen versäumt und von meinem WM-Vorsprung auf James Hunt 12 Punkte eingebüßt. Die waren zu verschmerzen.

Ich habe damals und noch einige Zeit nachher gesagt, daß ich die Angst rasch und sauber überwunden hätte. Das war gelogen, aber es wäre dumm gewesen, meinen Gegnern den jeweiligen Zustandsbericht meiner Schwäche zu liefern. In Monza war ich steif vor Angst. Im Freitag-Training bei Regen war es so arg, daß ich bei der ersten Gelegenheit ausstieg. Ich mußte erst einmal den Helden markieren und damit Zeit gewinnen, um mit mir selbst ins Reine zu kommen. Ich konnte ja nicht im Fernsehen sagen: *Verzeihung, meine Herren, ich scheiß mich an von oben bis unten. Bitte geben Sie mir noch ein bisserl Zeit, bis ich mich erholt habe, dann werde ich Ihnen ein Interview geben.* — Manchmal mußt du den harten Hund spielen, auch wenn dir wirklich nicht danach zumute ist. Dadurch wird manches zu einem psychischen Versteckspiel. Die Wahrheit, am falschen Tag gesagt, würde einem schrecklich übel genommen werden, man würde daran scheitern.

Die Situation in Monza war neu für mich. Ich hatte meine üblichen Mechanismen eingeschaltet: Sachliches Abchecken von Gefühlszuständen, Ursachen-Finden, Gefühle-Beseitigen (falls es eine logische Erklärung für die Unnötigkeit dieser Gefühle gibt). Ich war geistig gut vorbereitet, hatte den Unfall überwunden, zumindest glaubte ich es. Im Sinne von: Du konntest vorher Autofahren, du kannst es jetzt genauso, und da sich nichts geändert hat, gibt es auch keinen Grund für Angst. Bloß: In der Praxis war das anders. Als ich in Monza ins Auto stieg, sprang mich die Angst derart vehement an, daß alle Theorie des Sich-Motivierens beim Teufel war. Wie wenn man Durchfall kriegt, Herzklopfen, Sich-Übergeben, fürchterlich. Ich hab dann im Hotel in Ruhe die neue Situation durchgedacht und überlegt, welchen Fehler ich gemacht habe.

Der Fehler war: Ich hatte gleich wieder so schnell fahren wollen wie vor dem Unfall, trotz meines immerhin geschwächten Zustands, trotz des Regens. Ich habe Unsicherheit gespürt und falsch reagiert. Ich konnte das Auto nicht abfangen wie sonst, ich war handwerklich nicht in der Lage, das Auto wirklich im Griff zu haben. Ich habe falsch gegengelenkt und zu früh gebremst und bin in blöde Situationen gekommen.

Beim Analysieren des Tagesablaufs habe ich mich für das Samstagtraining neu programmiert: Schaff dir weniger *pressure, take it easy,* fahr langsamer. So habe ich es dann auch gemacht: Langsam begonnen, dann immer schneller und schneller, und auf einmal war ich der schnellste Ferrari-Pilot, schneller als Regazzoni und der neu ins Team geholte Reutemann. Damit hatte ich mir in der Praxis bewiesen, was mir der Verstand schon gesagt hatte: Ich konnte genauso fahren wie vor dem Unfall. Damit war die Angst vorerst so weit zurückgedrängt, daß ich in Monza immerhin vierter werden konnte, nicht schlecht unter den Umständen.

Das Haus Ferrari bekannte sich nach wie vor zu mir, intern waren die Herren jedoch völlig ratlos, was man von einem Titelverteidiger halten sollte, der mit entstelltem Gesicht (in den ersten Wochen sah es wirklich arg aus) so tun wollte, als sei alles normal. Hektik, nur Hektik. Statt Druck von mir zu nehmen, verstärkte man ihn, indem man mir Carlos Reutemann ins Team setzte. Von allen coolen, kalten oder eisigen Typen gehörte er zur schlimmsten Sorte, und wir konnten einander nie leiden.

Ich kämpfte wie ein Esel, um über Wasser zu bleiben, körperlich und moralisch.

Ferrari schickte Reutemann zu entscheidenden Tests nach Paul Ricard und wollte mich zur gleichen Zeit in Fiorano haben, um Bremspackeln zu testen oder sonst einen Schmarrn. Ich mußte laut aufjaulen und dem alten Herrn einen Zirkus machen, um Ordnung zu schaffen. Mein einziges Glück war, daß Ferrari diesmal so gierig gewesen war, den Nächstjahresvertrag mit mir so früh zu machen. Wenn ich in dieser Situation keinen Vertrag gehabt hätte, hätten sie mich psychisch völlig zur Schnecke gemacht und dann wohl im Regen stehen lassen.

Ich habe einen blöden Defekt in Kanada, werde Dritter in Watkins Glen, Hunt gewinnt beide Rennen. Ich gehe mit drei Punkten Vorsprung ins letzte Rennen — Fuji, in der Nähe von Tokio.

Aus heutiger Sicht stellt sich mir der Verlust der Weltmeisterschaft 1976 etwas anders dar als damals, obwohl ich mir auch heute nichts vorwerfe. Hätte ich in den entscheidenden Minuten ein bißchen mehr Gelassenheit gehabt, hätte ich ganz locker, völlig problemlos die beiden Punkte herausfahren können, die ich zum Titel brauchte. Dann wäre ich heute vierfacher statt dreifacher Weltmeister, und das ist mir, bitte, ganz ehrlich, wurscht. Insofern gibt es nichts zu bereuen, und auch Ferrari braucht sich nicht um einen Titel betrogen fühlen. Erst durch Fehler der Firma ist es überhaupt so weit gekommen, daß die Entscheidung in Fuji fiel. Wir hatten Kurbelwellenbruch in Paul Ricard, als ich klar in Führung lag, und in Kanada ist die Hinterradaufhängung gebrochen. Doch schon ein einziger Pfiff hätte genügt, — man hätte bloß meinen Teamkameraden Regazzoni in Monza zur Stallorder rufen müssen. Aber das einzige, was Ferrari einfiel, war: Der Lauda hat in

Fuji aufgegeben, drum haben wir die Weltmeisterschaft verloren.

Fuji also, 24. Oktober 1976. Normalerweise sind die letzten zwei, drei Rennen des Jahres auch für einen gesunden, starken Fahrer ein Wahnsinn. Bei mir kamen die körperlichen und psychischen Unfallfolgen dazu, dann noch der Druck des in der Weltmeisterschaft nach vor stürmenden James Hunt, — als ich in Tokio ankam, war ich schon eindeutig im Minus meiner Kräfte. Ich hätte eine Aufladung gebraucht, Zeit, Ruhe, Frieden. Statt dessen kam der Regen. Im Regen brauchst du immer noch eine zusätzliche Reserve an Motivation und Überwindung. Aber diese Reserven hatte ich nimmer, ich war am Sand. Der Regen hat mich total ruiniert.

Es hat den ganzen Tag geregnet, geregnet, geregnet, über die Bahn sind Bäche gelaufen. Im Aufwärmtraining bist du mit Tempo 30 aus der Kurve geschwemmt worden, die Reifen konnten das Wasser einfach nicht verkraften. Alle haben sich geweigert zu fahren, außer Brambilla und Regazzoni. Wir saßen im Wohnwagen des Rennleiters und sagten, da fahren wir nicht. Um vier Uhr kommt irgendein Wurschtl und sagt, es wird finster; wenn wir jetzt nicht starten, können die letzten Runden nicht gefahren werden, und das Fernsehen, und überhaupt, das Rennen geht los. Brambilla ist als erster und dümmster hinausmarschiert, alle anderen ihm nach. Für Fittipaldi, Pace und mich war klar, daß wir nicht fahren werden. Wir würden zwar an den Start gehen, damit unsere Teams die Startgelder kriegen, aber dann würden wir aufgeben. Denn es hatte sich ja nichts geändert. Alles war genauso gefährlich wie vorher, und die Tatsache, daß es finster wird, bringt auch keinen neuen Aspekt.

Tatsächlich war das Gefühl kaum zu ertragen: Panische Angst inmitten dieser Gischt, ich hab nix gesehen, bin nur dringehockt und hab die Schultern verkrampft, weil ich das

Gefühl hatte, jetzt fährt mir jede Sekunde einer rein. Alle haben sich gedreht und sind gekreiselt, es war irr. So besehen, war es okay, daß ich an die Box gefahren bin und aufgegeben habe.

Daß dann das große Wunder passierte, daß es nach zwölf Stunden Dauerregen aufhörte, etwa zu einem Viertel des Rennens, ist eine andere Sache. Wenn ich so lang ausgehalten hätte, langsam gefahren und bloß meine Haut gerettet hätte, wärs dann kein Problem gewesen, nach vor zu stürmen und egal welchen Platz zu machen, der für den Titel gereicht hätte. Das wäre der fünfte Rang gewesen, wie sich nachher rausstellte. Aber dieses längere Aushalten und Abwarten war eben an diesem Tag bei mir nicht drin, nicht am letzten Nachmittag der Saison 1976.

In dieser ganz speziellen Situation hatte Enzo Ferrari keine große Statur. Er hat reagiert wie irgendein Teamchef, dem die Felle davongeschwommen sind. Er hat nichts Ferrari-haftes, nichts Großes spüren lassen. Offiziell hat er mich gedeckt, meinen Standpunkt akzeptiert, aber allein das Telefonat, das ich noch vom Tokioter Flughafen mit ihm führte, war nichtssagend und damit herzlos. Er hat nie erfahren wollen, wie es in mir drinnen aussieht, hat nie die Frage gestellt „Und wie geht es dir wirklich?", hat nie versucht, die Angst eines verunglückten Piloten zu begreifen und mit ihm gemeinsam zu neuen, besseren Zeiten zu gehen, nichts von alledem. „Willst du fahren, willst du nicht fahren? Was ist los? Was machen wir jetzt? Wie soll ich mich verhalten? Wie könnte es weiter gehen?" — das waren lauter Fragen, die Enzo Ferrari niemals gestellt hat, dazu war er mit seinen 78 Jahren und seinen manipulierten Informationsquellen schon zu weit weg vom Kern des Themas. Er hat sich nur auf die blöden Zeitungen verlassen, und die haben geschrieben: Lauda ist feig, der hat Angst, Lauda ist erledigt, Lauda ist fertig.

Sobald ich wieder in Europa war, zitierte mich Enzo Ferrari runter und bot mir den Job eines Teammanagers an. In meinem Hirn hat's rotiert: Was will er damit? Wofür soll das gut sein? Ich versuchte, Zeit zum Nachdenken zu gewinnen, hatte auch rasch die Lösung: In seiner jämmerlichen Unsicherheit — ist Lauda erledigt oder nicht erledigt? — wählte er den sichersten Weg: Mich als Fahrer kaltzustellen und auch keinem anderen Team zu überlassen. Er wäre blamiert gewesen, hätte ich im Jahr darauf mit irgendeinem anderen Team gewonnen. Mich als Teammanager einzusetzen, mußte ihm in dieser Situation als unheimlich kluge Taktik erscheinen. Sobald ich das kapierte, lief ich raus zu meinem Auto und holte den Vertrag, den wir vor dem Nürburgring für 1977 geschlossen hatten, jenen „EBREO"-Vertrag. Ich legte ihm den Vertrag auf den Tisch und sagte: „Was machen wir jetzt damit? Vergessen wir ihn? Soll ich ihn zerreißen?"

„Wieso", fragt Ferrari.

„Dann fahre ich bei McLaren."

Er war ganz perplex. Wieso ich denn bei McLaren fahren wolle? Ich hätte ein Angebot von denen, sagte ich, und ich brauchte nur Ja zu sagen. Das stimmte nicht im entferntesten, aber ich hatte mich blitzartig zu diesem Spiel entschlossen. Den Namen McLaren nannte ich deshalb, weil es neben Ferrari das beste Team jener Tage war.

Ich wurde aus dem Zimmer geschickt, in Hektik wurden ein paar Leute zusammengetrommelt, und ein Riesenpalaver ging los. Dann holte man mich wieder: Ich könne Fahrer bleiben, aber Reutemann werde die Nummer eins sein. Das war insofern blödes Gerede, als wir ohnedies gleiches Material haben würden. Wer dann Nummer eins und Nummer zwei ist, war eigentlich kein Thema, es würde sich automatisch ergeben, und wegen des Herrn Reutemann machte ich mir keine übertriebenen Sorgen.

Innerlich war ich zu diesem Zeitpunkt mit Ferrari ziemlich fertig — mit dem Chef und den meisten seiner Satelliten.

1977 wurde ein hartes Jahr. Zuerst mußte ich mich gegen Reutemann durchsetzen, wieder die Führung im Team an mich reißen. Mit dem dritten Rennen, Südafrika, war das mehr oder weniger geschafft, und ich setzte wieder meine ganze Kraft ein, den Laden zu technischer Weiterentwicklung zu motivieren. Aber die Ferraris waren nicht mehr die schnellsten Autos, wir hatten in der ganzen Saison nur zwei *Pole Positions*. Die großen Gegner waren vor allem Hunt (McLaren), Andretti (Lotus) und Scheckter (Wolf).

Wie ein böser Elefant hatte ich die Erinnerung an den Vertrauensbruch dauernd im Hinterkopf, mein Weggang von Ferrari würde eine Erlösung sein. In Zandvoort, beim dreizehnten von siebzehn Läufen, war es soweit, ich unterschrieb bei Bernie Ecclestone für Brabham. Das mußte streng geheim bleiben, sonst hätte ich bei Ferrari meine blendenden WM-Chancen aufs Spiel gesetzt. Wieder war der Commendatore gierig, mit mir einen frühen Vertrag zu machen, und ich mußte mir dauernd irgendwelche blöden Ausreden einfallen lassen, um den Verhandlungen zu entkommen.

Ich war glücklich darüber, daß mein Weggang für Enzo Ferrari eine fürchterliche Ohrfeige sein würde, und ich sagte mir damals, daß er diese Watschen ehrlich verdient hat. Heute sehe ich das etwas anders, es war ein Kampf mit ungleichen Mitteln. Ich war jung und stark, konnte für mich allein entscheiden, er war 78, hatte eigennutzige Berater, wurde aus zweiter und dritter Hand informiert. Damals stand aber meine Wut viel zu sehr im Vordergrund, als daß ich ihm eine Chance gegeben hätte. So habe ich es genossen, das offenste und weitestreichende Angebot, das er sicherlich je einem Fahrer gemacht hat — vor mir und nach mir — ganz kühl abzulehnen, ohne viel Kommentar, ohne Erklärungen. Ich will einfach nicht mehr, das ist alles. Ende.

Ich war glücklich, als ich ging.

Sobald ich neuerlich als Weltmeister feststand, wollte ich die lächerlich angespannte Atmosphäre nicht mehr ertragen und verzichtete in Kanada und Japan auf den Start. Immerhin habe ich einem Würdigen Platz gemacht: Gilles Villeneuve.

Enzo Ferrari war tatsächlich schwer getroffen und warf mir böse Sprüche hinterher.

Was mich betraf: Das Kapitel war abgeschlossen, meine Wut verrauchte, und übrig blieb die Tatsache, daß mir Enzo Ferrari den Eintritt in mein erstes Spitzenteam ermöglicht hatte. Übrig blieben 15 Siege, 12 zweite und 5 dritte Plätze. Übrig blieben 23 *Pole Positions;* 5.301 Führungs-Kilometer in der Formel 1. Übrig blieben 248 WM-Punkte und zwei Weltmeistertitel, übrig blieb auch eine große Liebe zu Italien und vielem von dem, was italienisch ist.

Als mir Enzo Ferrari zur Geburt meines Sohnes Lukas ein Telegramm schickte, konnte ich annehmen, daß er seine Haltung mir gegenüber ähnlich geändert hat wie ich ihm gegenüber. Nach einiger Zeit hatte die Hochachtung vor diesem Giganten und seiner historischen Leistung bei mir alle anderen Gefühle überspielt.

Sechs Jahre nach meinem Weggang war es dann soweit. Es war reiner Zufall, und für ihn einer seiner ganz raren Ausflüge. Er war gerade dabei, nach irgendwelchen Tests in Imola mit seinem Lancia aus dem Fahrerlager zu fahren, ich stand ihm plötzlich gegenüber. Er stieg aus und umarmte mich wie einen verlorenen Sohn. Er fragte nach Marlene und den Kindern und war ein gütiger, liebevoller Herr von 84 Jahren.

Heute besitze ich sogar einen Straßen-Ferrari, ich werde richtig sentimental. Seinerzeit hatte ich einen Dienstwagen, aber der ist mir auf die Nerven gegangen, ich habe ihn kaum benützt und dann irgendwo zum Abholen stehengelassen. Jetzt habe ich einen von den 213 auf der Welt existierenden GTO, und zum ersten Mal habe ich den Wunsch, ein Auto zu bewahren und zu behalten, solang ich lebe.

6. Kapitel

Brabham

Der Wechsel zu einem englischen Team tat mir gut. Bernie Ecclestone und Konstrukteur Gordon Murray waren locker, jedenfalls viel lockerer als irgendein Mensch bei Ferrari je sein konnte. Es gab nicht diesen ungeheuren Erfolgszwang, nicht den Druck der Presse. Alles war normaler, weniger aufreibend — und viel direkter. Gordon Murray war ein Techniker, der in der Früh grüßte und sich an die Arbeit machte, ohne große Worte, ohne Drama.

Alles wäre prächtig gelaufen, hätten wir bloß einen anderen Motor gehabt. Der Alfa-Zwölfzylinder hat's nicht gebracht, es gab immer nur Probleme und Krisen. Wir sind so oft nicht ins Ziel gekommen, weil irgendwelche Ölleitungen runtergefallen oder sonstwelche Dummheiten passiert sind. Das große Theater war jeweils die Konfrontation des Alfa-Technikers Carlo Chiti mit unserem Gordon Murray. Ich war ein paarmal in Mailand zu Besuch bei Chiti und fasziniert von den ungefähr vierzig Hunden, die in den Werkstätten herumliefen. Chiti sorgte sich um jeden Hund von Mailand und Umgebung, er fütterte sie durch und ließ sie ärztlich versorgen. Diese viele Liebe scheint den Motoren gefehlt zu haben, die inmitten des Hunde-Chaos produziert wurden, — nach meinem Gefühl konnte dabei nichts Rechtes herauskommen.

Bernie Ecclestone war damals schon der Zampano der Formel 1 und machte große Politik, um sein eigenes Team kümmerte er sich nur am Rande. Ich fand das nicht so toll, weil dadurch neben dem Designer eine zweite treibende Kraft bei Brabham fehlte.

Ecclestone ist tatsächlich der schillernde Mensch, für den man ihn hält, und völlig unberechenbar. Wenn du mit ihm was zu verhandeln hast, solltest du gut in Form sein. Jede Ausrede, jede Halbwahrheit ist ihm recht, um plötzlich eine neue Wendung ins Gespräch zu bringen, er erklärt dir ein X für ein U und sagt Rot, wenn's Schwarz ist, und gleich wieder umgekehrt, ganz nach Belieben, wie es der Verhandlungstaktik dient. Seinen Gesprächen fehlt der rote Faden, an dem du dich orientieren könntest, — durch das dauernde Hakenschlagen erkennst du gar nicht mehr die Richtung, wohin die Reise geht.

In dem Moment, wo du dich mit ihm geeinigt hast, ist die Sache aber betoniert: Was Bernie mit Handschlag besiegelt, ist perfekt und hält. Mittlerweile weiß jeder in der Formel 1, ob Veranstalter oder Fahrer, was Bernies Shakehands wert ist, und das erleichtert natürlich das Arbeiten. Manchmal wird die Frage gestellt, ob Ecclestone im Geschäftemachen ein Genie sei. Für ein Genie halte ich ihn nicht gerade, aber doch für den besten Mann, den ich mir vorstellen kann, um die Politik der Formel 1 zu führen.

Das Aufregendste, was in meinen zwei Brabham-Jahren passierte, war das Auftauchen des Staubsaugerautos zur Saisonmitte 1978. Es gab zwar alte Vorbilder, wie den amerikanischen Chaparral aus den sechziger Jahren, aber für Brabhams Neuentwicklung war einzig und allein das Hirn Gordon Murrays zuständig. Das technische Umfeld war schon entsprechend aufbereitet, Lotus war mit der Idee des Flügelautos[1]) viel wei-

---

[1]) Der Begriff Flügelauto oder *wing car* hat nichts mit sichtbaren Flügeln zu tun, obwohl Spoiler schon eine gewisse Rolle dabei spielen. Es geht um das Verhalten von Luftströmungen gegenüber Flügelprofilen. So wie sich mit den Tragflächen eines Flugzeugs Aufwind erzeugen läßt, ist mit umgekehrten Profilen Bodendruck zu erzielen (statt *wing car* ist auch der Begriff *ground effect car* ge-

ter als sonst jemand und damit entsprechend überlegen. Murray suchte nach seiner persönlichen Lösung, um den *ground effect* des Wagens zu erhöhen. Im Reglement waren Ventilatoren grundsätzlich erlaubt, wenn sie der Motorkühlung dienten. Murray konnte dieser Bedingung entsprechen, indem er die Kühler nach hinten verlegte. Hauptjob des großen Ventilators am Heck war aber logischerweise das Absaugen der Luft unter der Bodenplatte, auch wenn Brabham und Gordon Murray das nie zugegeben hätten. Die Konkurrenz ahnte, daß Murray was Gewaltiges im Schilde führte, und die Atmosphäre war ziemlich vergiftet. Bernie Ecclestone ließ ein Gutachten der Sportbehörde einholen, das vorerst die Legalität der Konstruktion bestätigte.

Im Grunde war es ein schlechtes, unangenehm zu fahrendes Auto. Es untersteuerte irrsinnig, und wenn man vom Gas ging, wurde alles noch schlimmer. Der Ventilator wurde vom Motor angetrieben, und bei geringerer Drehzahl gab es auch weniger Saugwirkung. Nach den ersten paar Testrunden in Brands Hatch begann ich, meinen Fahrstil umzustellen: Wann immer das Auto dem Lenkradeinschlag nicht folgte, mußte man fester aufs Gas steigen statt nachzulassen. Dadurch saugte sich der Wagen wieder kräftiger an den Boden und vertrug unglaubliche Kurvengeschwindigkeiten — die erste Prophezeiung dessen, was uns dann bei den ausgereiften Flügelautos erwarten würde.

Daß die Konkurrenz gegen uns mit diesem Auto keine Chance hatte, war klar, — nicht einmal die brillanten Lotus, die mit

---

bräuchlich). Beim Auto funktioniert das mit äußeren aerodynamischen Hilfsmitteln (Spoilern), vor allem aber mit einer speziellen Ausbildung des Fahrzeug-Unterbodens, wodurch Saugwirkung und damit erhöhter Anpreßdruck erzeugt werden. Der Lotus von 1978 lief schon in diese Richtung, das vorerst größte technische Problem war die Abdichtung des Fahrzeugbodens (die damaligen Plastikschürzen nutzten sich viel zu rasch ab).

Andretti und Peterson auch Superpiloten hatten. Der Staubsaugerwagen wurde rechtzeitig für den schwedischen Grand Prix in Anderstorp fertig, und unsere größte Sorge war, die Überlegenheit nicht allzu deutlich zu zeigen, weil es sonst peinlich gewesen wäre. Beim Training fuhren John Watson und ich mit vollen Tanks und taten alles, um die Pole Position zu vermeiden.

Im Rennen ließ ich vorerst Andretti in Führung, ich konnte Katz und Maus mit ihm spielen. Durch einen Schaden an Pironis Tyrrell gab es Öl auf der Strecke, und Andretti rodelte vor mir wie auf Glatteis daher. Ich habe nicht einmal schauen müssen, wo die Ölspur war, ich bin stur meine Linie weitergefahren, als ob nichts wäre. Ich überholte ihn dann mühelos und fuhr das Rennen peinlich locker zu Ende, ohne den Abstand zu groß werden zu lassen.

Am Sieg gab es nichts zu deuteln, aber die Sportbehörde hat daraufhin den Ventilator verboten. Die technische Entwicklung ging zwar weiter in die gleiche Richtung — Erhöhung des Anpreßdrucks —, aber in kleineren Schritten und mit subtileren Maßnahmen (Ausbildung des Fahrzeugbodens, widerstandsfähige Dichtleisten an den Schürzen). Trotzdem lief es auf den gleichen Wahnsinn hinaus, aber davon hat man 1978 bloß ahnen können. Der Staubsauger-Brabham blieb jedenfalls ein einmaliges Kuriosum der Formel-1-Geschichte — 200.000 Pfund Entwicklungskosten waren beim Teufel.

Die Lotus waren damals einfach nicht zu biegen, und ich konnte ein zweites Rennen (Monza) nur deshalb gewinnen, weil Andretti wegen Frühstarts eine Strafminute bekam. Ansonst war es ziemlich lähmend, mit unseren Alfa-Motoren hinterdreinzufahren oder auszufallen. 1979 ist dann alles noch viel ärger geworden, ich kam bloß zweimal ins Ziel, und mein neuer Teamkollege Piquet war nur ein einziges Mal in den Punkterängen. Dominiert wurde das 79er-Jahr von Ferrari, dessen Piloten Scheckter und Villeneuve und den damals herausragenden Michelin-Reifen.

Ich bin damals gefragt worden, ob es für mich ärgerlich sei, daß Ferrari auch ohne Lauda gewinnen kann. Dazu konnte ich nur sagen: Was nach mir, hinter mir, in einem Team passiert, ist mir wurscht. Und warum sollte gerade Ferrari nicht wieder in die Höh kommen? Es war nur logisch, vor allem auch dank der idealen Verbindung mit Michelin. Von Reue über mein Weggehen konnte nicht die geringste Rede sein.

*

1979 kam unser Sohn Lukas in Salzburg zur Welt, als ich gerade mit dem Lear Jet zwischen Las Vegas und Long Beach war. Ich war happy, als ich die Message kriegte, aber die Riesenentfernung machte es zu einem abstrakten Ereignis, zumindest momentan.

Marlene hatte sich zu dieser Zeit schon längst vom Rennsport abgekapselt. Man kann ruhig sagen, sie haßte ihn, und daran hat sich nie wieder etwas geändert. Der Nürburgring-Unfall, schon fünf Monate nach unserer Heirat, hatte bei ihr einen Schock ausgelöst, den sie diesem Sport nie verzeihen können wird. Sie wurde so brutal aus ihrer grenzenlosen Unbeschwertheit herausgerissen, daß danach eine normal-distanzierte Einstellung zum Motorsport bei ihr nicht mehr drin war.

Marlene hatte das Rennfahren also schon längst blöd gefunden, und alle, die damit zu tun hatten, waren auch blöd, und für mich machte sie in dieser Hinsicht auch keine Ausnahme. Sie kriegte eine Antenne für die Herzlosigkeiten dieses Sports. Sie registrierte Beiläufigkeiten, die einer wie ich gar nicht merkt. Sie sind normal, gehören zum rituellen Ablauf und haben nichts zu bedeuten, aber gegenüber der Warmherzigkeit und Offenheit ihres Naturells werden diese Kleinigkeiten erst richtig deutlich. Marlene erinnert sich an banale Szenen, wie sie an jedem Morgen eines Grand-Prix-Wochenendes in irgendeinem dieser anonymen und verwechselbaren Hotels passieren: Man steigt in den Lift, kennt jemanden, grüßt gezwungen, wechselt eine Phrase und wartet nur darauf, daß die Tür aufgeht. Die Sekunden, während derer alle nur aufs Tür-Aufgehen warten und miteinander nichts anfangen können, einander bloß lästig sind, irritieren sie. *Spürst du nicht, wie traurig und wie öd das ist?*, fragt sie mich, und ich sage, *nein, ich spür da gar nix.*

Dinge, die zu meinem Weltbild vom Rennfahren gehören, findet sie lächerlich. Zum Beispiel, daß es nach dem Rennen keine Feiern gibt, wo die Leute beisammen hocken, gemeinsam essen und trinken und irgendwelche drolligen Sprüche klopfen. Sie würde viel besser in die alte, „ritterliche" Zeit des Rennsports passen, als noch eine Vielzahl menschlicher Qualitäten geschätzt wurde, nicht bloß die Sekundendifferenz. Die Krampfhaftigkeit unserer künstlichen Hektik findet sie schäbig: Das fluchtartige Abhauen am Sonntagnachmittag, als könne man einander keine weitere Sekunde mehr ertragen (was ja stimmt). Wenn ihr schon solche Äußerlichkeiten auffallen, die ich bloß als nützlich empfinde — nur kein Zeitverlust, kein Geschwafel, keine Verbrüderungen —, dann kann man sich vorstellen, wieviel sie für die Substanz des Rennsports übrig hat, mit seinem überdrehten Irrsinn und der Möglichkeit, sich zum Krüppel zu fahren.

Daß unter diesen Umständen das Zusammenleben mit mir überhaupt möglich war, ist nur ihrer Toleranz zuzuschreiben: Wenn ich wirklich glaubte, daß Rennfahren wichtig für mich und mein Leben sei, — okay, dann müsse ich es eben tun. Das gehört zu ihrer Idee von der Freiheit des einzelnen, auch innerhalb einer Ehe.

Ich selbst hatte meinem Egoismus immer Priorität gegeben und mir eingeredet, Familie sei eine Sache, Rennfahren eine andere. Auch die Geburt meines Sohnes änderte nichts daran. Allerdings war mir damals, Mitte 1979, das Rennfahren schon ein bisserl fad, und ich fing an, meine Situation nach mehreren Seiten zu überdenken. Um wieder etwas Spannung reinzubringen, hielt ich es für vernünftig, jetzt einmal wahnsinnig viel Geld zu verlangen, eine Rekordsumme jener Tage. Mein Werbewert hatte unter den jüngsten Mißerfolgen noch nicht gelitten, es war jedem klar, daß ich nichts dafür konnte, wenn der Alfa-Motor nicht lief. Ecclestone war nach wie vor stark an mir interessiert, und da die Umrüstung auf den Cosworth-Motor schon feststand, war ich ihm auch als Testfahrer wichtig. Außerdem paßte ich seinem Hauptsponsor Parmalat zu Gesicht, die Situation war also günstig, einen phantastischen Vertrag für 1980 herauszuschinden.

Schon im Frühsommer begannen Bernie und ich zu verhandeln. Ich sagte, zwei Millionen Dollar und keinen Cent weniger. Er hielt mich für verrückt, für maßlos, glaubte an einen Scherz, wurde wütend und zwischendurch besänftigend, redete mir zu wie einem kranken Roß, und ich sagte immer nur: Zwei Mille.

Die Sache zog sich über vier Monate hinweg, und ich blieb stur wie ein Esel. Die ganze Situation hatte mich dazu herausgefordert: Der Ärger über ein verpatztes Jahr, das nachlassende Interesse am Rennsport und dieser seltsame Bernie, das Finanzgenie, der Super-Verhandler. Der Mann, der jeden schafft. Ihn niederzukämpfen war spannender als Autofahren.

Im Herbst war es tatsächlich so weit. Bernie brauchte mich hinten und vorn, drum ging er in die Knie und sagte Ja. In Italien, bei Parmalat, wurde der Vertrag offiziell unterschrieben, und schon in diesem Moment merkte ich, daß die Luft draußen war: Kaum hatte ich gegen Bernie gewonnen, interessierte mich das ganze Zeug nicht mehr, und zwei Millionen Dollar machten es eigentlich auch nicht viel besser. Vorher hatte ich geglaubt, dieser Haufen Geld würde mich motivieren und wieder eine neue Dimension an Aufregung in die Rennfahrerei bringen, aber statt dessen spürte ich nur Ojeh. Hoffentlich würde das Umsteigen vom Alfa- auf den Cosworth-Motor noch irgendwas Positives in mir zum Schwingen bringen.

Ende September beim Grand Prix von Kanada in Montreal fuhr Brabham erstmals mit dem Ford-Cosworth-Achtzylinder, mit dem damals sämtliche Teams außer Ferrari und Renault ausgerüstet waren. Der neue Motor hatte auch eine Neukonstruktion des ganzen Wagens bedingt, und ich fuhr noch am Donnerstag zur Rennstrecke, um mir das Gerät anzuschauen. Es sah toll aus, ein Formel-1-Auto ganz wie es sein soll, Gordon Murray hat den Hit des Jahrzehnts zuwege gebracht. Normalerweise hätte mich das unheimlich antörnen müssen, die Faszination einer offensichtlich gelungenen Neukonstruktion, ein neuer Beginn, ein Supervertrag — was kann ich mehr wollen? Trotzdem: Keine Emotion, keine Rede von einer Euphorie. Mir wurde deutlich bewußt, wie sehr mich das alles kaltläßt.

Am nächsten Morgen schau ich runter vom Bonaventura Hotel Richtung Rennstrecke, ödes Wetter, alles kotzt mich an, beim Hinüberfahren zum ersten Training wird das Gefühl nicht besser, ich seh das Auto wieder, in mir rührt sich nichts. Ich hatte jetzt acht Jahre lang mit Zwölfzylindermotoren gelebt, mit BRM, Ferrari und dem Alfa, und irgendwie hatten sie mir alle gefallen, das schnelle Hochdrehen, die schrillen Geräusche, die beißende Aggressivität.

Ich starte den Cosworth an, ein komisches Gefühl. Ich spüre neuartige Vibrationen im Kreuz, ein unangenehmes Kitzeln. Ein paar Gasstöße beim Rausfahren aus der Box, brrrm, brrrm, das Geräusch ist ganz anders, irgendwie fader und dumpfer, alles fühlt sich langweiliger an, langsamer, — keine tolle Sache. Zwölf Zylinder sind durch nichts zu ersetzen, vor allem nicht im Feeling.

Plötzlich geht der Vorhang runter, und ich kann nur noch an eines denken: Du bist fehl am Platz, total fehl, mach was anderes, sofort! Die Gegenstimme in mir sagt: Ruhigbleiben, nur keine Panik, fahr noch ein bissl. Ja, noch ein bissl Fahren, das bringt Zeit. Vielleicht solltest du am Auto was verstellen lassen, da kommst du auf andere Gedanken. Ich quäl mir eine Viertelstunde ab, laß dann wirklich an der Box eine Kleinigkeit machen, fahr wieder raus und weiß: ES GEHT NICHT MEHR, aus, Ende, es kann nicht mehr sein. Ich fahre zurück zur Box, steige aus, sage, Kupplung entlüften, Bremsen entlüften, gehe zu Bernie: Ich muß mit dir reden.

Ich mag nimmer, will nimmer, kann nimmer. Ich hör auf.

Ecclestone kapierte rasch. Zur Sicherheit fragte er noch, ob ich für jemand andern fahren würde, — nein. Den grandiosen Vertrag für 1980 annullieren wir, keine Diskussion. Bernie war völlig meiner Meinung: Wenn einer aufhören will, muß er es auf der Stelle tun, und man darf ihn nicht dran hindern. *Es ist eine große und gute Entscheidung,* sagte er.

Ich zog mein Zeug aus, legte Sturzhelm und Overall in eine Ecke der Box, ging ins Rennleiterbüro und rief Marlene an: *Wir sparen ab jetzt Seifenpulver. Es wird nie mehr einen Overall geben, der gewaschen werden muß.* Marlene war happy, ich war es auch, fuhr ins Hotel und buchte für den späten Nachmittag einen Flug nach Los Angeles.

Mittlerweile beschützte mich Bernie Ecclestone vor den Journalisten. *Du brauchst jetzt Ruhe, und ich verschaff dir soviel Zeit, bis du aus Montreal weg bist.* Drum ging auf der Rennstrecke alles ein bisserl chaotisch zu, ich hätte Magenschmerzen oder was weiß der Teufel, und es kam ein schlankes Bulletin: Im Nachmittagstraining werde der Herr Zunino im

Brabham mit der Startnummer 5 sitzen. Ricardo Zunino, Argentinier mit etwas Formel-1-Erfahrung, war nur zum Zuschauen gekommen, Ecclestone kaperte ihn gleich und gab ihm meine Klamotten. Der arme Kerl hatte die größte Mühe — neues Auto, für ihn eine neue Rennstrecke, dazu mit einem Sturzhelm, auf dem Niki Lauda steht. Und die Fahrer, die noch nicht Bescheid wußten, wunderten sich: Der Niki fährt eine komische Linie.

Nur ganz wenige Journalisten ahnten, was dahintersteckte und stöberten mich im Hotel auf. Der Kernpunkt meiner Statements — *ich will nicht mehr blöd im Kreis herumfahren* — entsprach dem kürzesten Nenner meiner Gefühle. Daraus zu schließen, ich wolle den ganzen Rennsport blöd und schlecht dastehen lassen, war nicht richtig, damit hätte ich ja auch zehn Jahre meines Lebens für wertlos erklärt. Ich drückte damit nur meine persönliche augenblickliche Situation aus: Jetzt, in Montreal, kommt es mir absolut sinnlos und dumm vor, im Kreis zu fahren, und ich kann mir nicht vorstellen, daß ich künftig anders empfinden werde. Weder meinem Sport noch meinen Kollegen, Gegner, Fans hatte ich was vorzuwerfen. *Ein toller Sport, aber nicht für mich, nicht im September 1979 in Kanada.*

Am Nachmittag brachte mich der Parmalat-Werbemann Sante Ghedini zum Flughafen, ununterbrochen heulend. *Was gibt's da zum Heulen?, das ist doch zum Freuen! Ich bin noch am Leben, ich werd' irgendwas Schönes draus machen, deswegen braucht doch keiner zu heulen.*

Von Los Angeles fuhr ich in ein Hotel nach Long Beach, wo mich kein Mensch kannte. Es war wunderbar.

Alles, was mich jetzt interessierte, war die Fliegerei. Ich machte einen Termin mit Pete Conrad und den McDonnell-Leuten aus.

7. Kapitel

Das Comeback

Was mir nach dem Aufhören als erstes auffiel: Wie langsam sich die Welt drehte. Das Nachlassen der *pressure* war nur schön, wunderschön; ich hatte keine Sehnsucht nach Hektik und Panik. Trotzdem: Der Rennsport hatte einen gewissen Rhythmus in mir erzeugt, ein Tempogefühl, das nicht nur fürs Autofahren galt. Bei jeder Art von Arbeit innerhalb der *Wettbewerbsgesellschaft* erkennst du die guten Leute an dem forcierten Tempo, das sie vorlegen, in Technik, Sport oder Geschäft. In diesen zehn Jahren war ich nur von Experten umgeben, die alle das gleiche wollten wie ich: gewinnen, der Beste sein, der Schnellste sein.

Als ich die „normale" Gesellschaft verlassen hatte, war ich ein nichtsnutziger Bub ohne Geld, ohne Ausbildung, ohne Job gewesen. Als ich zurückkam, fühlte ich mich, als hätte ich nicht zehn, sondern hundert Jahre übersprungen. Ich glaube, einiges von dem Gelernten auch ins normale Geschäftsleben einbringen zu können. Wenn sich die Räder zu langsam drehten, würde ich mich eben in die Kurbel werfen, um sie schneller zu drehen. Das waren schöne Vorsätze, die aber in der Praxis nicht so toll funktionierten. Damit meine ich nicht nur den Umgang mit Behörden und Staatsbetrieben. Auch bei eigenen Mitarbeitern (Lauda Air war 1978 gegründet worden, — siehe Kapitel 15) merkte ich: Der denkt anders, der versteht dich nicht oder will dich nicht verstehen. Das rasche und mutige Umsetzen von gefundenen Lösungen klappte nicht gut genug, und ich mußte meine eigene Geschwindigkeit reduzieren auf das, was möglich war.

Vielleicht ist es naiv, wenn ein Rennfahrer kurze Bremszonen und Vollgas auch im Geschäftsleben verlangt. Auf jeden Fall ist im Rennsport sehr viel Klarheit und Direktheit. Eine Lüge, eine Ausrede wird im nächsten Rennen aufgedeckt. Das Element des Wettkampfs, des Vergleichens ist großartig. Das könnte ja auch für das normale Berufsleben gelten, aber da gibt es keine Zielflagge, bei der fünfzehnmal im Jahr abgerechnet wird, und manche Leute sehen in ihrem ganzen Leben keine einzige Zielflagge.

Das waren also meine Lektionen im Herbst 1979 und im Jahr 1980. Ich stürzte mich in die Arbeit.

Marlene und Lukas lebten in unserem Haus in Hof im Salzburgischen, ich war die meiste Zeit in Wien, nahm mir aber keine Wohnung. Ich schlief im Hotel, im Büro oder bei Lemmy Hofer. Es war eine Zeit, die nicht Fisch und nicht Fleisch war.

Der Rennsport ging mir nicht im geringsten ab. Sogar die Fernsehübertragungen der Rennen waren mir zu öd, ich war total desinteressiert. Nach ein paar Monaten drehte ich immerhin den Fernseher auf, aber es machte keinen Spaß. Beim Start hatte ich Angst vor Kollisionen, als ob ich selbst körperlich mittendrin sei, — es war einfach unangenehm.

Ich kämpfte wie ein Esel, um die Lauda Air in die Höh' zu bringen, aber bei immer stärkerem Widerstand der AUA und gleichzeitig schlechter werdender Wirtschaftslage wurde die Sache immer härter. Es ging immer nur um Lauda Air, nicht um Niki Lauda. Mein Geld, das in der Gesellschaft steckte, war zu verschmerzen, und die Beträge, die ich bei Bedarf nachschoß, waren es auch. Es ging nie um Größenordnungen, die an meiner Substanz geknabbert hätten.

1981 kam Matthias auf die Welt, das war schön. Marlene und ihre Schwester fuhren ins Salzburger Krankenhaus, ich blieb allein bei dem knapp zweijährigen Lukas, was für mich eine ziemlich tolle Sache war. Wir sind miteinander eingeschlafen und haben erst mit zwei Stunden Verspätung das Telefon gehört. Dann fuhren wir runter, alles war schon bestens und happy, der Kleine lag auf Marlenes Bauch. Das empfand ich tief, kein Vergleich zu dem, wie ich Lukas' Geburt erlebt hatte, elftausend Meter über Amerika.

Grundsätzlich änderte sich aber nicht viel: Die Familie blieb in Salzburg, ich in Wien. Es war eine komische Übergangszeit, und ich glaube, wir warteten alle drauf, daß irgendwas passieren würde.

Meine Aversion gegen die Fernsehübertragungen von Formel-1-Rennen hatte sich langsam gelegt, und im Sommer 1981 nahm ich zum ersten Mal die Einladung des österreichischen Fernsehens an, bei einer Übertragung den Co-Kommentator neben Heinz Prüller zu spielen. Das war in Zeltweg, und von der Kabine aus kam mir der Blick hinunter auf das Starterfeld ganz hübsch vor, es roch wieder angenehm, schmeckte angenehm, zum ersten Mal seit langer Zeit. Der Moment des Starts löste keine Verkrampfung, sondern eine schöne Art von Kribbeln aus.

Als nächstes suchte ich Willy Dungl auf, der gerade in Bad Tatzmannsdorf einen Kurs abhielt. Unter Umständen, sagte ich, würde ich vielleicht ... und so weiter ... die neuen Autos, extreme Lenkkräfte, extreme Querbeschleunigungen. *Wie findest du meinen Körper?*

Willy sagte ungefähr: „Uuuuuuh."

Und: „Wenn du schon da bist, kannst du gleich eine kleine Radpartie mit uns machen."

Willy wußte genau, was er wollte. Da waren Frauen in seinem Kurs, die hatten brav trainiert und ordentlich gelebt, und sie demütigten mich auf einer 35-km-Strecke über mehrere Hügeln derart, daß ich kapierte, was die Botschaft war: Mit diesem Körper solltest du nirgendwo antreten, nicht beim Radfahren, nicht bei irgendeiner Art von Sport. Willy fragte mich, obwohl er die Antwort genau wußte, es war bloß zur Vertiefung der Erinnerung: „Host g'segn, wia di' die Weiber abstaubn?" Ich hatte es gesehen.

Ich ließ mir ein kurz- und ein mittelfristiges Programm verordnen, um überhaupt in die Lage zu kommen, ein Rennauto wieder ausprobieren zu können, falls ich es wollte. Der Verdacht bestand, daß dies bald der Fall sein würde, denn ich war irritiert und argwöhnisch meinen Gefühlen gegenüber, man mußte ihnen rasch auf den Grund gehen. Ich fuhr daher auch zum Rennen nach Monza und hatte beim Zuschauen einen eindeutig positiven Eindruck. Es gefiel mir wieder.

Ron Dennis von McLaren hatte seit meinem Rücktritt Kontakt zu mir gehalten. Er hatte immer klargestellt, daß er auf mich lauerte, und alle paar Monate rief er an, ob ich nicht zurück in den Rennsport wolle. Er gab mir das Gefühl: *Da wartet einer auf dich, und er wartet auf den Moment, wo du sagst: Jetzt.* Daher war es logisch, ihn in Monza anzureden.

Ich hätte so ein komisches Gefühl, sagte ich, und ich würde dem gern auf den Grund gehen. Ob er was arrangieren könne. Klar, sagte er.

Mir ging es vor allem darum, rauszufinden, ob ich zum *Rückverblöden* fähig sei. Damit meine ich nicht meine alten Sprüche, die noch im Raum standen — *blöd im Kreis Herumfahren* undsoweiter —, die waren aus der Sicht Herbst 1979. Damals war mir der ganze Rennsport zu dumm gewesen, nun war ich im Begriff, wieder anders zu empfinden. Ob ich überhaupt wieder zum Rennfahren *fähig* sein würde, hing davon ab, ob ich wieder einen Schalter in meinem Hirn umlegen können würde. Diesen Schalter braucht jeder denkende erwachsene Mensch, der sich im Bereich der Schnellsten bewegen will. Du wechselst in einen anderen Bewußtseinszustand hinüber.

Wie immer du diesen Zustand nennen willst, du gewinnst sicher keinen Nobelpreis damit, und du erreichst ihn umso leichter, je weniger Gedanken dir durchs Hirn gehen.

Solange ich in der Lage sein würde, diesen Zustand wieder zu erreichen, schreckte mich auch nicht der Gedanke an die neuen Fahrer, die sich während meiner Abwesenheit etabliert hatten und in den Medien die „jungen Löwen" genannt wurden — Pironi, Prost, Villeneuve, Rosberg, Piquet. Sie würden mir nichts voraus haben.

Auf das Thema Geld gehe ich hier nur deshalb ein, weil damals soviel drüber geschrieben wurde. Als ich mich auf das Experiment mit Ron Dennis einließ, stand ich unter keiner Art von Druck. Lauda Air lief zwar nicht gut, die Verluste waren aber unter Kontrolle, außerdem hätte ich jederzeit aussteigen können, wie unser Finanzminister es vorgeschlagen hatte. Rennfahren mit dem einzigen Motiv des Geldverdienens halte ich für unmöglich. Entweder du bist in der Stimmung dafür, fühlst den gewissen *spirit,* dann geht's, aber mit Geld kannst du diese Art von Gefühlen nicht herbeibefehlen.

Dem ersten Versuch, wieder ein Formel-1-Auto auszuprobieren, mußte ich mich aus allen Richtungen sehr behutsam nähern.

Daß alles möglichst geheim über die Bühne ginge, dafür sorgte schon Ron Dennis. Drum wählte er für die ersten Tests diese komische Rennstrecke von Donington in der Nähe von Nottingham. Ich bin dort noch nie gefahren, was ein Riesennachteil war, aber es gibt eine Mauer rundherum, das war ein Riesenvorteil.

Auch meine Frau mußte ich behutsam an das Thema heranführen. Es war ungefähr die Zeit, von der Marlene meint, sie habe mich ein zweites Mal geheiratet und sich dabei eine verbesserte Version des Niki eingehandelt: Weniger egozentrisch und weniger rücksichtslos als vorher. Im Lauf der Jahre hatte ich den Druck, unter dem ich als öffentliches Tier gestanden war, in ein System umgelenkt, in dem alles möglichst rationell, direkt und schmerzlos ablief — schmerzlos für mich, natürlich. Die Familie gehörte in den Bereich der pflegeleichten Abwicklung innerhalb dieses Systems, und Marlene wäre eine viel zu stolze Frau gewesen, um dagegen irgendeine Art von Kleinkrieg zu führen, — sie wäre wohl eines Tages einfach fortgegangen. In der Zielgeraden all dieser verpatzten Runden hab ich kapiert, wieviel da schief lief, und eines meiner stärksten Talente aktiviert: Nachdenken, Analysieren, Fehlersuchen, Bessermachen. Das waren für mich sehr einschneidende Überlegungen, und ein Comeback als Rennfahrer paßte denkbar schlecht dazu.

Es hatte immer wieder Gerüchte und Zeitungsmeldungen gegeben, daß ich ein Comeback plante, Marlene sprach mich manchmal darauf an, ich sagte: Lauter Blödsinn. Ihr so etwas einzureden, ist nicht sehr schwierig, weil sie ja laufend erlebt, wieviel Schmarrn über mich, über sie, über uns geschrieben wird. Ich nahm sie mit nach England, ließ sie aber in London zurück. Ich sagte ihr, daß ich nur so zum Spaß ein Auto ausprobieren würde, es habe nichts zu bedeuten.

16. September 1981, ein schöner Tag in Donington. Ron Dennis ist da, John Watson, ein paar Mechaniker, Ambulanz, Feuerwehr, keine Journalisten. Die Geheimhaltung hat tatsächlich gut geklappt. Watson hilft mir, das Auto halbwegs abzustimmen, es ist ja alles völlig neu für mich. In den zwei Jahren hat sich unheimlich viel geändert, wir sind jetzt schon mit ten in der *wing-car*-Epoche, in dieser technischen Sackgasse, in der sich alles um den Anpreßdruck und irrwitzige Kurvengeschwindigkeiten dreht. Wegen der Saugwirkung des Autos sind die Lenkkräfte unglaublich hoch, und die Federn sind beinharte Trümmer. Es war grotesk, in welchen Blödsinn sich die

Formel 1 damals hineinmanövrieren hatte lassen, aber man mußte damit leben.

Als erstes stellte ich fest, daß ich nicht einmal in der Lage war, drei Runden hintereinander zu fahren, ich hatte einfach nicht die Kraft dazu. So kam ich halt schon nach zwei Runden an die Box und ließ irgendwas am Auto neu einstellen. Ich genierte mich für meine miese Verfassung, aber ich machte mir deswegen keine Sorgen, weil ich wußte, daß mich Willy Dungl innerhalb weniger Monate so fit kriegen würde, wie ein Rennfahrer nur sein kann. Es ging jetzt nur darum, diesen einen Tag zu überstehen und langsam in Geschwindigkeitsbereiche vorzudringen, wo man eine ernsthafte Aussage machen konnte.

Am Nachmittag bekam ich das Auto besser in den Griff, probierte ein paar schnelle Runden und blieb nur eine Zehntelsekunde über Watsons bester Zeit. Damit war klar: ich würde wieder schnell genug sein.

Nicht die Buschtrommel war so fix, sondern der pure Zufall wollte es, daß mich Frank Williams noch am selben Abend in meinem Londoner Hotel aufstöberte: Alan Jones habe seinen Rücktritt bekanntgegeben, ob ich nicht dessen Platz einnehmen wolle. Ich sagte ihm, ich würde es mir überlegen.

Es gab aber nicht viel zu überlegen. Ron Dennis hatte alles so clever aufgebaut, daß ich mich bei McLaren schon halb daheim fühlte.

Marlene informierte ich erst, als ich mich schon endgültig für das Comeback entschieden hatte. Sie spürte auch, daß da nichts zu rütteln war, ließ sich auf keine Diskussionen ein und sagte nur: „Du spinnst." Alles andere schluckte sie runter und ließ es nur bei etwa halbjährlichen Ausbrüchen hochkommen.

Sobald (für mich) das *Ja* feststand, wurde *Wieviel?* zu einer wichtigen Frage. Mich billig oder nach üblichen Normen zu verkaufen, kam nicht in Frage. Der Verhandlungspartner war Marlboro, weil aus dessen Sponsorgeldern die McLaren-Fahrergagen bestritten werden. Ich verlangte mehr Geld, als je einer im Motorsport gekriegt hatte, und nach der ersten Funkstille kam als wichtigstes Verhandlungsargument, daß man ja gar nicht wissen könne, ob ich nach der Pause überhaupt noch schnell genug sei.

Ich sagte: „Allein mein Public-Relations-Wert ist soviel Geld wert. Ich verlange nur einen Dollar fürs Fahren, alles andere ist für meine *personality*."

Tatsächlich einigten wir uns auf dieser Basis, wobei Marlboro und McLaren das Recht hatten, den Vertrag nach dem ersten oder zweiten Drittel zu kündigen, bei aliquoten Bezügen. (Dies wahrscheinlich für den Fall, daß ich derart jämmerlich herumrutschte, daß auch meine Public-Relations-Wirkung nichts mehr wert sein würde).

*

Mir war klar, daß in der Zeit der Flügelautos körperliche Fitness ungleich wichtiger war als in den Jahren zuvor. Ich hatte 65 Kilo (das waren um sechs zuviel, wie sich im Lauf der Zeit herausstellte) und war in miserabler Kondition, hatte mich geistig aber voll hinter Willy Dungls Aufbauprogramm gestellt und lieferte mich ihm gern aus.

Willy schwindelt sich bei seinen Schützlingen auch in die Rolle eines Seelenmasseurs; unterschwellig versorgt er auch Gemüt und Nerven. Einige seiner Methoden verfingen bei mir nicht so toll wie bei manchen anderen. So erzählte er mir, daß er mit seinen Konzentrationsübungen für die österreichischen Skispringer großen Erfolg gehabt habe. Sobald er von mir haben wollte, Formeln wie „Ich entspanne mich" zu murmeln, entspannte ich mich so gründlich, daß ich ihm unter der Hand wegschlief.

Vorbeugend trainierte Willy mit mir die Situation „Unfall", wobei es hauptsächlich darum geht, einen Schock zu mindern, der unter Umständen tödlich sein kann. Sehr bald konnte er sich überzeugen, daß ich ein braver Schüler war:

Im Verlauf unserer ersten Testserie in Le Castellet brach ein Teil der hinteren Radaufhängung, und da sich das zufällig auf der Mistral-Geraden abspielte, ging es mit einem Tempo, das nur wenig unter 300 km/h lag, ab in die Prärie. Dort gibt es jede Menge Fangzäune, und ich durchschlug einen nach dem anderen, schätzungsweise sieben oder acht Zäune, wobei das Auto ein Trumm nach dem anderen verlor.

Erste Reaktion: Ich duckte mich zusammen, machte mich klein. Ich dachte: Hoffentlich tut's net weh.

Als ich dann endlich zum Stehen kam und kapierte, daß ich heilgeblieben war, hatte ich sofort Willys Weisheiten parat: Einen Moment ganz ruhig bleiben, tief durchatmen, Schloß auf, aus dem Wagen raus, ein paar Meter weggehen, hinsetzen, mehrmals durchatmen.

Es dauerte vielleicht drei oder vier Minuten, bis von der Box ein Auto losgeschickt wurde. Willy war auch drin. Wohlgefällig sah er mich in sicherer Entfernung vom Auto sitzen, und ganz beiläufig nahm er mich an der Hand. Dann sagte er: „Neunzig. Sehr brav." Er hatte rasch meinen Puls gemessen und war offensichtlich zufrieden mit dem Ergebnis. Das Auto war Schrott, alle Zäune ringsum waren niedergemäht, aber Willy war happy.

Willy meint grundsätzlich, daß meine Nerven nicht schlecht seien, und daß man mir alles übrige antrainieren könne, sobald ich von dessen Nützlichkeit überzeugt sei. Befragt über den ganz normalen Wahnsinn des Rennfahrens, also die Erregung des Piloten, sagt Willy Dungl folgendes:

„Da ich nicht nur Niki, sondern auch andere Rennfahrer betreut habe, gibt es Vergleiche. Wenn ein Fahrer am Morgen des

Rennens zu mir aufs Zimmer kommt, um massiert zu werden und ein vernünftiges Frühstück zu kriegen, ist der Puls meistens zwischen 90 und 100, bei Niki zwischen 80 und 85. Es gibt ein Gerät, das wie eine Armbanduhr aussieht, laufend den Puls mißt und die jeweils höchste Zahl speichert, bis sie abgerufen wird. Auf diese Art konnten wir auch im Training und im Rennen den jeweiligen Höchst-Puls eines Fahrers messen. Bei Niki ergaben sich Werte bis 190 Schläge pro Minute, andere Fahrer kamen auf 220, sogar 230. Bei solchen Extremwerten kann es zu Mini-Blackouts kommen, die manchen „unerklärlichen" Unfall sehr wohl erklären könnten: Der Pilot verliert für den Bruchteil einer Sekunde das Bewußtsein."

Weil wir gerade dabei sind, noch ein paar Gedanken meines Freundes Willy über seine Arbeit mit mir: „*Niki ließ sich davon überzeugen, daß der ökonomische Umgang mit seiner Nervenkraft sehr wichtig sei. Das läßt sich auf zweierlei Weise steuern, erstens durch entsprechende Ernährung, zweitens durch Vermeidung von Belastungen. Dazu genügt, wenn einer sich wirkungsvoll befehlen kann: ICH WILL MICH NICHT ÄRGERN. Die üblichen unterstützenden Maßnahmen sind: Tief einatmen, Schultern bis zu den Ohren hochziehen, tief und pustend ausatmen und sich dabei das Nicht-Ärgern-Wollen vorsagen. Das ganze ist über einen längeren Zeitraum oft zu wiederholen, bis im Unterbewußtsein dieser Schalter gegen Adrenalinausstoß und Pulserhöhung funktioniert. Bei Niki genügt, daß er sich durch seinen Verstand sagen läßt, Ärger sei ungesund. Drum war es ihm möglich, auch die dümmsten und ärgerlichsten Momente der McLaren-Zeit zu überstehen. Es gab immer wieder Situationen, wo im Training nichts klappte, wo wertvolle Zeit verrann und die Behebung des Schadens Ewigkeiten dauerte, — da hätten sich andere Fahrer provoziert gefühlt und zu Wutausbrüchen hinreißen lassen. Niki saß ganz cool im Auto und ließ die Leute werken, als ob er völlig über die Situation erhaben sei. Er war es keineswegs, denn jede verlorene Minute tat ihm zutiefst weh, aber er kapierte, daß er sich durch einen Gefühlsausbruch nur noch weiter schwächen würde."*

*

Zurück von Willy Dungl zu den frühen Tagen meines Comebacks. Ich löste eine österreichische Rennfahrerlizenz, dann stellte sich raus, daß ich die Bedingungen für die neugeschaffene Superlizenz gar nicht erfüllte. Man hatte sie deshalb eingeführt, damit sich nicht jeder Wahnsinnige in ein Formel-1-Auto setzen konnte, bloß weil er seinem Vater eine Million rausgerissen hatte. Unerfahrene, schlechte Piloten, die im Weg herumstanden und falsch reagierten, hatten zuletzt mehrere gefährliche Situationen verursacht. Drum mußte man im abgelaufenen Jahr soundsoviele Formel-3- oder Formel-2-Rennen gewonnen haben, um in die Formel 1 einsteigen zu können.

Man machte eine Ausnahme für mich (wie man es auch vier Jahre später bei Alan Jones' Comeback getan hat) und schickte mir ein komisches Formular. Dort sollte ich ausfüllen, wie lang mein Vertrag mit McLaren liefe und bestätigen, daß ich nicht das Recht hätte, den Stall zu wechseln. Die Superlizenz werde ausgestellt auf Niki Lauda/McLaren.

Das kapierte ich nicht: Entweder du bist gut genug, eine Lizenz zu kriegen, oder du bist es nicht. Für wen du fährst, kann da keine Rolle spielen. Ich rief Didier Pironi an, der damals Präsident der Grand-Prix-Fahrer-Vereinigung (GPDA) war.

„Was soll der komische Passus?"

„Mach dir keine Sorgen, wir haben das im Gremium verabschiedet, unterschreib ruhig."

Offensichtlich war ich mißtrauischer als alle meine anderen Kollegen, jedenfalls kam mir als einzigem der Gedanke, daß wir drauf und dran waren, an die Rennställe verschachert zu werden. Wenn die Superlizenz nur für Lauda/McLaren gilt, bin ich von der Gnade anderer Leute abhängig, wenn ich nächstes Jahr für Ferrari fahren will. Es wird dann Transfers wie im Fußball geben, mit Sklavenhandel und Ablösesummen, ein Spielfeld für den grandiosen Bernie Ecclestone, dessen Talente da erst richtig zur Geltung kommen würden. Der Handel würde direkt zwischen den Teams abgewickelt werden, wir würden dastehen wie die Idioten und wohl eine Art Handgeld kriegen.

Ich war nicht bereit, dieses Formular zu unterschreiben und überzeugte Pironi, das wir was dagegen tun müßten. Er telefonierte in der Gegend herum und konnte gerade noch die meisten Fahrer abhalten, den unterschriebenen Wisch nach Paris zu schicken.

Als wir im Jänner zum ersten Grand Prix der Saison 1982 nach Südafrika kamen, hatten von 30 Fahrern bloß fünf unterschrieben. Von den 25 anderen wurden die Unterschriften vor dem ersten Training eingefordert. Pironi und ich stellten unseren Standpunkt klar, es könne bloß Bindungen geben, die beiderseits gültig seien, etwa auf die Art von: Wenn ich McLaren nicht verlassen darf, dann darf auch McLaren mich nicht feuern.

FISA-Präsident Balestre und Ecclestone als Sprecher der Rennstall-Chefs hatten eine Allianz gebildet und waren entschlossen, uns die Herren zu zeigen. Entweder sollten wir deren Forderungen akzeptieren oder uns zum Teufel scheren.

Es war ein seltsamer Zufall, daß dieser Streit gerade bei meinem ersten Rennen hochkam. Es entstand der Eindruck, wenn Lauda kommt, fliegen gleich die Fetzen, aber die Sache war zu wichtig, als daß ich brav im Hintergrund hätte bleiben können. Vor allem die jungen Fahrer, unerfahren, unsicher und in schwachen Positionen, brauchten einen Leithammel wie mich. Als in einer Fahrerversammlung rauskam, daß alle außer

Jacky Ickx und Jochen Mass fürs Hartbleiben waren, wurde für das Donnerstagtraining ein Streik beschlossen.

Die Solidarität unter Formel-1-Fahrern war nie sehr beeindruckend gewesen, auch nicht unter Graham Hills und Jackie Stewarts Zeiten, — lauter Einzelkämpfer. In diesem Fall war Geschlossenheit unheimlich wichtig, wir durften die Mauer nicht abbröckeln lassen und mußten den Schwächeren Halt geben. Ich kam auf die Idee mit dem Autobus. Um sieben in der Früh stand der Bus samt schwarzem Chauffeur, Pironi und mir bei der Einfahrt zum Fahrerlager. Jeder ankommende Fahrer wurde gebeten, sein Auto zu parken und in den Bus zu steigen, *wir machen einen kleinen Ausflug.* Jochen Mass und Jacky Ickx wollten nicht, ansonsten saß das komplette Starterfeld im Autobus. Das war natürlich eine Riesenhetz, die Stimmung hat sich aufgeschaukelt, alle waren happy und fühlten sich einig und stark. Wir dirigierten den Bus auf Umwegen nach Johannesburg zu einem schönen Hotel, hinter uns eine Wagenschlange mit Journalisten, Fotografen, Fernsehleuten. Pironi verhandelte auf der Rennstrecke, kam zu keinem Ergebnis und folgte uns. Was er uns auszurichten hatte, war: Wenn ihr nicht sofort das Training aufnehmt, seid ihr alle lebenslänglich gesperrt. Tatsächlich ratschte der Kyalami-Platzsprecher am Nachmittag dreißig Namen runter. Alle ausgestoßen, alle gesperrt bis ans Ende ihrer Tage.

Wir kugelten am Swimming Pool herum, und der Tag ging wunderbar über die Bühne. Wenn einer Angst hatte, wurde es unter Blödeln und Gelächter verdeckt. Selbst gestandene Fahrer mußten schwerste Konsequenzen fürchten. Zum Beispiel hatte Ecclestone als Brabham-Boss seinen Fahrern Piquet und Patrese ein Ultimatum gestellt, das mittlerweile schon abgelaufen war. Theoretisch waren die beiden schon wegen Vertragsbruchs gefeuert.

Das Hauptproblem waren aber die jüngeren Fahrer. Sie waren noch gewohnt, ihre Teamchefs als große Herren zu sehen, ihnen ausgeliefert zu sein. Die Angst der Jungen vor Schadenersatzforderungen oder platzenden Verträgen mußte viel größer sein als die unsere. Angst vor Sponsoren, deren mühsam aufgetriebenes Geld im Auto steckte und jetzt an der Box womöglich Zinsen kostete. Bei diesem ersten Rennen der Saison nicht zu starten, würde für manchen eine Katastrophe sein. Ich war aber überzeugt, daß es nur einen einzigen Weg gab: Härte zu zeigen und alles durchzustehen, — gemeinsam. Jeden für sich allein hätten unsere Gegner locker geschafft und aufgerieben.

Beim Abendessen war's noch lustig, und als wir uns vom Hotelmanager ein Zimmer geben ließen — ein einziges großes Zimmer für uns alle — gab's auch noch viel Theater und Gelächter. Einzelzimmer hätten unsere Phalanx gesprengt, darüber machte ich mir keine Illusionen.

Das Zimmer war auf die Art eines kleinen Bankettraums, mit Klavier, aber ohne Toiletten. Wir ließen uns Leintücher besorgen und breiteten sie am Boden aus. Der erste Zwischenfall war das Auftauchen des Ensign-Teamchefs Mo Nunn. Er wollte mit seinem Fahrer Guerrero reden und war schlauerweise mit dessen Freundin gekommen. Zuerst sahen sie einander nur durch die Glasscheibe, das Mädchen heulte, Guerrero heulte, es war zum Steinerweichen. Okay, sagte ich, du kannst ja mit ihr reden, aber ich geh mit. Wir gingen raus und ich wartete, bis die beiden einander genügend ins Ohr gewispert hatten. Als ich ihn reinholen wollte, sagte er, ohne Freundin ginge er nicht zurück, also haben wir auch das Mädchen hereingelassen.

Als Villeneuve und de Angelis Klavier spielten, war die Stimmung wieder glänzend, dann kam Arrows-Teamchef Jacky Oliver mit einem einheimischen Schlägertyp und wollte mit Gewalt zu uns herein. Er hatte auch Polizisten organisiert, und

BERUFSKOLLEGEN

Graham Hill und Clay Regazzoni, 1974

Jackie und Helen Stewart, 1973

Francois Cevert

Ronnie und Barbro Peterson

Clay Regazzoni

Carlos Pace

Lebensretter Arturo Merzario

Emerson Fittipaldi

Gilles Villeneuve

James und Suzie Hunt

Carlos Reutemann

Jody Scheckter

Mario Andretti

Alan Jones

John Watson

Nelson Piquet

Keke Rosberg

Alain Prost

Michele Alboreto

Ayrton Senna

Gerhard Berger

wir mußten achtgeben, eine Schlägerei zu vermeiden, um denen keine Chance zum Eingreifen zu geben. Die Tür hatte schon nachgegeben, die beiden waren schon halb herinnen, aber wir schafften es, sie mit dem Klavier anstatt mit Körperkontakt wieder rauszudrängen.

Dann kam eine kritische Zeit. Die jungen Fahrer hatten nichts wie Angst. Die meisten kamen zu mir und wollten irgendwas Tröstliches hören, ob ich sicher sei, das wir das Richtige täten? Was ist, wenn die uns verhaften lassen? Falls wir den Grand Prix platzen lassen würden, könnte man uns dann wegen des Riesenschadens einsperren und ersatzpflichtig machen? Ich fühlte mich stark und sicher und redete auf jeden ein, so gut ich konnte. Didier Pironi und Nelson Piquet waren auch entscheidende Säulen, an denen sich die Youngsters anhalten konnten.

Wir versuchten dann zu schlafen. Da das Klo über den Gang war, mußte der Zimmerschlüssel für jeden erreichbar sein. Wir legten ihn auf einen Teller in die Mitte des Zimmers. Wir trafen ein Abkommen, mit Ehrenwort und allem Drum und Dran: Jeder, der aufs Klo geht, sperrt die Tür auf, sperrt sie zu, kommt wieder, legt den Schlüssel auf den Teller. Alle sagten feierlich Ja.

Es war eine mondhelle Nacht, das paßte zu unserer verschwörerischen Stimmung. Wenn einer aufstand, fuhren zehn Köpfe in die Höh. In der Früh gab es noch immer nichts Neues, keine Annäherung. Teo Fabi holte sich den Schlüssel, um aufs Klo zu gehen, kam aber nicht wieder. Er blieb der einzige Deserteur. Immerhin gab uns sein Abhauen zu denken, und wir wollten das Gefühl zementieren, daß jeder *freiwillig* bliebe. Wir stimmten ab, ob wir hart bleiben wollten, das Ergebnis war einstimmig.

Dann dauerte es aber nicht mehr lange. Pironi hatte sich auf der Rennstrecke mit Balestre geeinigt, wir hatten gewonnen.

Die Gegenseite war zwar nicht Manns genug, das auch öffentlich zuzugeben, und während des ganzen Wochenendes wurden Gerüchte genährt, wonach man uns am Flughafen verhaften würde und ähnlicher Schmarren. Tatsache war, daß wir nie wieder mit dem Leibeigenen-Passus behelligt wurden.

Die Rache der kleinen Geister war nach dem Rennen die pompöse Bekanntgabe des Lizenzentzugs für alle Fahrer außer dem braven Jochen Mass. Das war genauso lächerlich wie unhaltbar und ist dann in irgendeine Verwarnung und Drohung umgewandelt worden. Das letzte wütende Aufstampfen der Sportbehörde war eine 5.000-Dollar-Geldstrafe für jeden, weil unser Streik dem Ansehen des Motorsports geschadet hätte. Alle zahlten, und gemeinsam brachten wir eine Wiedereinbringungsklage ein. Wenn ich danach urteilen muß, ob ich heute fünftausend Doller mehr oder weniger habe, so ist der Prozeß entweder verloren gegangen oder in der hundertsten Instanz.

Abschließend gesagt: Ich halte unsere Kyalami-Aktion von 1982 wichtig für die Entwicklung des professionellen Motorsports. Sie hat jenen, die unseren Sport verwalten, gezeigt, daß die Fahrer nicht so blöd, so schwach und so uneinig sind, um sich alles gefallen zu lassen. Was unsere Gegner am meisten giftet: Daß wir tatsächlich solidarisch geblieben sind. Das hätten sie diesem irren Haufen nicht zugetraut.

Das Rennen selbst war für mich okay, nicht mehr und nicht weniger. Ich wurde vierter und kriegte eine Idee von den unglaublichen körperlichen Belastungen, die uns durch die Flügelautos auferlegt wurden. Der schöne Sieg von Alain Prost ließ die Vermutung aufkommen, daß Renault die Technik in den Griff gekriegt habe. Unbegründet, wie sich bald zeigte: Die Zeit war noch nicht reif für einen Durchmarsch der Turbos, schon gar nicht Renaults.

Im zweiten Rennen, in Rio, hatte ich eine Kollision mit Reutemann, der nächste Lauf war Long Beach. De Cesaris hatte

Pole Position und führte. Ich dachte: Ich brauche nur zu warten. Er lief auf einen überrundeten Fahrer auf, der nicht sofort Platz machte und ihn in der Schikane aufhielt. Da wollte er schon außen vorbei, was aber nicht möglich ist, weil einfach nicht genug Platz ist. Ich denk, bitte bleib ruhig, sonst fliegst jetzt schon raus. Dann überholt er den Langsamen und deutet ihm mit der Faust, ich seh', wie er die Hand hochnimmt und droht, und ich denke, jetzt muß er gleich schalten, aber da hör ich schon das häßliche Wimmern seines Drehzahlbegrenzers bei 11.000 Touren. Ich hab ihn sehr weiträumig überholt, denn bei Leuten, die mit der Faust drohen und deswegen aufs Schalten vergessen, mußt du schon recht vorsichtig sein.

Es war ein problemloses Rennen. Gegen Ende war ich ziemlich high, für meine Verhältnisse. In der letzten Runde habe ich gespürt, daß mich das Auto nicht im Stich lassen wird. Es wird ins Ziel kommen, und wenn ich es tragen muß. Früher hatte ich in ähnlichen Situationen die Angst, das Auto könnte ausrollen und zwei Meter vor dem Ziel stehenbleiben. Diesmal nicht. Ich hab geschrieen und gepfiffen vor Freude, dann hab ich mir gesagt, du Arschloch, paß lieber auf, sonst knallst du noch in die Mauer vor lauter Blödheit. So was ist mir noch nie passiert. Es war schön. Comeback nach zwei Jahren und Sieg im dritten Rennen, das gefiel mir.

8. Kapitel

Der Turbo kommt

McLaren ist ein gutes, großes, geschickt geführtes Formel-1-Team. Ron Dennis ist ein Manager mit Mut und Ideen, John Barnard ein Konstrukteur mit Mut und Ideen. Da auch ein mächtiger Sponsor wie Marlboro dieser Überzeugung ist, sind die Grundbedingungen recht ordentlich.

Ron Dennis hatte sich in der technischen Übergangszeit 1981/82, als die McLaren noch nicht so toll waren, in die Lauda-Idee verbissen, seine Hartnäckigkeit hat mir das Comeback leichter gemacht. Daß er in großen Dimensionen dachte, um allein schon seinen Sponsoren eine Brücke über die Zeit der Mittelmäßigkeit zu schlagen, hat mir imponiert.

Er dachte auch bei der nächsten großen Entscheidung, der Wahl des dringend fälligen Turbomotors, in Großformat. Auf einen existierenden oder in Entwicklung begriffenen Motor zurückzugreifen, hätte Abhängigkeit vom Hersteller bedeutet, außerdem hätte sich das Auto einem fixfertigen Motor anpassen müssen, nicht umgekehrt.

Porsche war einzig Ron Dennis' Idee. Einerseits logisch, da Porsche schon Turbo-Erfahrungen aus den Sportwagenrennen und der CanAm-Serie hatte; die Anlaufzeit würde also nicht so dramatisch lang sein wie bei anderen Firmen. Andererseits war es ziemlich vermessen, überhaupt eine Firma wie Porsche anzusteuern, — wenn die in die Formel 1 wollen, kommen sie ohnedies selbst.

Dennis arrangierte ein Dinner mit Wolfgang Porsche und mir. Da stand eine Größenordnung von fünf Millionen Dollar für die Entwicklungskosten eines Formel-1-Turbomotors im Raum. Wir bearbeiteten Wolfgang Porsche, er möge doch bitte das Projekt den übrigen Firmenteilhabern, also der Familie, vortragen. Uns schwebte vor, daß die deutsche Firma gemeinsam mit uns in die Formel 1 einsteigen könnte, also mit einem Motor, der Porsche heißt und dessen Kosten auch (zumindest teilweise) von den Stuttgartern getragen werden. Das war ein kompletter Flop, denn die Familie Porsche hatte nicht das geringste Interesse, eigenes Geld in die Formel 1 zu tragen. Natürlich könne jede Art von Motor entwickelt werden, aber nur ums Geld der Kundschaft.

Dennis begann sich nach einem Partner umzusehen, der Interesse daran haben könnte, sich an einem Porsche-Auftrag zu beteiligen. Er arrangierte ein Meeting mit Mansour Ojjeh, dem Juniorchef von *Technique d'Avantgarde*, in Paris, und wollte mich dabeihaben. TAG war damals Sponsor des Williams-Teams. Ron fädelte die Sache sehr geschickt ein, indem er erklärte, warum das bloße Sponsor-Sein dem Anspruch einer technischen Avantgarde-Firma nicht gerecht werden könne. Da gehöre schon mehr dazu, als nur den Namenszug aufs Auto zu malen. Eine Firma wie diese müsse als integraler Teil eines Formel-1-Teams auftreten, natürlich des besten. (Bevor er sich soviel Mühe gab, hatte Dennis die phantastischen finanziellen Möglichkeiten der Ojjeh-Gruppe abgecheckt; er macht in dieser Hinsicht keine leeren Kilometer). Meine Rolle in diesem Gespräch war, dem jungen Boss die Angst vor einem Fehlschlag auszureden. — ich konnte guten Gewissens prophezeien, daß ein von Porsche neu konstruierter Motor zwangsläufig ein Spitzending sein müsse, ein Flop sei eigentlich ausgeschlossen.

Diese beiden Besuche, bei Wolfgang Porsche und Mansour Ojjeh, waren mein gesamter Beitrag zum Zustandekommen des Projekts. Mansour Ojjeh erreichte bei seinem Vater die Absegnung des Vorhabens, es wurde eine gemeinsame Firma gegründet, und im Lauf der Zeit wurde das Verhältnis zwischen Ron und Mansour immer enger. Über die diversen Gesellschaftsformen ist Mansour Ojjeh heute zu einem wesentliche Teil Mitbesitzer von McLaren (gemeinsam mit Ron Dennis); John Barnard hat sich meines Wissens nach auszahlen lassen. Keine schlechte Sache, wenn man bedenkt, daß Dennis und Barnard 1980 mit nichts anderem als ihren Ideen bei McLaren eingestiegen sind. Die Firma war damals im gemeinsamen Besitz von Teddy Mayer und Tyler Alexander, allerdings weitgehend abhängig von Marlboro-Sponsorgeldern. Und Marlboro hatte auch durchgesetzt, daß Dennis und Barnard reingenommen wurden, samt der Idee vom Carbonfiber-Chassis in Johns Hirn.

Später wurden manchmal meine diplomatischen Dienste in Anspruch genommen, wenn zwischen Engländern und Deutschen die Fetzen flogen, — als neutraler Österreicher habe ich drei- oder viermal den Vermittler gespielt. Die Kämpfe zwischen McLaren, Porsche und Bosch waren sicher nicht dramatischer als die zwischen Brabham und Alfa, Brabham und BMW oder zwischen sonstwelchen Partnern aus verschiedenen Ländern, die gemeinsam ein Auto bauen. Porsche dachte logischerweise immer an den Motor, Bosch immer an den Computer, und der einzige, der das Gesamte im Kopf hatte, war John Barnard. Je überspitzter die technische Entwicklung der Formel-1-Autos Ende der siebziger Jahre wurde, desto größere Bedeutung bekam die gesamtheitliche Harmonie; jeder einzelne Bauteil muß auf zehn andere Bauteile abgestimmt sein. Die Qualität eines heutigen Formel-1-Wagens ergibt sich erst aus dem Zusammenspiel von Motorleistung, Aerodynamik und

Fahrverhalten; insofern wäre eine isolierte Motorentwicklung der falsche Weg. Daß in dieser Gemeinschaftlichkeit von räumlich getrennten Arbeiten der Keim für endlose Reibereien liegt, ist logisch.

Feststeht, daß Barnard von Anfang an die richtige Vorstellung vom Gesamtauto hatte und ein präzises Lastenheft vorlegen konnte. Abgesehen von allem Können und Wissen, das man bei dieser Firma ohnedies voraussetzt, imponierte uns bei Porsche die Geschwindigkeit, mit der man auf die diversen neu auftauchenden Probleme reagierte. Eine wesentliche Entscheidung betraf das System der Einspritzung. Motorenkonstrukteur Mezger war für die erprobte und sichere mechanische Einspritzung, Bosch forcierte ein System mit sophistischer Elektronik. Im richtigen Geist des Gesamtprojekts wurde dann die mutige progressive Lösung gewählt, was sich ja später hundertprozentig bewährte.

Im Sommer 1983 begannen die Testfahrten auf der Porsche-Versuchsstrecke in Weissach, die Ergebnisse waren von Anfang an Porsche-like, und ich hatte sofort ein gutes Gefühl. Die Grand-Prix-Saison 1983 wurde bereits von Turbos dominiert (BMW, Renault, Ferrari), und McLaren war nirgends. Ich drängte auf rasches Einsetzen unseres neuen Motors, um den Rest der ohnedies verpatzten Saison als Testserie zu benutzen. Barnard sträubte sich dagegen, er wollte kein Kompromißauto für den Rest von 1983, sondern 1984 mit dem völlig neuen Wagen einsteigen. Das entsprach seinem Perfektionismus und seinen totalen Ansprüchen, und er setzte all seine Sturheit ein, um diesen Standpunkt durchzusetzen. Er ging auf einen seiner grandiosen Ego-Trips vom weltfremden Techniker-Genie.

Ich war sauer und wütend, weil mir klar war, daß wir uns in einen riesigen Fehler reinmanövrierten. 1984 würden wir zwar mit einem rundum neuen, grandiosen Auto auftreten, aber wir würden die halbe Saison zum Aussortieren der Kinderkrankheiten brauchen, damit kannst du die Weltmeisterschaft vergessen.

John Barnard blieb stur wie ein Esel, daher hatte ich keine andere Wahl, als hintenherum bei Marlboro zu zündeln und zu intrigieren. Ich flog nach Lausanne und gab dem zuständigen Boss ein Bild der Lage, wie ich sie sah. Marlboro setzte daraufhin Ron Dennis unter Druck, was auf Grund des Vertrags durchaus möglich war. Es ging um soviel Geld, daß Ron nachgeben und vor allem auch John zum Nachgeben zwingen mußte. Daher fuhren wir schon die letzten vier Rennen des Jahres 1983 mit Turbo, und prompt hatten wir jede Menge Probleme — mit Bremsen, Kühlung und hinterem Flügel. Wie vorauszusehen kam ich in keinem der vier Rennen ins Ziel. In Kyalami war das Auto aber bereits derart schnell, daß ich den führenden Patrese schon im Visier hatte und mich aufs Gewinnen einstellte, das Auto blieb aber sechs Runden vor Schluß ohne Strom liegen. Das war jenes Rennen, in dem sich Piquet, Brabham und BMW den Weltmeistertitel sicherten. Der erste Turbo-Champion war auf der Welt.

Die Überheblichkeit, mit der John und Ron diese vier Turbo-Starts verhindern hatten wollen, hatte etliche Emotionen auf beiden Seiten freigelegt. Ich war wütend über die Arroganz des Banard'schen Egotrips, die beiden waren sicherlich wütend über die Härte, mit der ich meine Vorstellungen durchgesetzt hatte. Dabei gingen wir noch wesentlich härteren Zeiten entgegen. Als erstes stand die Frage Watson im Raum.

Mein lieber Teamkollege hatte wieder einmal das Gefühl, unterbezahlt zu sein, vor allem im Hinblick auf mich, und verlangte für die Vertragsverlängerung einen stolzen Betrag. Meiner Meinung nach überschätzte er seinen Marktwert gewaltig und wurde dabei von seinem Berater Nick Brittan in eine Sackgasse manövriert. Mich ging die Sache nichts an, obwohl ich natürlich Interesse hatte, John als Teamkollegen zu behalten, da wir gut miteinander auskamen. Watson ist Spezialist im langen Verhandeln und Zuwarten, und auch diesmal ließ er sich Zeit. Da alle anderen brauchbaren Formel-1-Fahrer bereits ihre neuen Verträge unterschrieben hatten, fühlte er sich sicher. McLaren würde auf ihn angewiesen sein, und er wollte alle Möglichkeiten ausreizen.

Dann passierte, völlig überraschend, die Kündigung Alain Prosts durch Renault. Dort waren etliche Faktoren zusammengekommen, auch ganz persönliche Gründe (der Formel-1-Tratsch wurde durch Gerüchte über ein Verhältnis Prosts mit der Frau des Teamchefs Larrousse belebt), jedenfalls erfolgte die Trennung zu einem unüblichen Zeitpunkt. Im November sind sonst sämtliche Verträge unter Dach und Fach, — es gibt normalerweise kein freies Cockpit mehr.

Die Situation war ideal für Ron Dennis. Er konnte den aufmüpfigen Watson links liegen lassen — „tut mir leid, wir können uns dich nicht leisten" und den wahrscheinlich schnellsten Fahrer der Welt zu einem lächerlichen Preis einkaufen. Dennis wäre nicht Dennis gewesen, hätte er diese Situation nicht voll ausgenützt, und Prost wechselte zu einem Diskontpreis das Lager.

Sehr zum Unterschied von Prost war ich schrecklich teuer. Ich hatte schon einen Zweijahresvertrag für 1983/84 ausgehandelt, der wieder einen neuen Rekord auf der Fahrerbörse darstellte. Ich hatte meine Verhandlungspartner daran erinnert, daß ich bei meinem Comeback nur einen einzigen Dollar fürs Fahren verlangt hatte, der Rest sei nur für meinen Public-Relations-Wert. Beim zweiten Vertrag konnte ich sagen, daß ein Fahrer, der in der abgelaufenen Saison immerhin zwei Große Preise gewonnen hat, doch mehr wert sein müsse als einen einzigen Dollar — bei gleichbleibendem PR-Wert. Damit hatte ich die Dimensionen völlig ausgereizt und einen Preis erzielt, der im Vergleich zu allen anderen Fahrern tatsächlich etwas überhitzt war. Ganz speziell gegenüber dem aufs Minimum reduzierten Prost, und hier lag schon ein Grund für die Spannungen des nächsten Jahres. In den Augen von Ron Dennis war ich der Mann, der zuviel aus ihm herausgepreßt hatte; und Alain Prost war seine Trophäe, sein Billig-Einkauf.

Ich war nicht glücklich, statt des problemlosen Watson nun einen Superfahrer im Team zu haben. Ich mußte auf cool spielen und so tun, als sei mir das völlig egal, aber ich wußte, daß ich tüchtig in Stress kommen würde. Meine Hartnäckigkeit, meine Test-Auswertungen, meine kleinen politischen Siege hatten zur gesunden Basis des neuen Autos beigetragen. Der Gedanke, daß jetzt ein Neuer kommen und die Früchte all dessen wegschnappen wolle, war zuerst ärgerlich, dann aber motivierend. An Alain Prost würde kein Weg vorbeiführen.

Von Alain wußte ich nur eines: Daß er schnell war. Menschlich machte ich mich auf Überraschungen und seltsame Manöver gefaßt, ich war mißtrauisch und reserviert. Fürs erste tat er alles, um mein ungutes Gefühl zu verstärken. Er hatte den richtigen Instinkt, wie man die eigene Position innerhalb des Teams stärkt und ausbaut. Er tauchte zu grundlosen Besuchen im McLaren-Werk in England auf, setzte sich blendend ins Bild und machte Public Relations für sich. Ich konnte ihm das nicht verübeln, — es gehört zum Job eines Profis, sich günstige Arbeitsbedingungen zu schaffen.

Zu mir sagte er sehr viel nette Dinge. Daß ich sein Idol gewesen sei zu dem Zeitpunkt, als er mit dem Rennsport begann. Daß er die Führerscheinprüfung 1975 abgelegt habe, — als ich zum ersten Mal Weltmeister wurde. Ich dachte damals, er verfolge irgendeinen Zweck, um mir schönzutun und Honig ums Maul zu schmieren, aber im Lauf der Zeit baute ich mein Mißtrauen ab. Ich kam dahinter, daß er ein warmherziger, lieber, ehrlicher Mensch ist. Bloß schnell wie die Sau, das war der Haken.

9. Kapitel

Das schwerste Jahr

Die große Konfrontation war angesagt, ich war gut motiviert und programmierte mich auf einen Sieg womöglich im ersten Rennen, damit der junge Mann gleich den Ernst des Lebens erkennen könne.

Rio, März 1984. Prost war im Training sechs Zehntel schneller als ich, bloß hab ich damals noch nicht gewußt, daß es fast bei jeder Qualifikation so sein würde. Dafür zieh ich mit einem Superstart gleich an ihm vorbei, schnappe mir de Angelis und Mansell, knöpfe mir jetzt Warwick vor, der sein erstes Renault-Rennen fährt. Am Ende der Geraden, mit fast Tempo 300, ziehe ich aus seinem Windschatten raus. Warwick gibt die Linie nicht frei, aber ich bin schon vorn, wir pressen uns in eine Vierte-Gang-Linkskurve. Auf einer Unebenheit verstolpert sich der McLaren und versetzt ein bisserl zu Seite, im gleichen Moment gibt's einen starken Ruck, — Warwicks linkes Vorderrad ist gegen mein rechtes Hinterrad geknallt. Genausogut hätten wir beide abfliegen können, aber ich bin noch da, gottseidank gibt's auch den Renault noch im Rückspiegel. Eigentlich müßte an meiner Aufhängung was kaputt sein, ich gebe zwei Runden besonders acht, aber alles fühlt sich gut an. Alboreto ist in troubles, also gehe ich in Führung, was mir schon lang nicht passiert ist. Alles ist im Griff, auch Prost, der inzwischen Warwick niederkämpft. Wir sind erster, zweiter, wie sich's gehört. Prost ist mehr als zehn Sekunden hinten, alles geht um einen Hauch zu exakt nach Plan. Nach 39 Runden springt mich das rote Licht im Cockpit an. An die Box fahren, aussteigen, die Mordswut hinunterschlucken. Es wäre so ein wichtiger Sieg gewesen.

Es stellte sich dreierlei heraus. Meine Ausfallsursache an diesem Wunderding von einem High-Tech-Auto war eine aufgegangene Lötstelle am Batteriekabel gewesen. Zweitens: Warwicks Vorderradaufhängung hatte unsere Rempelei doch nicht so gut vertragen, der Renault mußte passen. Drittens: Prost hat sein erstes Rennen gewonnen, und ich bin somit ab dem ersten Renntag in der Defensive.

Ich gewinne das nächste Rennen, Kyalami, eine ganze Minute vor Prost. In Zolder scheiden wir beide aus. Prost siegt in Imola, ich komm nicht ins Ziel. Dann der Große Preis von Frankreich in Dijon.

Ich komme vom neunten Startplatz, muß brutaler und härter fahren, als ich eigentlich will, sonst würde mir die Spitzengruppe abhauen. Der Durchmarsch funktioniert, jetzt sind nur noch Tambay (Renault) und Prost vorn. Ich fahre wie ein Wahnsinniger, und jenseits dessen, was den Reifen guttut. Es muß sein; abwartende Taktik und Reifenschonen sind jetzt nicht drin, ich seh nur die zwei da vorne. Kaum bin ich zu Prost aufgeschlossen, biegt er zur Boxenstraße ab, ein Rad ist locker. Schade, daß er weg ist, denke ich, heute hätte er keine Chance gehabt. Ich hänge mich in den Rückspiegel von Tambay, mache Druck, Druck, Druck, er muß mich dauernd spüren, vielleicht wird er nervös. Wir überrunden Laffite in der Rechtskurve nach Start und Ziel. Laffite macht Platz für Tambay, schwenkt aber sofort wieder zurück auf seine Linie, hat offensichtlich nicht mitgekriegt, daß wir in Sandwich-Formation daherkommen. Das Tempo ist über 200. Um nicht mit ihm zusammenzukrachen, muß ich nach rechts über den Randstein, das Auto macht einen Riesensatz, läßt sich aber einfangen.

Wenn man relativ langsam fährt, erschrickt man fürchterlich in solchen Momenten, kriegt wildes Herzklopfen und die Schrecksymptome eines normalen Menschen, aber wenn du mit dem Messer im Mund daherkommst, hundertprozentig konzentriert, empfindest du die Gefahr nicht, hast daher gar keine Möglichkeit, dir einen Schreck zu holen. Das sind zwei, drei kurze Bewegungen am Lenkrad, alles geht so schnell, daß du es gar nicht aufnimmst, es prallt schon an deiner Oberfläche ab, ein ganz automatischer Vorgang. Du denkst nur: Tambay. Der Mann da vorn.

Ich versuche vier oder fünf Runden lang, Tambay auf der Geraden zu packen, diesmal probiere ich es sogar haarscharf an der Leitschiene vor der Boxenmauer, mit einem Räderpaar praktisch am Schotter. Ich bin zu jedem Risiko bereit, meine sonstige Besonnenheit ist beim Teufel.

Es klappt aber erst, als er einen Fehler macht, sicher wegen des Drucks, den er ununterbrochen gespürt hat. An einem Kurvenausgang steht er leicht quer, ich schlupfe innen durch und kann härter herausbeschleunigen als er.

Die Reifen werden immer schlechter, wann kommt die Halbzeit, die muß jetzt endlich einmal da sein. Es werden mir immer nur die letzten 5 Runden im Countdown angezeigt, vorher wird jeweils nur die Position rausgehalten — und ein einziges Mal das Zeichen für Halbzeit. In meinem Fight mit Tambay hatte ich das Zeichen übersehen, und auf dein Zeitgefühl im Rennen kannst du dich nicht verlassen. Du hast keine Ahnung, wieviel Runden du gefahren bist, wenn sie es dir nicht zeigen. Ausgemacht war, daß sie mich zur Halbzeit zum Reifenwechsel reinrufen würden, aber sie rufen mich nicht, weil Ron Dennis sich einbildet, es sei vielleicht nicht nötig, er hat nicht kapiert, daß die wilde Attacke auf Kosten der Reifen ging.

Erst als ich eine Noch-20-Runden-Tafel sehe, weiß ich, was los ist. Wir sind schon fünfzehn Runden hinter der Halbzeit, die Reifen sind katastrophal und ich bin wütend, weil mich keiner reingeholt hat. Ich tippe mit der Hand auf den Sturzhelm, das ist das Zeichen, wenn der Fahrer von sich aus einen Reifenwechsel wünscht und in der nächsten Runde an die Box kommen wird. Box, Wechseln, ich bin jetzt zweiter, rund 20 Sekunden hinter Tambay, der natürlich zum Idealzeitpunkt gewechselt hat. Wieder fahr ich wie die Sau, wieder komm ich an ihn ran, pack ihn ein paar Runden vor Schluß, dann gehen seine Bremsen ein und ich gewinne ganz locker. Auf Ron Dennis bin ich sauer, weil er sich nicht an unsere Halbzeit-Abmachung gehalten hat. Mich ärgert es immer, wenn ein Sieg härter erkämpft wird als es nötig gewesen wäre. Unnötiges Risiko ist immer blöd. Immerhin, das war der französische Grand Prix, und was haben die 70.000 Zuschauer gesehen: Niki erster, Renault zweiter.

Das nächste Rennen ist Monaco. Ich mag Monaco nicht. Die Stadt ist mir wurscht, aber das Drumherum beim Rennen geht mir auf die Nerven. Ich finde es gut, wenn ein Autorennen ein Autorennen bleibt und nicht in eine Art von Zirkus ausartet. Der Gegensatz zwischen einem Sportler, der dort seine Leistung bringen muß, und dem ganzen Rundherum ist pervers. Mir fehlt der Sinn dafür. Ich finde es auch nicht toll, wenn einer im Hotel de Paris steht, Champagner trinkt und zuschaut, wie ich drei Meter neben ihm durch die Ecke wetze. Ich bin zu puristisch für Monaco, was Sport und Rennen angeht.

Monaco ist das sechste Rennen, und zum sechsten Mal ist Prost im Training schneller. Meine Qualifikationsschwäche ist jetzt offensichtlich, ich kann mich in den entscheidenden Chaosrunden nicht dermaßen steigern wie Prost. Du mußt fliegen können. Du mußt *abheben*, geistig und manchmal auch körperlich. Du brauchst ein Übermaß an Begeisterung und

Wahnsinn. Der um sechs Jahre jüngere Prost bringt dieses Übermaß eher auf als ich. In Zahlen ausgedrückt: Im Jahresdurchschnitt von 1984 ist Prost in der Qualifikation um zwölf Zehntel schneller als ich, das bedeutet durchschnittlich vier oder fünf Startplätze.

Ich konnte damals nicht zugeben, wie sehr mich das beschäftigte und irritierte, das Eingeständnis meiner Schwäche hätte Prost vielleicht nochmal um zwei Zehntel schneller gemacht. Beim Analysieren kam folgendes raus: Meine Qualifikationsrückstände sind ein Manko, das ein Rennfahrer nicht haben soll oder darf. Warum soll ich nicht so schnell fahren können wie der Prost? Das muß doch zu machen sein.

Es war nicht zu machen, wie sich rausstellte (außer einem einzigen Mal, in Dallas), ich brachte den Extra-Wahnsinn einfach nicht auf, wollte ihn dann auch gar nicht mehr aufbringen. Im Rennen hielt ich mich für zumindest so stark wie Prost, da hatte er mir nichts voraus. Ich mußte bloß für meine Qualifikationsschwäche büßen. Um die Startplätze wettzumachen, die ich in der Regel hinter Prost stand, fuhr ich im Rennen mit Extra-Risiko, und aggressiver, als es eigentlich mein Stil war.

Zurück nach Monaco, sechstes Rennen des Jahres. Prost führt in der Weltmeisterschaft, ich bin zweiter, sechs Punkte hinter ihm. Er steht auf Pole Position, ich am achten Platz, das tut in Monaco ganz besonders weh. Im Aufwärmtraining regnet es, und ich bin eine Sekunde schneller als sonst jemand im ganzen Feld. Dem Ron Dennis ist das Gesicht eingeschlafen, ich werde das nie vergessen. Da ist mir ganz deutlich geworden, daß er auf der Prost-Seite steht, und ich habe angefangen, eine seltsame Art von Feindseligkeit gegen mich zu spüren, die ich mir damals noch nicht erklären konnte.

Zwei Ferrari im Regen zu packen, das gehört zur Buße für den achten Startplatz. Mit Alboreto ist es noch relativ einfach:

Ich warte auf eine günstige Situation beim Heraus-Beschleunigen aus Sainte-Dévote, der ersten Kurve nach Start und Ziel. Ich bin knapp hinter ihm, gebe früh Gas, um den Turbo-Ladedruck aufzubauen und konzentriere mich drauf, mit allen Zehenspitzen ein Durchdrehen der Räder auf der nassen Bahn zu verhindern. Ich bin im Kurvenausgang rechts gleichauf neben ihm, er hat den *wheel spin* nicht so gut im Griff, und beim Schalten in den dritten Gang bin ich eine halbe Wagenlänge vorn, damit hat er keine Chance mehr.

Als nächstes hocke ich im Rückspiegel von Arnoux. Ich beobachte ihn zwei Runden lang. Seine schwächste Stelle ist vor der Loews-Kurve, die er um ein oder zwei Meter früher anbremst, als es sein müßte. Ich hänge in Mirabeau ganz knapp hinter ihm, setze mich in der nächsten Anbremszone links neben ihn. Er ist eine Wagenlänge vorn, ich bremse später als er. Arnoux zieht nach links, sieht im letzten Moment, daß ich da bin, macht einen Schlenker nach rechts. Damit ist der kritischste Teil des Manövers überstanden, aber ich muß mit meinem Überschußtempo fertig werden, obwohl sich alles in Zeitlupe abspielt — erster Gang, eine Seltenheit bei heutigen Grand-Prix-Rennen. Durch das späte Bremsen komme ich ins Rutschen, kann nicht auf der Ideallinie links einlenken, schlittere auf die Leitschiene zu. Vierzig oder fünfzig Zentimeter vor den Schienen kriegen die Reifen wieder Griff, das Auto folgt nach links, Arnoux ist hinten.

Nach solchen Manövern die Punkte freiwillig wegzuschmeißen, ist schlimm: ich bin zweiter hinter Prost, muß Senna vorbeilassen, könnte problemlos den dritten Platz heimfahren, gebe auf der Kuppe der Casino-Kurve zu früh Gas, rutsche in die Planken, Motor stirbt ab, Ende. Ein Fahrfehler, der um ein Haar die ganze Weltmeisterschaft entschieden hätte.

Ich gewinne in Brands Hatch, das bringt mich für die Meisterschaft wieder in Schlagdistanz zu Prost. Unser persönliches

Verhältnis ist okay, sogar gut, wenn man die Umstände bedenkt. Totaler Fight um die Weltmeisterschaft, die auf jeden Fall uns gehört: McLaren, Porsche und TAG. Wir haben einfach das bessere Auto, standfester als der Brabham-BMW, rundum besser als die Ferrari und Lotus. Williams-Honda ist im Kommen, aber noch keine Gefahr.

Mein Verhältnis zu Ron Dennis wird immer schlechter. Er bringt das ganze Team auf Prost-Schlagseite. Wir haben das gleiche Material und die gleiche Sorgfalt der Vorbereitung, ich werde also sachlich nicht benachteiligt, aber ich leide unter der miserablen Atmosphäre. Manche Leute finden es komisch, daß gerade der kalte Computermensch Lauda sich plötzlich über fehlende menschliche Wärme beklagt. Ich glaube, daß ich genausoviel Wärme und Anerkennung wie jeder andere Mensch brauche, ich leide in unterkühlter Stimmung. Ich werde deswegen nicht sentimental, sondern versuche, dafür Erklärungen zu finden und den Zustand womöglich abzustellen.

Ron Dennis ist ein tüchtiger Profi, keine Frage. Er ist gut im Geld-Aufreißen und schafft es auf wunderbare Weise, den Sponsoren ordentlichen Gegenwert für ihr Geld zu geben. Das Team funktioniert bestens, man merkt den Perfektionisten, der dahintersteht. Rons Schwäche scheint mir in einer Art von Vergangenheitskomplex zu liegen. Es ist ihm peinlich, daran erinnert zu werden, daß er als kleiner Mechaniker bei Cooper und Brabham angefangen hat. Drum passieren ihm Überreaktionen, was das Auftreten und das Hervorstreichen des Chefs betrifft; seine Arroganz kann unerträglich werden.

Die starke Position, gleich zwei Autos in der Weltmeisterschaft ungefährdet vorn zu haben, ermöglichte ihm jenes Psycho-Spiel, das er wahrscheinlich als Revanche empfand für die tolle Summe, die ich beim Zweijahresvertrag 1983/84 durchgesetzt hatte. Er hat mir das offensichtlich nie verziehen, nun konnte er sich rächen, indem er ostentativ seinen „billigen"

Fahrer zur Nummer Eins im Team machte und mich links liegen ließ. Prost hat nichts getan, um diese Stimmung weiter anzuheizen. Er kämpfte für sich und er kämpfte richtig, er blieb dabei immer fair und sympathisch.

Das kalte Schweigen zwischen Dennis und mir ging mir immer stärker auf die Nerven, und ich strebte eine Klärung an. Ich lud Ron samt Freundin Liza ein, mit mir nach Ibiza zu fliegen und dort in Ruhe zu reden. Wir erwischten einen schönen Tag und fuhren mit meinem Motorboot aufs Meer raus. Die Balearen zeigten sich von ihrer besten Seite. Ich stellte den Motor ab, brachte den Anker aus (mühsam wie immer, als Seemann tauge ich nichts). Also, Ron, wie können wir wieder auf einen grünen Zweig kommen? Wo liegen überhaupt die Gründe für die Kluft zwischen uns?

Er sagte, er empfinde eine Art Haßliebe mir gegenüber. Er fühle sich übervorteilt, weil ich ihn mit meinem Zweijahresvertrag quasi erpreßt hätte, er sei damals in einer Lage gewesen, wo er auf mich nicht verzichten konnte und sich alles gefallen lassen mußte. Außerdem beklagte er meine Unnahbarkeit und egozentrische Einstellung. Ein drolliger Kernsatz seiner Rede war:

„Wenn man einem Menschen schon so wahnsinnig viel Geld zahlt, könnte man doch auch ein bisserl Freundschaft dafür kriegen."

Das ging mir gegen den Strich, — was soll eine Gage mit Freundschaft zu tun haben? Ron ist nicht der Typ, der mich als Freund interessiert (ich habe außerdem bloß zwei, drei Freunde), und wenn er noch soviel zahlt, wird das nichts ändern. Was meine Egozentrik betrifft, gab ich ihm recht: Ich versuche alles im Leben so anzulegen, daß es mir nützt. Im Fall Lauda-McLaren konnte ich allerdings argumentieren, daß ich meine ganze Kraft in unsere gemeinsame Sache steckte, daß also auch er von meiner Egozentrik profitierte. Immerhin habe ich die von mir erwartete Leistung zu hundert Prozent geliefert.

Das Gespräch lief ganz gut, am Ende hatte ich das Gefühl, eine neue Basis für zivilisierte Zusammenarbeit gefunden zu haben. Wir fuhren zu einem Restaurant auf einer kleinen Insel, und beim Raufgehen sagte Dennis: „I must change my head now." Er sei jetzt nicht mehr mein neuer Freund Ron, sondern der McLaren-Direktor Dennis, und als solcher mache er mir ein Vertragsangebot. Die Ziffer, die ihm dabei einfiel, lag genau bei der Hälfte meiner bisherigen Gage. Ich fragte ihn, ob er sich vielleicht einen Sonnenstich auf Ibiza geholt habe. *Da sitze ich lieber herum und drehe Daumen, bevor ich ums halbe Geld fahre.*

Das Gespräch lief sich völlig fest, er blieb stur, ich war es auch. Mir war schon klar, daß mein letztes Gehalt überhitzt war, gut doppelt soviel wie die anderen kriegten, aber eine Kürzung um die Hälfte fand ich lächerlich, fast schon beleidigend.

Er sagte dann, er würde am Montag Herrn Senna vorladen und ihm einen Zwei- bis Dreijahresvertrag anbieten. Na bitte, sagte ich und wünschte ihm viel Glück. *Es war nett, dich einen Tag auf meinem Boot gehabt zu haben, — auch wenn's für die Katz war.*

Spätestens ab dann spielte ich mit dem Gedanken, für 1985 bei einem anderen Team zu unterschreiben. Ursprünglich hätte mich Ferrari gereizt, aber mittlerweile war ich den Ferrari-Gagen entwachsen, außerdem hatten die Italiener diesmal sehr früh ihre Plätze besetzt. Renault reizte mich, weil ich dachte, daß es doch möglich sein müßte, den ganzen Riesenaufwand so zu steuern, daß was Ordentliches dabei rauskäme.

Im Juli hatte ich zum ersten Mal Kontakt mit Renault-Rennleiter Gérard Larrousse und deutete ihm mein Interesse an. Er meinte, daß es wahrscheinlich keinen Fahrerwechsel bei Renault geben werde, aber man werde sehen. Später rief er an und sagte, das Thema Lauda sei jetzt doch aktuell, wir einigten uns in groben Zügen und vereinbarten einen Termin in Paris. Es machte mich stutzig, daß Larrousse ungefähr zehn Minuten des Telefonats dafür aufwendete, um zu klären, ob er mir einen Hubschrauber nach Le Bourget schicken könne oder nicht. Wenn er so lange braucht, um derart simple Dinge zu entscheiden, wie soll es dann bei der komplizierten Materie Rennsport funktionieren?

Die Sache lief natürlich unter ausdrücklicher Geheimhaltung. Ich hatte Angst, daß mir Ron Dennis in den ausständigen Rennen einen Hund antun würde und daß ich deswegen die Weltmeisterschaft verlieren könnte. Klar, sagte Larrousse, es bleibt alles geheim, kein Mensch erfährt was.

Ich flog von Ibiza nach Paris, wir diskutierten und verhandelten stundenlang, letzten Endes akzeptierte er meine finanziellen Forderungen, die zugegebenermaßen nicht schwach waren. Als Vertrag zeigte er mir eines der üblichen Renault-Elaborate, ein monströses Werk, mit dem ich nichts anfangen konnte. Er möge doch ein Blatt Papier nehmen und ganz simpel festhalten: Betrag, Dauer, Nummer-eins-Fahrer, Vorrechte beim Testen, Renault als Privatwagen, das reicht auch schon.

Als der Wisch unterschriftsreif war, sagte Larrousse, wir sollten jetzt dem Präsidenten einen kleinen Besuch abstatten. Ich verstand das als eine Art Höflichkeitsvisite, erstes Händeschütteln undsoweiter. Wir gingen rauf zu Herrn Hanon, der mir gleich vom ersten Augenblick an unsympathisch war, er hatte eine harte, kalte Ausstrahlung. Er schien überhaupt kein besonderer Freund des Rennsports zu sein, jedenfalls fand er keine netten Worte für den Sport. Dann sagte er zu Larrousse und mir, daß der Vertrag heute leider nicht abgeschlossen werden könne. Es sei was Unvorhergesehenes eingetreten, und man brauche noch vierzehn Tage Zeit.

Larrousse selbst war davon überrascht, und mir ging ein Licht auf, daß seine Position innerhalb des Hauses nicht so toll war. Ich halte ihn für einen lieben, aufrichtigen Menschen, aber für den Job eines Teamchefs in einer solchen Firma ist er vielleicht ein bisserl zu schwach. Wie auch immer, Larrousse schlug vor, ich solle einstweilen den Wisch unterschreiben, die Renault-Unterschrift würde folgen. Solchen Blödsinn lehnte ich ab, — was soll ein einseitiger Vertragsabschluß? Wir verblieben, daß Larrousse mich anrufen würde, wenn alles unterschriftsreif sei.

Ich war in der Früh aus Ibiza weggeflogen und flog am Nachmittag wieder zurück. Die einzigen Menschen, mit denen ich zwischen Paris und Ibiza redete, waren mein Copilot und die Jungs von *Air Traffic Control*. Als ich eine Stunde zu Hause war, rief Ron Dennis an und fragte: „Wo bist du heute gewesen?"

„In Paris", sagte ich, ganz perplex.

„Es ist schön, daß du das zugibst."

Dann erzählte er mir Einzelheiten meines Vertrags, daß ich nur so staunte. Es war völlig klar, daß es bei Renault eine undichte Stelle gab oder daß gar gezielte Indiskretionen rausgelassen wurden. Immerhin konnte ich sagen, daß ich nichts unterschrieben hätte, und es war die Wahrheit. Dennis ließ sich halbwegs beschwichtigen.

Larrousse rief noch im August an: Alles okay, der Vertrag ist genehmigt, das Management hat ja gesagt, wir können unterschreiben. Irritiert durch die frühere Indiskretion, sagte ich, daß der Vertrag gilt und ich mein Wort drauf gebe, ich möchte die offizielle Unterschrift aber erst dann leisten, wenn die Weltmeisterschaft entschieden ist. Ich hatte Angst, andernfalls von Ron Dennis reingelegt zu werden. Wenn er genau weiß, daß ich ihn verlasse, macht er Prost zum Weltmeister.

Larrousse sah das ein und war mit einem mündlichen Vertragsabschluß zufrieden, bestätigte ihn auch seinerseits. Damit war die Sache klar: Ich war Renault-Pilot für 1985.

Diesmal klappte die Geheimhaltung ein bisserl besser, obwohl in den französischen Zeitungen das Thema dauernd am Köcheln gehalten wurde. Dennis versuchte weiterhin, mir einen Vertrag fürs halbe Geld anzudrehen. Mit dem für ihn typischen Feingefühl sagte er zwei Stunden vor dem Start auf dem Österreich-Ring: Halbes Geld, sonst hole ich Keke Rosberg.

Na bitte, dann hol halt den Keke, und im übrigen vielen Dank, daß du mich knapp vor einem entscheidenden Rennen mit einem solchen Blödsinn malträtierst. Es geht ja bloß um die Weltmeisterschaft.

Österreich-Ring. Ich überhole Piquet fünfzehn Runden vor Schluß und bin damit in Führung. Prost ist zum Glück auf einer Ölspur ins Out gekreiselt, das ergibt eine tolle neue WM-Perspektive für mich. Piquet ist keine echte Gefahr mehr, ich habe bemerkt, daß seine Hinterreifen am Ende sind, er wird nicht besonders lästig werden können. Ich muß bloß den Wagen ins Ziel bringen, der Rest ist gelaufen. Rausbeschleunigen aus der Bosch-Kurve, vierter Gang, ein Riesenknall, kein Antrieb mehr. Der Motor dreht noch, aber es kommt keine Kraft auf die Räder. Differential, denke ich und hebe die Hand, damit die anderen sehen, daß ich nur an den Rand fahren will. Ich ziehe nach links und will mein Auto in der Wiese abstellen, dann der nächste Gedanke, ojeh, da mußt du irrsinnig weit zu Fuß an die Box gehen, probier lieber, ob du nicht noch ein Stück rollen kannst. Ich rühre im Getriebe herum, komme in den dritten Gang, der funktioniert und ich denke: Ah, jetzt kannst du wenigstens im Dritten an die Box zurückfahren.

In solchen Situationen kannst du nicht logisch denken, du bist völlig fixiert auf extremes Autofahren, kannst nicht improvisieren, wenn du aus diesem Bereich der superschnellen Instinkte und Reaktionen in eine viel banalere Situation zurückgeworfen wirst. Ich habe nicht wissentlich probiert, welche Möglichkeiten das Auto noch hat, sondern einfach im dritten Gang hochgedreht, an der Drehzahlgrenze in den vierten geschaltet, dort nix gefunden und automatisch weitergeschalten, in den fünften. Der funktioniert. Erster Gedanke: Weiterfahren, vielleicht wirst du noch fünfter oder sechster, kriegst noch einen Punkt für die Weltmeisterschaft.

Ich laß also den dritten Gang bis zur Schmerzgrenze hochjodeln, schalte dann in den fünften. Die Rundenzeit wird dadurch etwa um fünf Sekunden langsamer als mit komplett funktionierendem Getriebe. Piquet ist siebzehn Sekunden hinter mir, also wird er drei bis vier Runden brauchen, um mich zu schnappen. Ich sehe an der Box: Plus siebzehn Sekunden auf Piquet. Ich fahr so gut ich kann, ohne Vierer. Anzeige nach der nächsten Runde: Plus siebzehn Sekunden auf Piquet. Plötzlich schießt mir ein: Der Nelson kennt doch ganz genau meine Taktik, er weiß, daß ich am Ende eines Rennens ganz auf Schonung fahre und nichts von einem großen Vorsprung halte. Vielleicht glaubt er, daß ich absichtlich langsamer fahre, rein taktisch, und daß es deshalb gar keinen Sinn ergibt, jetzt Druck zu machen, ich würde sofort drauf reagieren und wieder zulegen … und so toll sind ja seine Hinterreifen wirklich nicht beisammen, als daß er sich auf eine Super-Attacke einlassen könnte. Es ist unheimlich anstrengend, die richtigen Schaltpunkte zwischen drittem und fünftem Gang zu finden, außerdem ist die ganze Anspannung im Kopf kaum auszuhalten: Wann wird er kapieren, daß ich nicht Katz-und Maus spiele, sondern daß ich völlig am Sand bin? Wird auch der fünfte Gang brechen, weil die Synchronringe sich abreiben? Werden Teile vom gebrochenen vierten Gang ins Getriebe reinkommen und einen Riesensalat anrichten? Ich flehe drum, daß dieses Scheißhaus-auf-Radln noch ins Ziel kommt, — und Piquet greift noch immer nicht an, fährt brav hinterdrein und denkt sich was vom coolen Niki.

Bei keinem anderen Rennen habe ich mich je mit soviel Denken strapaziert, am Ende hat's im Hirn richtig wehgetan.

Ich gewinne, bin damit in der WM ungefähr gleichauf mit Prost. Als Piquet und ich zum Siegerpodium marschieren, fragt er mich, wie es so gelaufen ist. Uff, sage ich, mir ist der vierte Gang gebrochen. An seinem Blick sehe ich, wie sehr er erschrickt, weil er die Chance nicht genützt hat, diesen Grand Prix zu gewinnen. Er hätte es so locker schaffen können. Von allen Rennen, die die Weltmeisterschaft 1984 zum Guten oder Schlechten beeinflußt haben, war dieses mein glücklichstes. Daß es in Österreich passierte, ist ein lieber Zufall.

Anfang September bekam ich die Nachricht, ich solle Larrousse an seinem Urlaubsort in der Bretagne anrufen. Dringend! Sorry, sagt er, ich kann den Vertrag nicht einhalten. Die Gewerkschaften in Frankreich seien aufgeregt wegen der Höhe des Betrags, außerdem habe man so viele andere Sorgen, und der Präsident habe gesagt, es sei vor den Gewerkschaften nicht zu verantworten, dem Herrn Lauda soundsoviele Millionen zu zahlen, wenn auf der anderen Seite Entlassungen ins Haus stünden. Ich fragte ihn, ob er verrückt sei und wie er sich das ganze vorstelle.

Larrousse: „Es tut mir leid, es tut mir leid, ich kann nichts dafür".

Damit war für ihn die Sache erledigt, und ich stand ohne Vertrag da, war Ron Dennis ausgeliefert und hatte noch zwei Entscheidungsrennen um die Weltmeisterschaft, Nürburgring und Estoril.

Das war mir alles zuviel an Spannung, ich mußte mein Hirn ausräumen und wenigstens mit dem Vertrag klarkommen. Dennis blieb dabei, mir den Herrn zu zeigen: Die Hälfte und kein Dollar mehr. Also kurvte ich wieder einmal nach Lausanne und fragte die Marlboro-Leute, ob sie mich weiterhin wollten. Wenn ja, sollten sie sich dahinterklemmen. Das taten sie, und Dennis legte mir in den Tagen vor dem Nürburgringrennen einen Vertrag vor, den ich unterschreiben konnte. Zwar nicht mit voller Begeisterung, denn ich verdiente ein Drittel weniger als bisher, aber immerhin, das konnte ich nach zwei etwas überhitzten Lauda-Jahren akzeptieren. Trotzdem komisch: Ich war drauf und dran, Weltmeister zu werden, gleichzeitig erlebte ich die gravierendste Gehaltskürzung meiner Karriere.

Prost war ein souveräner, phantastischer Nürburgringsieger, ich wurde bloß vierter, wobei mich ein blödes Manöver Mauro Baldis einen oder zwei Plätze gekostet hatte. Entscheidung also zwei Wochen später, auf der unbekannten Strecke von Estoril bei Lissabon.

10. Kapitel

Estoril

Im Hotel stinkt's, die Zimmer sind grauslich. Prost ist schon am ersten Tag ausgezogen, mir ist das Übersiedeln zu mühsam. Willy ist da und kocht gesundes Zeug, der Telefonmensch zieht am Abend den Stöpsel raus und verspricht, daß ich nicht mehr gestört werde. Also läßt sich's doch aushalten. Das Hotel ist direkt an der Rennstrecke in Estoril, und alles ist neu für den Grand-Prix-Zirkus.

Vieles ist bedrohlich: Das scheußliche Wetter, die neue Strecke mit all ihren möglichen Überraschungen, die Superform des Alain Prost, seine Nervenstärke vom Nürburgring, sein offensichtliches Hoch, seine Verhätschelung im McLaren-Team. Ich bin in der Defensive, obwohl ich immerhin einen Riesenvorteil habe: Ich muß in diesem Rennen bloß Zweiter werden, um die Weltmeisterschaft zu gewinnen.

Das Training ist ein Alptraum. Alles läuft schief, es ist wie in einem schlechten Film. Verlorene Zeit durch unglaublich blöde Defekte, dann, vielleicht als Folge davon, eigene Fehler, Endergebnis jedenfalls: Ich werde Sonntagnachmittag am elften Platz stehen, Prost am zweiten. Das soll die für mich wichtigste Qualifikation des ganzen Jahres sein? Nix besseres als ein elfter Platz — auf einer unberechenbaren neuen Rennstrecke?

Die Situation ist derart beschissen, daß es sinnlos ist, sich große Sorgen zu machen. Willy kocht, Willy massiert. Es gibt Fixpunkte im Leben, auf die du dich verlassen kannst. Willy ist gigantisch. Ich schlafe tadellos.

Beim Aufwachen erkläre ich mir folgendes: Alle anderen sind nervös. Selbst auch noch nervös zu sein, ist völlig unnötig, bringt nix. Ich sage mir das Programm des Tages vor: Das-Beste-Geben, Konzentriertsein, Fehlerlos-Sein, und das alles so schnell wie möglich. Alles andere ist außerhalb meines Bereichs, daher im Moment zu vernachlässigen. Meine Gedanken kreisen das *target* des Tages noch einmal ein: Die optimale *eigene* Leistung, vergiß das Drumherum, laß dich von dem Druck, eine Weltmeisterschaft zu gewinnen oder zu verlieren, nicht unterjochen. Sei *du selber,* so gut du es nur zuwege bringst.

Meinem Hirn gelingt es, mich zum *relaxed*-Sein zu überreden. Ich bin locker, und Prost ist es nicht, das sehe ich mit dem ersten Blick. Er beißt dauernd Nägel, ist bleich und schaut übernächtig aus. Er sagt auch sofort, daß er eine schwierige Nacht hinter sich habe, daß er wenig oder nichts geschlafen habe, es ist ihm leicht zu glauben. Er geht oft aufs Klo.

Sein Verhalten bestärkt mich, die morgendliche Programmierung zu wiederholen und weiter auszubauen: Die Wichtigkeit der Weltmeisterschaft zu leugnen, sie weit weg zu schieben und nur an eines zu denken — die eigene Leistung.

Im Morgentraining bin ich drei Zehntel schneller als Prost. Trotzdem habe ich kein besonders gutes Gefühl mit dem Motor, es ist der Siegermotor von Brands Hatch. Ich lasse statt dessen den Motor von Dijon einbauen, auch ein Sieger.

Zwei Stunden vor dem Start kommt Marlene. Es ist eine ihrer seltsamen, unerklärlichen Aktionen: Sie haßt Rennen, ist nie dabei, auch die Weltmeisterschaft ist ihr egal, aber trotzdem hat sie diesmal gesagt, sie möchte kommen. Das volle Wochenende wäre ihr nicht zuzumuten gewesen, außerdem konnte sie wegen der Kinder nur eine Nacht wegbleiben, ihre Schwester Renate würde inzwischen babysitten. Da ich keinen Piloten für meinen Learjet auftreiben konnte, habe ich Nelson Piquet gebeten, die Crew seiner Citation nach Ibiza zu schicken. Marlene kommt am mittleren Vormittag zur Rennstrecke. Sie flattert, aber macht mich nicht nervös.

Um die Mittagszeit baut sich meine innere Anspannung noch einmal auf. Ich setze den Helm auf, es treibt mir die Tränen in die Augen, aus Freude, oder aus einer unbeschreiblichen Kraft, die ich in mir spüre. Ich fühle mich stärker als irgend jemals zuvor in meinem Leben, und fahre aus den Boxen raus zur Startaufstellung. Ich bin ganz, ganz ruhig und weiß, ich werde keine Blödheiten machen.

Ich habe mich drauf programmiert, die ersten paar Runden auf Abwarten zu fahren, mich aus heftigem Verkehr rauszuhalten. In der ersten Kurve bleibe ich in Fahrbahnmitte, damit mich keiner rempeln kann. Vor mir sind die Alfa von Cheever und Patrese, hinter mir die Arrows von Boutsen und Surer.

Ich sehe, wie sich Piquet von der Piste kreiselt und werde wütend: Warum paßt er nicht besser auf?, warum muß er gerade heute einen solchen Blödsinn machen?, — er weiß doch, wie ich ihn brauche. Nelson ist mein einziger echter Freund in diesem ganzen Haufen, und es war klar, daß er versuchen würde, Prost zu schlagen und mir damit zu helfen. Jetzt ist er weit hinten, und ich hab jene Art von Gefühl, die du eben hast, wenn dein einziger Freund plötzlich nicht mehr da ist.

Mein erstes Signal von den Boxen: ich bin zwölfter. Das ist okay, hat nichts zu bedeuten. Ich überhole die beiden Alfa, dann Tambay. Die Tafeln sind schwierig abzulesen, weil die Zielgerade so holprig ist und dir alles vor den Augen verschwimmt. Außerdem ist die Zielkurve eine der wenigen Stellen, wo du Chancen zum Überholen hast, und ich bin bald an einer Fünfergruppe, die ich rasch auflösen sollte, um Prost nicht in abstrakte Distanzen wegfahren zu lassen. Er ist zweiter, dann kriege ich in einem günstigen Moment von den zittrigen Tafeln mit, daß er in Führung gegangen ist. Ich kann mir vorstellen, wie er vorn wegbläst. Ich picke an neunter Stelle, und nichts bewegt sich. Vor mir Johansson, und kein Vorbeikommen. Der Toleman ist auf der Geraden schneller als mein Auto.

Ich bin noch immer ganz ruhig, kann daher auch klar denken: Daß ich an Johansson nicht vorbeikomme, kann nur bedeuten, daß mein Motor nicht die volle Leistung hat. Es geht schon auf die Halbzeit zu, ich picke noch immer hinter Johansson. Natürlich kapiere ich, warum er sich so verbissen wehrt: Die Fernsehkameras sind auf unserem Zweikampf, der junge Mann ist drauf und dran, die Weltmeisterschaft zu entscheiden. Kein Fahrer würde an seiner Stelle anders handeln.

Mir rennt die Zeit davon, und da ich jetzt weiß, daß mit meiner Motorleistung was nicht stimmt, muß ich den Ladedruck erhöhen — von 2,2 auf 2,5. Das Risiko ist enorm — bei 2,5 ist der Spritverbrauch viel zu hoch, du darfst dich nur kurzzeitig drauf einlassen, sonst hast du keine Chance, die ganze Distanz zu packen.

Endlich macht Johansson einen Fehler, ich fahr auf der Zielgeraden vor, er rempelt mich beim Anbremsen der nächsten Kurve, stößt mit seinem Flügel gegen mein linkes Hinterrad, natürlich unabsichtlich, aber trotzdem ist es ein blödes, völlig unnötiges Manöver, — warum verpaßt er gerade jetzt den richtigen Bremszeitpunkt und kommt mit rauchenden Rädern an, wie ich später im Fernsehen gesehen habe?

Jetzt geht es flott, ich fighte jede zweite Runde einen Wagen nieder. Endlich Senna, ich glaube, zweiter zu sein, und das ist alles, was ich für die Weltmeisterschaft brauche. Das Boxensignal, sobald ich es endlich einmal ablesen kann, ist eine Ohrfeige: Ich bin Dritter. Zwischen Prost und mir liegt noch Mansell auf dem Lotus. Er ist satte 39 Sekunden vorn, drum konnte ich ihn auch nicht sehen oder spüren.

Ich fahre so hart ich nur kann. Das ergibt laufend Rundenrekorde, die gegenüber Mansells Zeiten jeweils eine bis anderthalb Sekunden Gewinn bedeuten. Es müßte sich ausgehen, aber knapp.

Ich fighte, komme auch programmgemäß näher, aber dann laufe ich auf eine schrecklich zähe Gruppe von überrundeten Fahrern auf, nur Berger geht zur Seite, alle anderen machen sich wichtig und profilieren sich, indem sie in die Weltmeisterschaft eingreifen. Ich muß immer wieder von der Ideallinie runter, verliere sechs Sekunden und habe eine Riesenwut. Ich fahre jetzt aggressiver und härter, als ich es vorhatte.

Plötzlich sehe ich einen Lotus vor mir, denke an de Angelis und Überrundung, weil mir Mansell gar nicht in den Sinn kommt, der ist doch viel weiter vorn, aber dann sehe ich ein blockierendes Vorderrad beim Bremsen, kapiere, daß da einer Probleme hat, und daß es Mansell ist, und bin auch schon an ihm vorbei.

Ich bin zweiter, zweiter, zweiter, mehr brauch ich nicht, mehr will ich, ich muß nur noch ins Ziel. Das Wissen um die zeitweilige Ladedruck-Erhöhung sitzt mir dauernd im Hinterkopf, ich weiß, daß ich zuviel Sprit verbraucht habe[1]).

Ich drehe sofort runter auf 1,8 bar, muß aber dann wieder auf die Normaleinstellung von 2,2 gehen, weil Senna von hinten Druck macht. Ich stimme mein Tempo auf Senna ab, — was Prost vorn macht, ist mir egal.

---

[1]) Wie sich nachher herausstellte, war das nicht der Fall gewesen. Ich hatte einen Schaden am linken Turbolader, was man sich auf drastische Art so vorstellen kann, daß sich die Schaufeln langsam auflösen. Das bedeutet einen Verlust von 100 bis 120 PS, den ich im direkten Zweikampf etwa mit Johansson spürte, der auf meinen Instrumenten aber nirgendwo aufschien. Die Daten über das Turbo-Funktionieren bezogen sich in diesem Fall nur auf den fehlerfreien der beiden Lader, das war der rechte. Durch das Hinaufdrehen des Ladedrucks stellte ich nur annähernd die Grundverhältnisse wieder her, verbrauchte daher auch nicht mehr Sprit als vorgesehen. Während des Rennens waren diese Zusammenhänge aber unmöglich herzustellen.

Mir fällt auf, daß der überrundete Piquet dauernd hinter mir bleibt, auch bei gedrosseltem Tempo, irgendwie ist das rührend, als ob er mich notfalls ins Ziel schieben würde, obwohl es eh nix nützen würde, weil es verboten ist. Aber allein seine Begleitung ist wohltuend. Mein Auto ist süß und lieb und brav, es verläßt mich nicht, bitte, bitte, bitte, nur noch ein paar Kurven, und dann beschleunige ich aus dem letzten Eck heraus und weiß, daß ich in jedem Fall über die Ziellinie rollen werde, notfalls ohne Sprit.

Ziel.

Während ich hinter der Linie mit dem Ausrollen beginne, schließt Piquet zu mir auf, macht eine fragende Geste, er weiß ja nicht genau, ob ich zweiter bin und damit Weltmeister, ich deute ihm, daß ich's geschafft habe, er reißt vor Freude die Faust hoch, dann rollt Laffite hinter mir, macht die gleiche fragende Geste, ich deute ihm die Antwort, aber dazu fällt ihm nichts ein, keine Geste. Er beschleunigt und fährt weg, natürlich weiß ich, daß Prost und er gute Freunde sind. Ich winke den Zuschauern und kriege Riesenjubel zurück, irgendwie hatte ich die ganze Zeit das Gefühl gehabt, daß die Portugiesen pro Lauda sind, und jetzt scheint es ihnen zu gefallen, daß ich Weltmeister bin.

Riesenhektik, als ich zum Stehen komme. Sie wollen mich so schnell wie möglich zum Podium zerren, ohne Rücksicht auf Verluste, aber ich lasse mich nicht hetzen, nehme den Helm in Ruhe ab. Durchatmen.

Dann zum Podium, Alain Prost steht schon oben. An seiner Miene sehe ich, wie nahe es ihm geht, er kämpft mit den Tränen, ich sage *vergiß es, vergiß es so schnell wie möglich, ich sag dir, das war mein Jahr, nächstes wird dein Jahr. Vergiß alles andere, freu dich auf nächstes Jahr.* Er hört ganz gierig zu, ist dankbar für all diese Phrasen (die ich aber ehrlich meine; wirklich), und ich merke, wie sein Gesichtsausdruck wieder ein bisserl lockerer wird.

*

Ich kann mit Siegerehrungen wenig anfangen. Du wirst brutal herausgerissen aus einer anderen, weit entfernten Welt, in der du zwei Stunden lang gelebt hast. Das plötzliche Ende der totalen Konzentration und Ichbezogenheit kann vom Hirn nicht rasch genug verarbeitet werden, — plötzlich gehörst du allen, und sie zupfen an dir rum, schlagen dir auf die Schultern, irgendwelche Weiber schnuddeln dich ab, und ein Mann mit Krawatte gibt dir einen Pokal, den du dir nicht einmal aufs Klo stellen wirst.

Die Freude über einen Sieg würde gerade in dem Moment, wo du ihn errungen hast, Stille brauchen. Ich stelle es mir phantastisch vor, ein Rennen zu gewinnen oder Weltmeister zu werden, in Ruhe aussteigen und mich irgendwohin setzen zu können, wo kein Mensch ist. Statt dessen tut dir alles weh, du schwitzt wie ein Schwein, die Leute bedrängen dich körperlich, du wirst aufs Podium geschubst, wie wenn sie das Vieh auf die Alm treiben. Und wenn sie dann die Bundeshymne spielen, bin ich noch überhaupt nicht vorbereitet, irgendwas zu empfinden, ich stehe dort wie eine Marionette, die nichts im Hirn und nichts im Herzen hat. Zur Ablenkung rede ich mit einem von den beiden anderen, die da oben stehen, die leben noch in deiner Welt, sind auf deiner Wellenlänge.

Drum ist nach jedem Rennen der Zwang zum Abhauen, zum Davonrennen, so riesengroß. Zum Helikopter, dann zum eigenen Flieger, und nichts wie weg. Und am nächsten Morgen wachst du auf und freust dich über was Wunderschönes, das

DIE TURBO-JAHRE

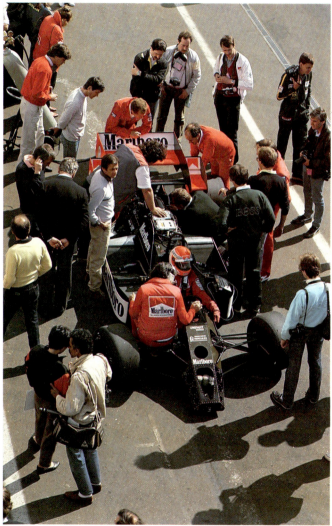

Premiere des McLaren-TAG, Zandvoort 1973

Ron Dennis

Der Mann hinter TAG: Mansour Ojjeh

Marlenes Schwester Renate

nes der Wunderdinge dieser Tage: Carbonfiber-Chassis der amerikanischen Firma Hercules

Entscheidendes Rennen um die Weltmeisterschaft 1984, Estoril

Links oben: Desillusionierender elfter Startplatz, im Sandwich zwischen zwei Alfa (Cheever, Patrese) und zwei Arrows (Surer und Boutsen)

Der Abend von Estoril: Willi Dungl in seinem Sensationsgastspiel als Whisky-Trinker

Das große Duell von Zandvoort, 1985: Lauda, Prost

art Österreichring 1985, Lauda, Prost

zwischen erstem und zweitem Start: Zeltweg 1985
folgende Seite: Le Castellet 1985. Rosberg, Lauda, Prost bei der Einfahrt in die Mistral-Gerade.
e ist 1,8 km lang und 338 km/h schnell

du jetzt empfinden darfst, ohne daß dich irgendwer drängt und rempelt. Jeder Sieg wird erst am Morgen danach wirklich wahr.

*

In Estoril ist alles besonders arg, aber ich weiß, daß es diesmal sein muß, weil es zum Job gehört. Ich bin dreieinhalb Stunden lang für Interviews an der Rennstrecke festgenagelt. Der Trubel ist pervers: Wenn sich der Turbolader völlig und nicht bloß halb aufgelöst hätte, säße ich jetzt irgendwo allein herum.

Dann rasch ins Hotel, Umziehen und zur Dinner-Einladung des Mansour Ojjeh, er hat ein ganzes Restaurant gechartert. Keine Reden, keine Förmlichkeiten. Der Schmäh rennt gut, auch Prost wird wieder locker, er ist mit Stephanie von Monaco aufgekreuzt. Willy Dungl hat das Gelübde abgelegt, sich anzusaufen, falls ich Weltmeister werde. Alle wollen sehen, welches Gesicht der Fitness-Guru beim Whisky-Trinken macht. Er trinkt wie ein Held, aber mehr als drei Whisky sind trotzdem nicht drin. Wir übersiedeln in eine Disco, die zur Gänze von McLaren gemietet wurde, trotzdem brechend voll ist. Ich habe Geschenke für meine acht Mechaniker vorbereitet — egal ob ich Weltmeister werde oder nicht. Großes Hallo bei der Übergabe.

Marlene kriegt irgendwann Magenschmerzen, und so ziehen wir schon um halb eins ab. Ich komme noch ziemlich nüchtern ins Hotel und denke: Gut so, morgen mußt du fliegen, und am Abend wollen sie dich im Fernsehen haben.

So geht der Tag ganz brav und ruhig zu Ende.

11. Kapitel

Leere Kilometer

Monaco 1985, der Abend nach dem ersten Training. Morgen ist frei, also kann ich heute länger aufbleiben als normal. Ich stelle mich zur Tip-Top-Bar, bestelle einen Whisky, Rosberg kommt anmarschiert. Er sagt aus heiterem Himmel:
„Kommt dir das ganze hier nicht blöd vor?"
„Warum?"
„Es ist pervers, wie wir mit unseren Schüsseln hier herumfahren, es ist zum Kotzen. Ich wäre heute am liebsten ausgestiegen."
Ich war auch schon knapp dran, konnte ich ihm sagen. Aber daß gerade er davon zu reden angefangen hatte, freute mich. Keke ist der wildeste Hund in der Formel 1, er fährt, daß die Fetzen fliegen, schert sich um nichts und niemanden, — und plötzlich kommt ihm was pervers vor. Ich hatte schon geglaubt, ich sei übersensibel und weichgeklopft von den vielen Jahren im Zirkus, weil mir plötzlich alles so irrsinnig vorgekommen war. Ich hatte die erste Trainingsrunde hinter mir, gab dann halbwegs Gas, zielte ins Nadelöhr hinter Sainte Dévote und hatte plötzlich das Gefühl, mit dem falschen Gerät am falschen Platz zu sein. Darf doch nicht wahr sein, daß wir wie die Affen in den Kisten hocken und hier herumturnen. Tausend PS auf dieser Strecke! Zum ersten Mal in meinem ganzen Rennfahrerleben kommen mir Zweifel, ob ich in die nächste Ecke überhaupt hineinzielen kann, alles ist zu eng, zu schnell, zu irr, es ergibt keinen Sinn mehr. Ich denke: Mir

reicht's, ich will jetzt nur aussteigen, weggehen, heimfahren. Dann reiß ich mich zusammen: *Du hast schon einmal aus einer solchen Stimmung heraus Schluß gemacht, bist wiedergekommen. Mach den gleichen Fehler nicht wieder. Probier, ob's nicht doch geht.* Auf diese Art habe ich den ganzen Tag mit mir gefightet, und am Ende jenes Tages sagt Keke, daß er das alles pervers finde. Er war mir in dieser Sekunde sogar sympathisch, was eine Menge heißt, wenn man ihn kennt.

Das war schon mittendrin in meiner Serie von Ausfällen, kein Rennen war glatt gegangen, Computerschaden, Kolben durchgebrannt, kein Strom. In Monaco dreht's mich auf der Ölspur nach der Piquet-Patrese-Kollision, der Motor stirbt ab und kommt nicht wieder.

Dann Montreal, auch so eine ungeliebte Strecke. Es ist jetzt immer deutlicher, daß die McLaren-Hinterachse nicht stimmt. In langsamen Kurven vibrieren die Räder und erzeugen ein häßliches *wheel spin*. Barnard weiß es und sagt, eine Lösung sei in Sicht. Nur Ärger im Training, nix klappt, dann wähle ich die falschen Qualifikationsreifen, und in meiner wichtigsten Runde kommen plötzlich gelbe Fahnen raus. Ich gehe vom Gas, im letzten Moment sehe ich auf der rechten Straßenseite einen Biber. Er schaut mir scharf in die Augen, ich denke, *bitte bring dich nicht um, bleib, wo du bist*. Er ist tatsächlich sitzengeblieben und ich bin zwanzig Zentimeter an ihm vorbeigeschossen. Es reicht nur für den 17. Startplatz, und als ich Ron Dennis von dem Biber erzähle, lächelt er mich mitleidig an. Auf die Art von: Der gute alte Niki, jetzt muß er schon Viecher erfinden, um sein langsames Fahren zu entschuldigen. Nächsten Tag zeigt ein Fotograf Bilder von dem Biber herum, Dennis hat einen Anflug von schlechtem Gewissen: „Ich habe wirklich geglaubt, du hast ihn erfunden."

Wie auch immer, wenn du am 17. Startplatz stehst, machst du dir Gedanken. Allein die Optik ist grausam: Du siehst überhaupt nicht durch bis an die frische Luft, siehst nur Autos, Autos, als ob das nie aufhören würde, das ergibt schon eine plastische Vision vom Hintensein, vom Weit-Weg-Sein. Es ist auch sinnlos, den Helden zu spielen, man kann sich nur brav einfädeln, sonst wäre die Chance zu groß, daß es kracht. Im Rennen arbeite ich mich ordentlich nach vor, wie fast immer in diesem Jahr, und dann ist es wieder ganz plötzlich aus. Diesmal ist es ein Bolzen von der Aufhängung des Ladeluftkühlers, in Detroit sind's die Bremsen, in Le Castellet ist es das Differential, in Silverstone die Elektrik. Am Nürburgring ist ein Rad locker, und am Österreich-Ring geht der Turbo ein. Es ist nicht zu packen, nicht zu glauben.

Man fängt an, Gespenster zu sehen. Daß Dennis und Barnard dieses Jahr total auf Prost abgefahren sind, ist klar, außerdem rechtfertigt seine WM-Position ab Saisonmitte alle Anstrengungen. Manchmal taucht, hauptsächlich in Zeitungen, der Gedanke auf, meine Defektserie sei die Rache des Ron Dennis. Das ist natürlich Blödsinn. Dennis ist kein Herzerl, aber auch kein Verbrecher, er würde mir nicht absichtlich Defekte programmieren. Es ist einfach eine blödsinnige, in ihrer Konsequenz beklemmende Serie, die irgendwann ihre Eigendynamik bekommen hat und jetzt nicht mehr aus unseren Köpfen rauszukriegen ist. Ob ich nicht doch selbst schuld bin? Zehnmal Pech in ununterbrochener Folge[1]), das habe ich bis jetzt keinem Fahrer der Welt abgenommen. Da mußt du schon auch selbst mitschuld sein, hätte ich gesagt, und jetzt muß ich es eben auf mich anwenden. Spürt dieses komische Auto, daß ich nicht mehr mit ganzem Herzen bei der Sache bin, spüren's die Mechaniker? Gibt's da eine Art von Funken, der laufend überspringen muß, damit die Dinge funktionieren?

---

[1]) Dazwischen gab's zwar einen dritten Platz in Imola und einen fünften auf dem Nürburgring, beide Male aber mit Defekten, die einen besseren Platz verhinderten.

Von mir kommen wenig Funken, das muß ich zugeben. Schon in Rio, beim ersten Rennen, hatte ich mich künstlich aufbauen müssen, dann wieder in Monaco, in Montreal, von da an praktisch immer. Es gibt nichts Neues. Der gleiche Prost, vielleicht noch ein bisserl besser als zuvor, der gleiche Dennis, noch muffiger als zuvor, das gleiche Auto, die gleichen Leute.

Im Rückblick empfinde ich die Art, wie mein erster Rücktritt, 1979 in Montreal, zustandegekommen ist, als Fehler. Mitten im Training auszusteigen und zu sagen, das war's, habe ich damals gut gefunden. Heute stelle ich es mir anders vor, ich will meine Gefühle viel genauer ausloten, überprüfen, den Gründen nachspüren. Ich bin entschlossen, diesmal eine ganz kühle, überlegte Entscheidung zu treffen.

Daß ich mich öfter dabei ertappe, über die Gefährlichkeit dieses Sports nachzudenken, ist ein starkes Indiz, daß ich aufhören sollte. In Silverstone hatte sich ein Gespräch mit Piquet ergeben. Er erzählte von seiner Mutter und seinem Bruder, wie sehr er noch in die Familie integriert sei, und daß er sie unterstütze. Dabei erwähnte er, daß er sich im Grunde damit abgefunden habe, im Rennauto zu sterben, und daß seine Mutter das auch wisse. Ich bohrte nach: Ob er sich wirklich damit abgefunden habe, ob das überhaupt möglich sei. Er dachte nach und sagte:

„Ja, ich glaube schon."

Von dieser Einstellung hatte ich mich zu diesem Zeitpunkt unendlich weit entfernt. Das Gespräch mit Nelson beschäftigte mich deshalb so sehr, weil es mir klarmachte, wie sehr ich ans Überleben dachte, wie wichtig es mir geworden war, meine Haut zu retten. Ich stehe nicht mehr auf der Piquet-Seite, sondern bei denen, die glauben, daß sie's eigentlich schon geschafft haben. Ich muß nur noch den Sturzhelm nehmen und heimgehen, rechtzeitig.

Gedankensplitter in Montreal: Ich fahre aus der Box, sehe meine Kollegen mit vollem Hammer vorbeiströmen, wie sie heranglühen an die erste Kurve, die Tempo 250 verträgt. Durch das Rauskommen aus der Box bin ich in einem ganz anderen Geschwindigkeitsbereich, wie ein Zuschauer, den das ganze nichts angeht. Dann sehe ich Männchen, die im Auto hocken und mit 250 über den holprigen Belag gefetzt werden, sehe, wie es ihre Köpfe hin und herreißt, und habe als Außenstehender das Gefühl: Das sind lauter arme Irre, lauter Bescheuerte. Die kleinste Kleinigkeit, die am Auto passieren könnte, ließe eines von diesen Männchen derart gigantisch abfliegen, daß es mausetot wäre. Dann muß ich mich überreden, motivieren: *Komm, Junge, Gasgeben, ab geht die Post.* Und in der nächsten Runde habe ich mich dann soweit im Griff, daß ich selber ein irres Männchen bin.

Ich kann mit Prost darüber nicht reden, ich darf meine Schwächen nicht auch noch auf dem Tablett präsentieren. Aber ich stelle mir vor, daß er sich keine Gedanken macht, daß ihm alles egal ist, daß er sich völlig unbelastet reinhockt und gierig Gas gibt.

*

Ich nahm mir vor, mich selbst und meine Gefühle zu beobachten, mir dauernd Fragen zu stellen und sie ehrlich zu beantworten. Im Lauf der Zeit kam ich drauf, daß mir die fehlende Selbstverständlichkeit am meisten zu schaffen machte, und daß es sinnlos sein würde, sozusagen mit eingeschalteter Vernunft zu fahren. Dazu die Eiszeit im McLaren-Team (nicht was Alain, aber fast alle anderen betraf), dazu auch die lächerliche Defektserie — irgendwann war die Summe aus all diesen Rechnungen so eindeutig im Minus, daß alles klar war. Ich würde aufhören, sah allerdings keine Probleme, die Saison zu Ende zu fahren. Meine antrainierte Motivationsfähigkeit würde stark genug sein, um die paar Rennen noch in gutem Stil durchzustehen.

Am Freitag vor dem Nürburgringrennen sagte ich Ron Dennis Bescheid, daß ich nächstes Jahr nicht mehr fahren würde, weder für ihn noch für sonst jemand. Er akzeptierte, bat mich aber um Stillschweigen. Bei Bekanntgabe meines Rücktritts würden sich alle Teamchefs auf ihre — ohnedies zu wenigen — Stars stürzen und sie zu raschen Vertragsverlängerungen drängen. Ich möge doch so nett sein und ihn erst einmal einen neuen Mann einkaufen lassen. Das sagte ich ihm zu, eine Woche später rief er mich an und sagte:

„Ich habe Rosberg, er hat unterschrieben. Du kannst jetzt tun und sagen, was du willst."

Es kam mir ganz recht, daß der Österreich-Ring die nächste Station war. So konnte ich meinen Rücktritt im eigenen Land bekanntgeben. Ich bat Marlboros Pressedame, den Termin einer Lauda-Pressekonferenz für Samstag neun Uhr bekanntzugeben, ich hätte ein *announcement* zu machen. Was ich *announcen* wollte?

„Wenn ich es dir jetzt sage, brauche ich es morgen nicht zu *announcen*. Vielleicht bin ich schwanger."

Fünf Minuten später war Ron Dennis da: „Du machst morgen eine Pressekonferenz?"

„Ja, warum nicht?"

„Okay. McLaren macht eine Pressekonferenz. Ich werde dabeisein."

„Du kannst ruhig kommen, aber es ist eine Lauda-Pressekonferenz, es hat mit McLaren nichts zu tun."

Am nächsten Morgen waren jede Menge Journalisten im Zelt an der Rennstrecke. Meine Schwierigkeit bestand darin, jene Tatsache plausibel zu erklären, die ich auch selbst komisch empfand: Man macht zwar Schluß, aber nicht sofort. Ich sagte einfach, wie es wirklich war, von nachlassender Motivation und expandierender Lauda Air, von einem Berufswechsel eben. Da Ron Dennis neben mir stand, war es für mich selbstverständlich, ihm und McLaren zu danken. Dann bat ich die Journalisten um Fragen.

Rasch kam das Thema auf: Wie wird's bei McLaren weitergehen?

Dennis ging ans Mikro, beantwortete aber nicht die Frage, sondern holte mächtig aus, deutete dann nach hinten, wo John Barnard stand und sagte: Dort ist der wahrhaft große Mann, der all die tollen Leistungen zuwege bringt, seine Leistung wird nie gewürdigt, das muß jetzt einmal klargestellt werden. Kein Wort über mich, — nur Barnard und McLaren. Es war dumm und peinlich, man konnte es an den Gesichtern der Journalisten ablesen.

Gleich darauf war Training, ich hatte bald einen Turbolader-Defekt und mußte pausieren. Dennis kam zu mir in die Box. Ich sagte, daß er ein Arschloch sei und vor den Leuten als Idiot dastünde. Darauf wußte er nur den alten Spruch: „Nobody is perfect, everybody makes mistakes." Ich drehte mich um und ließ ihn stehen. Im Lauf des Wochenendes kriegte er dann mit, daß er sich eine Welle von Antipathie eingehandelt hatte, auch in den britischen Medien, und entschuldigte sich bei mir: Er habe am Vorabend getrunken, sei konfus gewesen, die Zweisprachigkeit der Pressekonferenz habe ihn verwirrt und was weiß der Teufel.

Vor Zandvoort mußte er wieder mit mir reden, weil er das mir zustehende Trainingsauto für Prost haben wollte. Das war aus der Situation der Weltmeisterschaft heraus verständlich, und ich machte keine großen Zicken. Im weiteren Gespräch kam dann endlich sein wahres Problem hoch: „Barnard und ich arbeiten 15 Stunden am Tag, 365 Tage im Jahr für dieses Auto, für dieses Team. Wenn dann ein Rennen gewonnen wird, hat Prost oder Lauda gewonnen, von uns redet keiner. Das ist falsch und ungerecht, wir müßten mindestens genausoviel in der Zeitung stehen wie die Piloten. Drum hätte auch die Pressekonferenz in Zeltweg von McLaren und nicht von dir gegeben werden müssen."

Dann, in einem neuerlichen Ausbruch: „Du fährst nach Ibiza, setzt dich in die Sonne, während wir arbeiten, und wenn du zurückkommst, hängen alle Fotografen an dir."

Ich sagte ihm, daß er ein Komplexler sei und daß mir die Diskussionen mit ihm zu fad und zu blöd seien. Es sei eben eine Barriere zwischen uns, *vergiß mich.*

Ein weiterer für seine Probleme typischer Ausspruch war auch: Eines Tages werde ich berühmter als Lauda sein und mehr Geld haben als Ojjeh. Es sei ihm alles gegönnt.

Zandvoort. Ich baue mich noch einmal innerlich auf, versuche mich zu motivieren. Bei Regen wird es ein ziemliches Gemetzel geben; ob ich dafür genügend Überwindung aufbringen würde, ist fraglich. Aber auf trockener Bahn müßte es noch einmal Spaß machen, und die McLaren sind die eindeutig besten Autos für diesen superschnellen Kurs. Das hängt mit unserem Unterboden zusammen, einer der wirklich genialen Barnard'schen Lösungen. Seit das Reglement zur Vermeidung von Flügelautos *flat bottom* vorgeschrieben hat, sind alle konstruktiven Varianten auf das letzte Stück der Karosserie, hinter dem Motor, beschränkt. Hier darf man hochziehen, und bei unserem Auto paßt alles ideal zusammen. Der schmale Motor und die Form der Auspuffanlage erlauben eine besonders günstige Ausbildung der Flaschenform, die das Um und Auf für die Aerodynamik des Unterbodens darstellt. Hier ist es Barnard gelungen, viel Anpreßdruck zu gewinnen, ohne ihn durch riesige Flügel zu erkaufen, die sich für die Höchstgeschwindigkeit negativ auswirken. Kurz gesagt: Zandvoort (wie auch der Österreichring) ist eine Strecke, wo Aerodynamik wichtiger ist als Straßenlage, daher sehr entgegenkommend für den McLaren in seiner 1985er-Auslegung.

Mein zehnter Startplatz ließ sich diesmal wirklich auf technischen Ärger zurückführen, der im Rennen aber nicht mehr auftreten würde. Als ich im Aufwärmtraining die schnellste Zeit fuhr, spürte ich, daß ich gewinnen könnte, auch vom zehnten Startplatz, und es wurde mir plötzlich sehr wichtig, eine der wenigen Chancen dieses Jahres noch zu nützen. Auch nach Bekanntgabe des Rücktrittes, — oder gerade deswegen.

Totales Chaos beim Start. Der vor mir stehende Boutsen rollt nur kurz an und bleibt picken, ich schieße nach rechts, plötzlich steht Piquet vor mir, der auch nicht weggekommen ist, zwischendurch ist Mansell irgendwo im Weg herumgestanden, es ist ein wüstes Zickzack, aber ich komme heil in die erste Kurve, bin sechster. Ein schneller Schreck: Das Auto übersteuert, also habe ich die falschen Reifen gewählt. Es kann nur an dem härteren linken Hinterreifen liegen. Mit der Box war ausgemacht: Komme ich gleich in den ersten Runden rein, brauche ich härtere Reifen, ansonsten aber vier weiche (anstatt wie jetzt drei weiche und einen harten). Ich bin vierter, dann dritter hinter Rosberg und Prost, komme näher, kann aber dann sein Tempo nicht halten, weil mein Auto immer schlechter liegt. Also neue Reifen, so rasch wie möglich, noch vor Halbzeit. Für diese (und jede spätere Phase) galt bereits: Vier weiche Gummi. So soll es bleiben, und damit die Jungs in der Box gar nicht zum Nachdenken anfangen, komme ich ohne Vorankündigung hinein, die Boxengerade ist lang genug, damit sie kapieren, daß ich komme. Schöner, glatter Reifenwechsel, ich bin jetzt achter.

Das Auto liegt schon wieder schlecht, ich versteh das nicht. Immerhin gehe ich jetzt von Anfang vorsichtig mit dem Gaspedal um, dosiere ganz gefühlvoll in den langsamen Kurven, um wheel spin und damit Reifenverschleiß minimal zu halten.

Trotzdem, der Kübel übersteuert. Die Gegner vor mir verschwinden, klar, sie müssen auch Reifen wechseln — und plötzlich bin ich erster, vor Senna und Prost. Von Senna kommt kein Druck, ich weiß natürlich, daß Prost kommen wird. Bei Halbzeit habe ich neun Sekunden Guthaben auf Alain. Was ich nicht wissen konnte: Ron Dennis hatte mir beim Wechsel wieder einen härteren linken Hinterreifen draufgegeben, und Prost, der ein paar Runden später reinkam, hatte vier weichere gekriegt. Prost kommt, kommt, kommt, jede Runde bringt ihn ein paar Zehntel näher. Vor mir taucht Piquet auf, der wegen seines verpatzten Starts nie in die action kam, dessen Wagen jetzt aber so gut läuft, daß er vor dem Überrundetwerden davonrennen kann. In schnellen Kurven erzeugt er Turbulenzen, die mich irritieren und bremsen, — wenn er bloß wüßte, daß er mich stört! Irgendwann scheint er kapiert zu haben, wird jedenfalls schneller, vergrößert den Abstand gerade so, daß ich noch vom Ausläufer seines Windschattens profitiere.

Prost ist längst an Senna vorbeigegangen, kommt immer näher, und sechs Runden vor Schluß richtet er sich's in meinem Rückspiegel häuslich ein, er ist da, unübersehbar. Meine beiden Spiegel sagen: Marlboro.

Ich checke sofort ab, wie der Hase läuft. Alain kann schnellere Rundenzeiten fahren, keine Frage, sein Auto übersteuert weniger als meines. Die klassische Überholmöglichkeit wäre, mich am Ende der langen Geraden auszubremsen, und dazu müßte er eingangs dieser Geraden schon in einer guten Position sein. Statt dessen reißt er aber jeweils an dieser Stelle etwas ab. An allen anderen Punkten der Strecke wird er nur dann an mir vorbeikönnen, wenn ich einen Fehler mache.

Also konzentriere ich mich darauf, die Eingangskurve in die lange Gerade jeweils besonders gut und sauber zu erwischen, um ganz früh mit vollem Hammer einsetzen zu können. In der

Schikane muß ich auch sehr aufpassen. In der normalen Ideallinie schwenkst du von rechts auf links, aber die Kampflinie ist natürlich in der Mitte. Ihn einfach vorzulassen, ist kein Thema, ich fahr nicht um Kopf und Kragen, um in den letzten Runden Geschenke zu machen. Und meine Hilfe in der Weltmeisterschaft würde er wirklich nicht brauchen, und falls doch, dann höchstens in den letzten zwei Rennen, nicht schon jetzt im September.

In der letzten Runde macht er noch ein unheimlich starkes Manöver, versucht sich innen in der Schikane vorbeizupressen, aber ich hab damit gerechnet, bin auf Mittellinie, er gerät mit zwei Rädern aufs Gras. Jetzt nur noch zwei Kurven, bloß keinen Fehler, noch einmal hart herausbeschleunigen in die Gerade, und mit zwei Wagenlängen Vorsprung über die Ziellinie.

Beim Aussteigen gratuliert er zwar, schaut aber ziemlich sauer. Unsere Chefs schauen auch ziemlich belämmert, andere sind happy, du merkst genau, wie die Linien verlaufen. In der langen McLaren-Eiszeit habe ich gelernt, ein Gefühl dafür zu entwickeln, drum fallen mir jetzt solche Dinge auf. Alain sagte, ich sei unheimlich hart gefahren. Na klar, sage ich, warum auch nicht, es soll dir keiner sagen, der Weltmeister Prost sei auf die Hilfe vom Niki angewiesen gewesen. Wenn's wirklich eng wird, halte ich schon zu dir, sicher. Daraufhin ist er wieder nett und normal geworden.

Ron Dennis gratuliert und sagt, daß er sich sehr gefreut habe, ich glaube ihm kein Wort. Es ist mir wurscht, was ihn freut und was ihn nicht freut.

12. Kapitel

Von 400 bis 1000 PS Formel-I-Fahrtechnik zwischen 1972 und 1985

Der March von 1972 hatte rund 400 PS, der McLaren-TAG von 1985 rund 1000 PS, zumindest bei raufgedrehtem Ladedruck. Dazwischen lagen für mich die Zwölfzylinder von BRM, Ferrari und Alfa, das langsame Sterben des Cosworth-Achtzylinders und der Durchmarsch des Turbomotors. Es gab neue Materialien, vor allem Carbonfiber, und alle Arten von aerodynamischen Spielereien. Dazwischen lag auch die groteske Verirrung der Flügelautos.

Um ein Beispiel dafür zu geben, bei welchem Affenzirkus wir heute mit den 1000-PS-Autos angelangt sind, eignet sich Monaco am besten. Qualifikation in Monaco, das ist das perverseste, was unser Sport derzeit zu bieten hat. Dort sind die Gänge kürzer übersetzt als irgendwo sonst, üblicherweise haben wir beim Hochschalten einen Drehzahlsprung von etwa 2.300 Touren. Die Drehzahlgrenze ist bei 11.500, du fällst also im nächsten Gang auf knapp über 9000 Umdrehungen. Nicht in Monaco, dort besteht der Sprung aus nur etwa 1000 Umdrehungen, du fällst also nur auf 10.500 und jagst schon wieder in Richtung Drehzahlgrenze.

Es kommt zu einem Punkt, wo sich das alles nicht mehr ausgeht: Du kannst beim Raufbeschleunigen nicht mehr schnell genug schalten, um mit dem kurzen Drehzahlband und dem schnell einsetzenden Turbo fertig zu werden. Du wirst gegen den Drehzahlbegrenzer geschleudert, und das kann man sich durchaus auch physisch vorstellen: Beim Hochdrehen reißt dir der Turboschub den Kopf nach hinten, dann stehst du am Drehzahlbegrenzer, der Kopf fliegt nach vor, du haust den nächsten Gang rein, der Kopf fliegt nach hinten — und so weiter, dreimal hintereinander.

Zum Glück hat der TAG-Motor einen sehr progressiven Drehzahlbegrenzer, er schneidet die Kraft nicht so abrupt ab wie bei anderen Motoren. 1985 war es besonders grotesk, den BMW-Fahrern zuzuschauen. Du hörst den Drehzahlbegrenzer — hhhmmm-pap-pap-pap — siehst den nach vor schnellenden Kopf und erkennst an der Disharmonie des ganzen Bewegungsvorgangs, daß der Fahrer für die richtige Koordination von Lenken, Schalten, Gasgeben und Turbo-Effekt einfach überfordert ist, da spielt sich etwas jenseits seiner Reflexgeschwindigkeiten ab. Dazu noch die Horrorgefühle, wenn du durch das Nadelöhr von Sainte Dévote auf die bombierte Straße zum Casino raufstichst, oder im Tunnel, oder in der Schikane, dies alles bei hochgedrehtem Ladedruck, womöglich mit anderen Autos, die im Weg herumstehen: Das ist die Grenze des Vorstellbaren.

Dieses Extrem — Qualifikation mit tausend PS in Monte Carlo — hat mit Autofahren im überlieferten Sinn nichts mehr zu tun. In der rein fahrerischen Beherrschung liegen aber zwischen einem 400- und einem 1000-PS-Auto wenig Unterschiede. Das subjektive Empfinden des Grenzbereichs ist über die Jahre immer gleich geblieben, wenn man davon absieht, daß wir bei den Flügelautos den Kopf nicht mehr gerade halten konnten. Und die auffallendste Eigenschaft der *wing cars* war nicht, daß du eine 180-km/h-Kurve plötzlich mit 220 km/h fahren konntest (diese Differenz merkst du nicht), sondern daß du im Ernstfall mit 40 km/h Mehrtempo in die Leitschienen geflogen bist. Das pure Fahren ist immer eine halbwegs elementare Sache geblieben, egal mit wieviel PS.

Die Autos der frühen und mittleren siebziger Jahre hatten schmälere Reifen und weniger Flügel, das bedeutete geringeren Anpreßdruck und somit progressiveres Fahrverhalten. Rutschen war möglich, somit auch Driften. Die Flügelautos haben damit aufgeräumt, sie sind am Asphalt gepickt und wie auf Schienen gefahren.

Der Grenzbereich stellt sich gleich dar, egal ob du mit Tempo 100 oder 300 hinkommst. Entweder die Vorder- oder die Hinterachse geht weg, und du mußt sie einfangen. Die tolle Leistung der jetzigen Autos führt zu *wheel spin* und fördert eher das Ausbrechen der Hinterachse, wir haben also jetzt ein stärker übersteuerndes Verhalten als früher. Bei kühlem Wetter und noch-nicht-warmen Reifen kannst du bis in den vierten Gang hinein *wheel spin* haben, ansonst immerhin bis in den zweiten oder dritten. Oftmaliges Durchdrehen der Räder und starkes Übersteuern führen zu einem Verschleiß der Hinterreifen, den man sich im Rennen nicht leisten kann. Du mußt versuchen, so sauber wie nur irgend möglich zu fahren, ohne Ausbrechen, ohne Rutschen, immer genau auf der Linie. Wenn du die Hinterreifen driften läßt, werden sie durch die Turbo-Power aufgefressen. Hier liegt wieder ein Unterschied zu früher: Man mußte damals nicht ganz so sorgfältig und exakt fahren. Wenn du hin und wieder in einen hübschen Drift gekommen bist, war's auch nicht tragisch.

Für die Abstimmung und Beurteilung eines Wagens sind die subjektiven Eindrücke des Fahrers unheimlich wichtig, aber nur in begrenzten Bereichen. Ich kann zwar eine präzise Aussage über das Wegschieben der Vorderachse oder das Ausbrechen der Hinterachse machen und kann jeden dieser Mängel meist durch geschickte Abstimmungsveränderungen wegbringen. Dann habe ich ein neutrales Auto, das jeder meiner Bewegungen brav folgt, aber vielleicht trotzdem um zwei Sekunden zu langsam ist. Diese zwei Sekunden merkt der Fahrer nicht. Er merkt nicht, wenn ihm 50 PS fehlen. Er merkt auch nicht, wenn mit dem Anpreßdruck was nicht stimmt. Drum ergeben die subjektiven Aussagen des Fahrers erst gemeinsam mit den tatsächlich erzielten Rundenzeiten eine ernsthafte Beurteilung.

In jenem Bereich, in dem der Fahrer mitreden und mitarbeiten kann, hat mir die BRM-Zeit viel gebracht. Wir hatten ein gutes Chassis, das sehr sensibel auf Einstelldaten reagierte. Das heißt, wenn ich meinen vorderen Flügel um ein Loch verstellte, hat sich sofort die Charakteristik des ganzen Autos verändert. Wenn du den Stabilisator umgebaut hast, hattest du gleich ein anderes Gefühl. Das Handikap bei BRM war bloß, daß der Motor nicht ordentlich ging, Zwölfzylinder hin, Zwölfzylinder her. Auf den Geraden sind uns die anderen davongefahren. Bei Ferrari war es anfangs umgekehrt. Der Motor ging wunderbar, dafür untersteuerte das Auto gräßlich. Keine Veränderung an Stabilisatoren, Federn oder Flügeln schlug sich ernsthaft zu Buch, da konntest du die Flügel um drei Grad oder fünf Löcher verstellen — das Untersteuern war dem Auto einfach eingebaut. Forghieri konnte sich damals nur durch eine Neukonstruktion retten, wobei er grundsätzliche Dinge wie Gewichtsverteilung neu ansetzen mußte. Dann hat das Auto langsam begonnen, auf Abstimmungen zu reagieren. Und wenn ich nicht von BRM gekommen wäre, hätte ich überhaupt nicht gewußt, wie ein Auto liegen kann (und soll), denn wenn du seit ewigen Zeiten nur untersteuernde Autos fährst, glaubst du am Ende, das muß so sein.

Das viele Testen in Fiorano ermöglichte echte Fortschritte, und dadurch konnte man auch Forghieri motivieren, Neues zu probieren und Fehler auszumerzen. An diesem Arbeitsstil hat sich bis zu meinem ersten Rücktritt (Brabham) nichts geändert: Bereitschaft zu viel Arbeit und Geschick bei der Motivation der Techniker. Ich wußte, wie ein Auto liegen muß, und ein Mann wie Gordon Murray konnte gemeinsam mit mir ein Auto schnell machen. Bei Brabham hatten wir halt das Problem mit dem Alfa-Motor, drum ist nichts Ordentliches dabei rausgekommen.

Völlig anders lagen die Dinge bei den Flügelautos, und es war mein Pech, daß mein Comeback gerade mitten in diese Zeit fiel — es wäre schön gewesen, wenn ich mir das hätte ersparen können. Wir haben ja an anderer Stelle schon darüber geredet, daß durch eine spezielle Ausbildung des Fahrzeugbodens samt Abdichtung mit immer besseren seitlichen Schürzen ein unglaublicher Anpreßdruck und damit ebenso unglaubliche Kurvengeschwindigkeiten erzielt wurden. Die g-Kräfte in den Kurven wurden so hoch, daß man den Kopf samt Sturzhelm nicht mehr gerade halten konnte. Damit das System funktionierte, brauchte man brutale Trümmer von Federn, entsprechend war der Fahrkomfort in diesen harten Hunden von Autos. Die Wirkung eines Schlaglochs multiplizierte sich mit Saugeffekt und Brutal-Federung. Zum Beispiel war es auf den Geraden von Monza so arg, daß du die Schläge gleichzeitig im Rückgrat und auch schon im Kopf gespürt hast, man hätte heulen können vor Schmerzen und aus blinder Wut. Von einer Abstimmung des Autos war kaum zu reden, es ging nur um den *ground effect* und kaum noch ums Fahrverhalten, daher war die technische Rolle der Fahrer unbedeutend. Wir sind herumgesprungen wie wildgewordene Eseln, das war unser Job. Gottseidank war der Spuk Ende 1982 vorbei, wir bekamen ein neues Reglement und wieder vernünftige Autos.

Bei McLaren herrscht ein anderer Technik-Stil als bei meinen vorherigen Rennställen. John Barnard ist der Meinung, ein einziges Genie im Team sei ausreichend, und diese Rolle sei durch ihn hinreichend besetzt. Auf Fahrer und sonstiges Hilfspersonal möchte er nicht angewiesen sein, er braucht sie nicht. Die Fragen, die ihm wichtig sind, stellt er dem Computer und dem Windkanal, und von denen kriegt er alle nötigen Informationen. Im Moment will ich noch nicht sagen, ob ich ihn tatsächlich für ein Genie halte, dazu müßte er noch ein paar Jahre lang weiterhin das beste Auto bauen. Grundsätzlich ist er aber auf dem richtigen Weg, seine Methode funktioniert, seine Überheblichkeit gegenüber den Fahrern scheint gerechtfertigt zu sein. Er denkt sich irgendwas aus, redet nix drüber, konstruiert und baut und erlaubt den blöden Fahrern eines Tages, sich in ein neues Auto zu hocken. Dieses neue Auto ist dann im Regelfall phantastisch, und McLaren gewinnt. Schwachstellen sind bis jetzt nie so bedrohlich geworden, daß sie den Gesamterfolg gefährdet hätten. Ab dem ersten Rennen 1985 war unsere Hinterradaufhängung nicht okay. Alles, was die Fahrer tun können, ist die Aussage: Hinterachse liegt nicht. Barnard sagt: Take it easy. Dann baut er herum, braucht irrsinnig lang. Die Hinterachse wurde trotzdem nicht gut, und in langsamen Kurven hatten wir die ganze Saison Probleme. Immerhin lag das Auto derart phantastisch in schnellen Passagen und war auch in der *top speed* gut, daß unser Manko nicht WM-bedrohend wurde. Es zeigt bloß, daß auch Barnard manchmal an seine Grenzen stößt.

Wir haben auch schon zwei Jahre lang auf ein Sechsganggetriebe gewartet, es kam nicht. Wenn es dann soweit ist, wird es sicherlich perfekt sein — wie fast alles, was Barnard endlich freigibt. Die Autos sind Schmuckstücke, als hättest du sie einer Vitrine entnommen. Vom Konzept über die Detailqualität bis zur Verarbeitung — lauter Wunder! Ob das ewig so weitergeht, weiß ich nicht. Wenn der Computer ihm einmal was Seltsames erzählt, wird er keinen Fahrer haben, der in der Lage ist, diese Information zu korrigieren. Außerdem habe ich immer wieder Druck erzeugt, mir zwar Reibereien eingehandelt, aber doch aufs Tempo der Entwicklung gedrückt. Prost und Rosberg werden sich vielleicht weniger drum scheren.

Um es nochmal zusammenzufassen: Ich glaube, Barnard hat recht, wenn er für die Entwicklung eines neuen Autos heute auf die Fahrer völlig verzichtet. Die Materie ist so kompliziert geworden, daß sie sophistischer Theorie bedarf, und der Computertechnik und des Windkanals. Da kann unsereins keine schlauen Tips mehr geben. Aber wenn das neue Design irgendeine Schwachstelle hat, ist unser Aufmucken nach wie vor wichtig.

Das bedeutet, daß ich in den letzten Jahren viel weniger Testarbeit hatte als etwa in der Ferrari-Zeit. Ich hab's nicht bedauert; ich hab mich über die gewonnene Zeit gefreut.

Heutzutage sollte der Fahrer all seine technische Intelligenz dafür aufwenden, sich das Team mit dem besten Konstrukteur auszusuchen. Das reicht.

Bei der Abstimmung der Autos kann der Fahrer heute an folgenden Elementen herumbasteln lassen: Federn, Stoßdämpfer, Stabilisatoren, Flügel, Bodenfreiheit.

Fangen wir mit der Bodenfreiheit an, die heute wieder einen ähnlichen Stellenwert hat wie seinerzeit bei den Flügelautos. Um die Aerodynamik richtig funktionieren zu lassen, muß der Neigungswinkel des Wagens haargenau stimmen. Selbst wenn du ihn errechnet und erprobt hast, mußt du nun empirisch einen Kompromiß zwischen Fahrt bei vollen und leeren Tanks finden. Würde man sich zu sehr auf die vollen Tanks einstellen, bekäme man zuviel Bodenfreiheit, die das aerodynamische System stören und den Anpreßdruck mindern würde. Daher nimmt man es lieber in Kauf, während der ersten Runden an der Fahrbahn aufzuschlagen. Das Monocoque selbst würde dieses schwere Durchschlagen nicht vertragen, daher werden unten Magnesiumblöcke montiert, die sich im Lauf der Zeit abnützen. Sie sind auch verantwortlich für den prächtigen

Funkenflug, den die Autos in der ersten Phase des Rennens produzieren. Sobald du weniger Sprit drin hast, sind auch die Magnesiumblöcke schon abgeschlagen, und du hast für den Rest des Rennens die aerodynamisch richtige Höheneinstellung.

Durch die Bedeutung dieser *ride height* werden auch die Federn wieder wichtig. Es ist eine Kompromißlösung zu finden: Die Federn müssen hart genug sein, um bei hohem Tempo das Auto vom Boden wegzudrücken; und sie müssen weich genug sein, um in langsamen Kurven kein allzu störendes Untersteuern aufkommen zu lassen.

Bei den Stabilisatoren hat sich im Lauf der Zeit nichts wesentliches geändert. Der vordere wird nach wie vor vom Mechaniker gewechselt, den hinteren kann ich vom Cockpit aus verstellen, es gibt fünf Varianten.

Die feinfühligste Arbeit, die heutzutage vom Fahrer verlangt wird, ist die Synchronisation zwischen Fahrzeugneigung und Einstellung des vorderen Flügels. Das ist tatsächlich noch delikate Detailarbeit, aber auch soweit eingeengt, daß gute Fahrer auf gleichen Autos zwangsläufig zu gleichen Einstellungen kommen. Zwischen Prost und mir gab es praktisch nie irgendwelche Unterschiede in der Detailabstimmung.

Die hinteren Flügel selbst werden nicht mehr verändert, gebastelt wird nur noch am Flip-up, das ist die Abrißkante, die mit sechs Schrauben am hinteren Flügel befestigt ist. Man kann sie breiter oder schmäler wählen, das hat einen gewissen Einfluß auf den Anpreßdruck.

Eine der dramatischsten Veränderungen an den Formel-1-Autos der letzten Jahre betraf die Umstellung von Stahl- auf Carbonbremsen. Du steigst mit gleichmäßigem Druck aufs Pedal, brauchst den Druck nicht zu erhöhen, trotzdem baut sich (mit der Erwärmung der Scheiben auf 800 Grad) die Bremswirkung auf, die Bremsen beißen zu und beißen immer fester. Die

Verzögerung wird so toll, wie man es überhaupt nicht beschreiben kann. Wenn du bei Trainingsanfang die 100-m-Marke als Bremspunkt nimmst, kommst du runter auf 80, 70, 60 — es ist jedesmal schwer vorstellbar, daß sich das ausgehen kann. Du mußt deine natürlichen Instinkte überreden, auf was Unglaubliches zu vertrauen. Es entspricht so gar nicht unseren gewachsenen Erfahrungswerten. Übrigens auch nicht immer unserem Körperbau — in Monza ist mehr eine schmerzhafte Brustwirbelausrenkung passiert. Wenn du da keinen Wunderheiler wie Willy dabeihast, ist das Rennen für dich schon im Training gelaufen.

Der nächste Fortschritt müßte wohl das Antiblockiersystem (ABS) im Rennsport sein. Es ist zwar derzeit noch nicht in Sicht, wird aber sicherlich kommen.

Es ist schön, daß die Formel 1 in den letzten Jahren wieder Pionierdienste in manchen technischen Bereichen geleistet hat. Da geht es vor allem um neue Materialien mit hoher Festigkeit bei geringem Gewicht und um die Entwicklung von Turbomotoren bei gleichzeitiger Limitierung des Benzinverbrauchs. Auch wenn ein Schnitt von 65 Liter/100 km kein Wunder an Sparsamkeit darstellen mag, so besteht immerhin der Druck auf die Techniker, die Drosselung des Verbrauchs an ganz wichtiger Stelle in ihr Gesamtkonzept einzubauen — die dabei erzielten Fortschritte sind genauso imponierend wie die der Turbotechnik im allgemeinen.

Der erste TAG-Turbo, den ich auf dem Porsche-Gelände fuhr, war überhaupt nur zwischen 9.500 und 11.500 Touren zu bewegen und setzte abrupt wie ein Peitschenknall ein. Der jetzige TAG beginnt bei 6.500 progressiv Leistung aufzubauen und entwickelt trotzdem in der Spitze mindestens 200 PS mehr als der Peitschenknaller. Es gibt die Turboverzögerung zwar nach wie vor, daher gibt es auch noch immer einen Ruck, aber vergleichsweise minimal gegenüber 1983. Heute wird bloß etwas Gewöhnung und Vorausschauen verlangt: Exaktes Gas-Dosieren mit eingerechneter Wartezeit von einer knappen Sekunde. Es ist kein wirkliches Problem mehr.

Schwierig hingegen ist nach wie vor der Start mit einem Turbomotor. Bei einem Sauger kann man sich darauf konzentrieren, die optimale Drehzahl zwischen zuviel Kraft (durchdrehende Räder) und zuwenig Kraft (stotternder Motor) zu erwischen (etwa 10.000 Umdrehungen) und das Schnalzenlassen der Kupplung mit dem Aufspringen des grünen Ampellichts zu synchronisieren. In der Hektik von 26 solchen Monstern inmitten einer Arena mit hunderttausend Leuten ist schon dieser normale Startvorgang heikel genug. Durch die Turbomotoren wird die ganze Prozedur noch komplizierter:

Im Leerlauf, also ohne Last, baut der Turbo nur minimalen Ladedruck auf, weil ihm der Gegendruck fehlt. Wenn ich mit 10.000 Touren starte, habe ich die Charakteristik eines Saugmotors und erlebe einen brutalen Übergang ins Turboverhalten, was zu durchdrehenden Rädern führt. Daher wird die Startdrehzahl höher angesetzt, bei etwa 11.000 oder 11.200, um schon mehr Ladedruck zu haben, allerdings ist jetzt das Band bis zur Drehzahlgrenze von 11.500 nur minimal, ich schlage sofort gegen den Begrenzer oder überdrehe den Motor.

Daher folgendes Manöver: Gas im Leerlauf auf 11.000 halten, Kupplung schnalzt, Ladedruck kommt, sofort wieder weg vom Gas, damit nicht die volle Wucht der tausend PS reinschießt. Wenn dir bei diesem Abfangen des vollen Turbo-Schubs die Leistung in den Keller fällt, steckst du genau im Loch zwischen Sauger und Turbo: Der Sauger ist zusammengebrochen, bevor der Turbo einsetzen konnte. Dann mußt du wieder auskuppeln, auf Drehzahl kommen, einkuppeln und Ladedruck aufbauen, ohne zu überdrehen.

All das auf die Zehntelsekunde zu synchronisieren, ist ein komplizierter Vorgang, am allerschlimmsten bei den Vierzylinder-Turbos, die daher auch besonders gern am Start liegen bleiben. Da reden wir noch gar nicht von deinem Vorder-, Neben- und Hintermann. Im ersten Moment kannst du auf sie überhaupt keine Rücksicht nehmen, du mußt erst einmal selbst losdonnern und hoffen, daß auch die anderen sich bewegen. Was dann passiert, kann nie geübt oder geplant werden. Wenn einer vor dir pickengeblieben ist, entscheidest du blitzschnell, auf welcher Seite du vorbei willst — wieder ohne Rücksicht auf irgendwelche anderen Fahrer. In diesem Sekundenbruchteil kannst du nicht auch noch mögliche Reaktionen der anderen hochrechnen. Totales Chaos: Du fährst in Löcher, die nicht da sind, alles öffnet und schließt sich irgendwie vor dir. Meistens klappt es auf unerklärliche Weise, oft genug klappt es auch nicht.

13. Kapitel

Berufskollegen

Die Kontakte innerhalb der kleinen Gruppe von Formel-1-Fahrern sind nicht sehr eng. Es gibt wenig Freundschaften, man hat miteinander nur oberflächlich zu tun. Von manchen Fahrern weiß ich nur, wie sie ausschauen und welche Art von Fahrweise man von ihnen erwarten kann, das ist alles.

Vier Fahrer haben mir im Lauf der Jahre besonders imponiert: Piquet, Hunt, Villeneuve und Prost.

Mit Nelson Piquet hab ich auch schon die Antwort auf die Frage, wen ich aus meiner Sicht für den besten Rennfahrer der Welt halte. Er hat alles, was ein Champion braucht: Format und innere Gelöstheit, Konzentration aufs Wesentliche, Intelligenz, Kraft und Schnelligkeit. Er macht praktisch keine Fehler, ist immer schnell, immer in Form — ich könnte mir nicht vorstellen, warum er 1986 nicht zum dritten Mal Weltmeister werden sollte. Daneben mag ich Nelson auch menschlich. Ich spüre gern seine Sicherheit und Offenheit, daneben bewundere ich seinen Lebensstil, und ich beneide ihn um etliche Fähigkeiten, die er mir voraus hat.

Anfangs hat mir Nelson Rätsel aufgegeben. Er hat nur erzählt, wie er auf seinem Boot sitzt und angelt und taucht und schwimmt, und wie schön das alles ist, wenn du den ganzen Tag nix tust. Mir war völlig unklar, wie ein Mensch Kräfte entwickeln und seine Disziplin schulen kann, wenn er die ganze Woche lang das Verkehrte macht — nämlich sich gehen lassen, nixtun. Für mich sind Privatleben und Beruf immer in die gleiche Richtung gelaufen, vielleicht weil ich so erzogen wurde und nie etwas anderes gekannt habe. Ich bin von einem Streß in den anderen gesprungen, pausenlos, als wäre das die einzige Art zu leben. Die Ruhe und Selbstverständlichkeit, mit der Nelson sein höchst konzentriertes und effizientes Berufsleben (als Rennfahrer) von seinem Privatleben trennt, haben mich ernstlich zum Nachdenken gebracht. Mit meiner Übersiedlung nach Ibiza ist auch für mich vieles lockerer und „privater" geworden, und Nelson war dabei mein Vorbild. Ein unerreichbares Vorbild, natürlich, denn er ist eben ein ganz anderer Typ als ich.

Einige von Piquets Wesenszügen treffen auch auf James Hunt zu, mit dem ich mich seinerzeit genausogut vertrug wie heute mit Nelson. Wir steckten schon in der Formel-3-Zeit, als wir beide kein Geld hatten, viel beisammen, und ich seh James noch vor mir: Unterwegs mit seinem Mechaniker im Ford Transit — mit Zelt. Eine Zeitlang lebte ich mit James zusammen in London in einer Einzimmerwohnung. Es gab immer eine Riesenhetz mit ihm, und es waren immer ein paar Weiber im Spiel. Sein *hard play* war toll, 15 Jahre zuvor muß Innes Ireland ein ähnlicher Typ gewesen sein, zu jedem Blödsinn bereit und sich vom Leben nehmend, was nur zu kriegen war. Bei all dem war Hunt ein offener, ehrlicher Kumpel — und ein phantastischer Fahrer. In dem Jahr, als er mir die Weltmeisterschaft wegschnappte, 1976, fuhr er irrsinnig stark und kam gegen Ende der Saison genau in jene Superform, die er brauchte, um meinen Vorsprung aufzuholen. Eine große Sache war, daß er sich rechtzeitig zurückgezogen hat, mitten in der Saison 1979, als er (oder sein Auto) nicht mehr schnell genug war. Er hatte genug Geld verdient, um von da an gut leben zu können, und das tut er auch heute noch.

Ich treffe Hunt auch jetzt noch öfter, weil er für das englische Fernsehen bei den meisten Grands Prix dabei ist. Er verblüfft mich immer wieder. Etwa wie seine Frau Sarah dauernd dran ist, ein Mädchen aufzureißen, mit dem sie's dann zu dritt treiben. Er hat mir öfter sein System erklärt, und es klingt bestechend: Er darf nur dann mit anderen Mädchen schlafen, wenn die eigene Frau mit dabei ist. Der Ehe scheint das gut zu tun, und alle Beteiligten sind happy. Als ich Sarah das letzte Mal sah, war sie schwanger — aber ungebremst.

Gilles Villeneuve war mir sehr sympathisch. Ich mochte alles an ihm, auch wenn ich den Risikofaktor, den er einsetzte, nicht richtig fand. Es konnte passieren, daß er in einem ersten Training aus der Box raus zur ersten Runde fuhr und sich gleich einmal drehte, weil er einfach in jeder Situation extrem fuhr, und da haben ihn nicht einmal kalte Reifen gestört. Sein Kämpfer-Naturell war bewunderswert und hat ihm jenes Image eingetragen, das heute, lang nach seinem Tod, noch besteht und immer legendenhafter wird. Er war der wildeste Hund, den ich in der Formel 1 je kannte.

Eine typische Situation mit Gilles:

Ich war im Hotel in Zolder, es war etwa zehn Uhr Abend oder noch später, jedenfalls finster. Plötzlich Hubschraubergeknatter. Ich reiße das Fenster auf und sehe, wie ein Helikopter versucht, mit seinem Scheinwerfer einen Landeplatz zu finden. Sowas Verrücktes! Verboten, unmöglich, irrwitzig. Es war natürlich Gilles, und ich fragte ihn am nächsten Morgen, wie er sich das Ganze vorgestellt hatte.

„Ich hab mich beim Wegfliegen in Nizza um zwei Stunden verrechnet, aber es war kein Problem. Du siehst, ich bin da."

Es hat noch viele Situationen gegeben, in der Luft und auf der Rennstrecke, die jenseits des Limits waren, und vielleicht hat er sie als Bestätigung seiner Lebensart aufgefaßt — daß man eben immer und überall zum äußersten Risiko bereit sein müsse. Daß er trotzdem kein sturer, blinder Draufgänger war, sondern empfindsam und liebenswert, hat ihn als Mensch so unverwechselbar gemacht.

Villeneuves Tod in Zolder 1982 hängt mit seiner hohen Risikobereitschaft zusammen, kam aber durch ein ganz spezielles Mißverständnis zusammen. Aus den Video-Aufnahmen reimte ich mir folgendes zusammen. Die Kamera folgte den Autos zwar nicht bis in den letzten Winkel der Kurve, aber man konnte doch erkennen, daß Jochen Mass, der in seiner Auslaufrunde war, im letzten Moment von seiner Ideallinie nach rechts abwich. Selbstverständlich wollte er dem in seinem Rückspiegel auftauchenden Villeneuve damit was Gutes tun, andererseits haben solche Manöver immer den Keim für Mißverständnisse in sich. Ich meine, wenn einer auf seiner Auslaufrunde ist, sollte er entweder am Rand der Botanik herumkrebsen und sich weitab von der Ideallinie bewegen, oder aber er sollte die Ideallinie strikt beibehalten, damit der aufkommende Fahrer weiß, woran er ist. Im letzten Moment die Ideallinie freizugeben, das heißt doch nur, einen überraschenden Haken zu schlagen. Ich fand also Jochen Mass' Manöver nicht gut, andererseits hätte kaum ein anderer Fahrer an Villeneuves Stelle das Risiko gewählt, mit vollem Hammer einen Langsamen neben der Ideallinie zu überholen — die Möglichkeit einer Fehlreaktion oder eines Mißverständnisses war einfach gegeben.

Nun zu Alain Prost, der ja auch in anderen Kapiteln immer wieder vorkommt. Er ist lieb, nett, warmherzig, und ich habe ihn immer besser gemocht, je näher ich ihn kannte. Daß ich zuerst mißtrauisch gegen ihn war, habe ich schon erwähnt. Nach den ersten paar Rennen der Saison 1984 war ich wegen seiner konstanten Qualifikationsüberlegenheit schwer verunsichert, ich war richtig angeschlagen und mußte mich drauf besinnen, dafür umso bessere Rennen zu fahren. Im Rennen selbst war er nicht stärker, obwohl er dann gegen Ende immer noch zulegte.

Seine Fähigkeit, sich in kürzester Zeit bei jeder Wetterlage auf jede Rennstrecke einzustellen, ist verblüffend. Gerade beim Regentraining vor dem Entscheidungsrennen in Estoril hat er in dieser Hinsicht noch einmal was Tolles geboten, und ich brauchte alle Kraft, um mich dadurch nicht demoralisieren zu lassen. Mit den kapriziösen Turboautos habe ich jedenfalls viel längere Eingewöhnung gebraucht, um mich auf einer neuen Strecke zurechtzufinden — er war ein Wunderknabe.

Lange Zeit hatte ich das Gefühl, von Prost auf Schritt und Tritt beobachtet zu werden. Alles was ich tat, überprüfte er daraufhin, ob er daraus was lernen könne. Offensichtlich war's eine Menge, und er hat es auch gern zugegeben.

Prosts technisches Feeling ist gut, manchmal aber mit zuwenig Nuancen: Er sagt „gut" oder „schlecht". Was die Abstimmung des Autos betraf, wählten wir praktisch immer die gleiche Lösung und besprachen alles gemeinsam — ehrlich und ohne Tricks. In all der Zeit hat er nur ein einziges Mal einen anderen Stabilisator eingebaut, ohne es mir zu sagen.

Auf der langen Marlboro-Promotion-Tour nach der Saison 84, wo man ja zwangsläufig aufeinander pickt und sich unheimlich auf die Nerven gehen könnte, war das Verhältnis zwischen uns besser als je zuvor. 1985 haben wir dann alle einen brillanten Weltmeister Prost erlebt, schnell im Training, fehlerlos im Rennen. Von seiner früheren Nervenschwäche, wenn man ihn unter Druck setzte, ist auch nichts mehr geblieben.

Das waren also die vier Berufskollegen, die mich im Lauf der Jahre am stärksten beeindruckt haben. Einige weitere Gegner aus den siebziger- und achtziger Jahren (über Peterson und Regazzoni habe ich schon an anderer Stelle geschrieben):

Emerson Fittipaldi. Er war einmal sehr gut, ist aber nicht weiter mitgewachsen. Ein eigenes Team zu gründen, wie er es nach seinen Lotus-Zeiten getan hat, halte ich nicht für ganz abwegig, aber dann mußt du gut genug sein, den besten Konstrukteur zu kriegen. Im Moment der Verpflichtung des technischen Chefs ist die Sache schon gelaufen — so oder so. Bei Fittipaldi war nie die Chance, daß die Richtung stimmen würde.

Carlos Reutemann. Ich kann ihm keine Rosen streuen. Ein unerquicklicher, kalter Bursche. Wir haben uns als Ferrari-Teamkollegen nie was vorgemacht, wir konnten einander nicht leiden. Technisch mit ihm zusammenzuarbeiten, war unmöglich, denn er würde immer eine taktische Antwort geben, die ihm dann vielleicht irgendeinen Vorteil bei der Abstimmung geben würde. Nach meinem Unfall 1976 stellte er kurzzeitig ein Problem für mich dar, weil er ganz Ferrari auf seine Seite zu ziehen versuchte, aber ich habe ihn bald wieder in den Griff gekriegt. Als Fahrer war er gut, aber keine Sensation.

Mario Andretti. Paradebeispiel eines Superrennfahrers. Er ist über Jahrzehnte hinweg immer vorn und immer schnell, lebt nur fürs Rennen, richtet seine ganze Familie auf den Rennsport aus. Was immer er angepackt hat, Sportwagen, Indy Cars, Formel 1, er hat es immer gut und richtig gemacht. In Amerika wird er auch noch die nächsten Jahre eine ganz große Nummer bleiben.

John Watson. Einer meiner angenehmen Kollegen. Ich hatte ihn meistens im Griff, schon durch die bessere Trainingsleistung. Im Rennen konnte er allerdings Superleistungen bringen, aber nicht konstant genug, um auch ein wirklich großer Fahrer zu werden. Was er auf Strecken wie Detroit und Long Beach geboten hat, waren Sternstunden.

Keke Rosberg. Fährt schnell Auto. Nimmt sich selber so unheimlich wichtig, daß er auf die wirklich wichtigen Dinge vergißt. Er verwendet ungefähr hundert Prozent seiner Kapazität darauf, sich selber wichtig zu nehmen, dadurch weiß er nie, was im Umfeld passiert. Man kann ihm nie in die Augen schauen, fällt mir auf.

Michele Alboreto. Ein rundum guter Mann. Sehr schnell, aber vielleicht in seiner Persönlichkeit zu schwach gegenüber der Ferrari-Politik. Dort brauchst du einen harten Kämpfer, der erstens weiß, was der Firma guttut, und es zweitens auch durchsetzt. Ich glaube, Michele weiß, wo es lang gehen sollte, aber er ist nicht hart genug, sich durchzusetzen. Ansonsten ist er ein lieber Mensch, schnell, gut, fehlerlos.

Ayrton Senna. Wahrscheinlich das größte Talent, das in letzter Zeit aufgetaucht ist. Das meine ich nicht nur wegen seiner schnellen Rundenzeiten, sondern weil er so rasch das Gesamte begriffen hat. Er kapiert's einfach. Die Zeit, in der er gewachsen ist und dabei keine Fehler gemacht hat, hat mir sehr imponiert.

Gerhard Berger. Das Talent stimmt, keine Frage. Alles wird jetzt davon abhängen, ob er mitwachsen kann. Vielleicht muß er auch ernster werden, auch wenn das ein bißl onkelhaft aus meiner Sicht klingt. Ich mag ihn gut leiden, er ist ein klasser Bursch.

14. Kapitel

Das Lauda-System

Wenn ein Buch „Meine Story" heißt, so muß dies wohl auch beinhalten, wie ich mich selber sehe, wie ich mein Leben einteile, welches Konzept ich habe. Der Seelen-Strip samt Systemerklärung gelingt mir besser, wenn ich Fragen beantworte, die mir einer stellt, der mich gut kennt und seine eigenen Gedanken dazu einbringt. Wir handeln dieses Thema daher in Interviewform ab. Der Fragende ist Herbert Völker, sein Teil ist in Kursivschrift gedruckt.

Ein lieber Kollege von mir, Helmut Zwickl, erinnerte sich an eine Situation anläßlich deines ersten Rücktritts im 79er-Jahr. Er wollte dir zum Abschied was Nettes sagen, und das einzige, was ihm gelang, war ungefähr so: „Wir werden jetzt zwar weniger zum Schreiben haben, aber das macht nichts. Versuch bitte nie, nie, nie ein Comeback." Er hat dir damals keine Träne nachgeweint, weil er dich für einen „verbohrten egoistischen Hund" hielt. Sechs Jahre später, bei deinem zweiten Rücktritt, ist er traurig. Er meint, du wirst uns allen abgehen. Bist du auf deine alten Tage ein liebenswerterer Mensch geworden?

Hoffentlich. Ich glaube, das dafür entscheidende Jahr war 1981, also unmittelbar vor meinem Comeback. Da habe ich kapiert, daß das System, das ich errichtet hatte, um mein Leben vernünftig einzuteilen, nur noch dazu diente, meine Egozentrik zu unterstützen. Es war meine verbohrteste Zeit, alles drehte sich nur um mich. Ich hatte Lakaien und prominentengeile Helfer und wollte jeden Menschen, der mir unterkam, in mein System hineinschieben. Alles mußte dazu herhalten, um mehr Erfolg und Spannung und Spaß in mein Leben zu pressen, ohne Rücksicht auf Verluste. Ich hätte damals fürs ganze Leben in die falsche Richtung abfliegen können, aber irgendwann hat mein Verstand eingesetzt ...

... der dir offensichtlich hilft, auch Gefühlszustände zu kontrollieren und zu beeinflussen. Darin mag ein Grund für das Computer-Image liegen, das du weitgehend in der Öffentlichkeit hast.

Ich bin nicht bereit, mich unkontrolliert Gefühlen auszuliefern. Dafür bin ich zu labil und zu sensibel, — ich würde vor die Hunde gehen.

Meinst du das im Ernst? „Labil", „sensibel"?

Ja, im Innern meines Wesens. Ich habe Angst davor, mich gehen zu lassen. Ich glaube, daß dabei ein erstaunliches Talent zum Versumpfen freigelegt werden könnte. Drum habe ich mir ein System aufgebaut, das mich schützt und meine Kräfte einteilt. Dazu gehört auch, was du vorhin angesprochen hast, das Kontrollieren von Gefühlen. Deswegen muß ja einer kein kalter Computertyp sein, wenn er sich bemüht, das beste aus seinen Gefühlen zu machen, indem er sie dauernd ins Positive zu lenken versucht.

Das klingt nach dem Standardrezept: Sei gut, sei positiv! Kann man sich den Umgang mit Emotionen wirklich so simpel vorstellen?

Es muß nicht simpel sein, oft ist es sogar recht kompliziert. Es beginnt mit Selbstbeobachtung. Du mußt ganz offen zu dir selber sein, darfst dir nichts vormachen. Sobald ich was Negatives geortet habe, nehme ich mir Zeit, darüber nachzudenken und diesem Gefühl auf den Grund zu gehen. Sobald ich mir über die Ursachen dieses Zustandes klargeworden bin, ändere ich entweder die äußeren Umstände oder versuche beispiels-

1972 BIS 1985 IN DER FORMEL 1

1972

March, Monaco 1972

RM, Monaco 1973

rari, Nürburgring 1974

Ferrari, Jarama 1976

Ferrari, Jarama 1977

"Staubsauger"-Brabham, Anderstorp 1978

Brabham-Alfa, Monaco 1978

Brabham-Alfa, Österreichring 1979

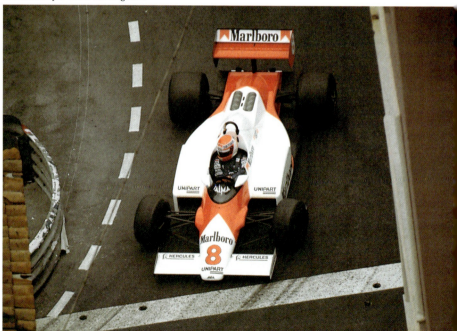
McLaren-Cosworth, 1982

bschied in Adelaide: Bremsdefekt beim Grand-Prix von Australien, 3. November 1985

1985

weise meinem Innenleben zu erklären, daß es sich unnötige Sorgen macht.
Das ist nicht unbedingt ein Rezept für jedermann. Man muß wohl ein gewisses Talent dazu haben, das Hirn übers Herz siegen zu lassen. Ich nehme an, es gibt wohl auch Grenzfälle, wo das nicht funktioniert...
... na klar. Wenn du dich verliebst, ist alles für die Katz. Aber für die meisten Situationen ist es durchaus anwendbar. Natürlich kommt es auch darauf an, wie ehrlich du die Analyse betreibst und wie gescheit die Schlußfolgerung ist.
Hältst du dich für gescheit?
Im Sinn von bauernschlau. Mit Hausverstand.
Bist du in einer Richtung speziell begabt? Etwa in Mathematik?
Nein, sicher nicht. Am ehesten habe ich ein Talent für Sprachen, aber auch das funktioniert nur bei entsprechender Motivation. Ich muß überzeugt sein, daß mir diese Sprache nützlich sein wird, dann lerne ich sie rasch. Wie zum Beispiel Englisch gleich zu Beginn des Rennfahrens, Italienisch im ersten Ferrari-Jahr. Aber bei Spanisch streike ich schon, obwohl ich auf Ibiza wohne und Marlene mehr Spanisch als sonstwas spricht. Mir reicht es, wenn ich in Santa Eulalia Kaffee bestellen kann — con leche, das ist wichtig.
Aber mit Mittelmäßigkeit und Talentlosigkeit läßt sich doch deine Persönlichkeit nicht erklären. Selbst deine Nicht-Verehrer würden ein paar ganz spezielle Eigenschaften in dir vermuten.
Schnelldenken, und Freude an Logik. Ich durchblicke Situationen oft schneller als andere Leute. Ich bin öfter einen Schritt voraus. In Besprechungen kommt es immer wieder vor, daß mein Gegenüber langsam die Grundlinien eines Problems aufrollt, während ich schon längst über die Lösung nachdenke. Wenn der andere jetzt langsam anfängt, die Lage zu erklären, wird mir schlecht: Uj, warum ist der Kerl so langsam? Ich

glaube auch, daß ich Zusammenhänge gut erkennen kann. Manche Dinge kann ich auf plastische Weise vor mir sehen. Zum Beispiel starre ich fasziniert einen Menschen an, der sich in irgendwas verrannt hat. Vor meinem geistigen Auge sehe ich, wie er in die falsche Richtung rennt. Ich denke: Wieso sieht er das nicht?

Es gibt Leute, die dich mit deinen Boeing 737 nicht nur in die falsche Richtung rennen, sondern sogar fliegen sehen...

... das müssen die Herren von Austrian Airlines sein.

Laß uns lieber näher über dein System reden. Du hast dir ja ein richtiggehendes Gerüst fürs Leben gebaut. Das auffallendste daran ist die Art, wie du mit Zeit umgehst. Die Rennstrecke, aufs Leben übertragen — als ob immer die Stoppuhr liefe. Man kann das auch als sehr ungemütlich empfinden. Man könnte sagen: Du bist ein Hektiker, mach doch lieber einen Boxenstop!

Der Schein täuscht. Feststeht, daß Zeitgewinnen ein Pfeiler meines Systems ist. Ich setze Zeit als unendlich kostbaren Wert in meine Rechnung ein und gehe damit sorgfältiger um als die meisten anderen Leute. Darum erzeuge ich im Berufsleben — als Rennfahrer oder Unternehmer — dauernd Druck und komprimiere den Zeitaufwand in jedem Detail. Ich gehe mit Zeit genauso rationell um wie ein Geiziger mit Geld. Das mag anderen gegenüber wie Hektik oder Streß oder Atemlosigkeit wirken, läßt mich aber innerlich ganz ruhig, weil es mit voller Absicht geschieht. Es dient ja nur dazu, den besseren Teil meiner Zeit zu retten.

Das drückt sich unter anderem dadurch aus, daß du einen geradezu spießerhaften Drang zu Pünktlichkeit hast und auf nichts und niemanden warten kannst.

Es geht nicht um Geduld oder Ungeduld, es geht nur um Effizienz. Ich habe mir angewöhnt, rasch und wirksam zu arbeiten und möglichst viel Termine und Arbeiten in einen bestimmten Zeitraum zu pressen. Wenn du da nicht pünktlich bist, bricht alles zusammen. Außerdem ist es angenehm und praktisch: Wenn ich um zehn Minuten zu früh bei einem Termin bin, habe ich schon wieder den ersten Schritt getan, bin besser eingestellt als der, der im letzten Moment mit hängender Zunge kommt.

Als Chef deines Unternehmens hast du den Ruf eines Morgenmenschen, aber von der humorlosen Art.

Morgenmensch, Abendmensch, das ist egal, nur die Krafteeinteilung zählt. Um sieben in der Früh bin ich wach, und dann geht unvermeidlich die *action* los. An Wien-Tagen bin ich um halb acht im Büro und werde ganz grantig, wenn ein Angestellter, der um 8:30 Uhr anfangen soll, um 8:32 kommt. Wenn er als Entschuldigung anführt, gestern drei Stunden über die Zeit gearbeitet zu haben, sage ich ihm, daß er sich die drei Stunden anrechnen soll, Arbeitsbeginn ist trotzdem um halb neun.

Alle, die die Ehre hatten, Gast in deinem Privatflieger zu sein, kennen deine Pingeligkeit.

Es wäre doch lächerlich, ein Schweinegeld für einen Lear Jet auszugeben, nur um dann Zeit zu vertrödeln. Drum fliegt Marlene praktisch nie mit mir. Ihr ist es lieber, vor dem Abflug noch Kaffee zu trinken, im Duty Free Shop herumzustreunen, dann während des Flugs zu rauchen ...

... du bist ein Tyrann und geiziger Gastgeber. Man kriegt nix zu trinken und darf nicht aufs Klo gehen.

Auf der Lauda Air bin ich Gastgeber, daher gibts auch jede Menge zu trinken. Im Privatjet bin ich Geschäftsreisender, und wenn zufällig einer mitfliegt, hat er die Chance, Zeit zu sparen, das ist alles. Und ein Klo in einem kleinen Jet ist nicht wirklich zur Benutzung vorgesehen.

Drum gibt's auch nichts zu trinken, oder?

Niemand soll sich verkrampfen müssen. Aber es fliegt ohnedies sehr selten jemand mit, es ist also kein großes Thema. Es macht mich wahnsinnig, eine Reise mit dem größten Aufwand — und das ist ein Lear Jet — zeitsparend einzurichten und dann wegen eines Trödlers ein paar Minuten zu verlieren. Willy Dungl hat ein Talent dazu, den Reisepaß im Koffer zu lassen, der schon Stunden vorher vom Copiloten verladen wurde ...

... an solchen erregenden Aktionen zerschellt das Phänomen Lauda, verglüht der Komet: Willy sagt an der Paßkontrolle, ujegerl, mein Paß ist im Flieger ...

Es ist eh schon viel besser mit ihm. Außerdem frage ich ihn immer: Willy, wo ist der Paß?

Du gewinnst also Minute um Minute. Du gewinnst sie durch das aufwendigste Reisesystem, das sich irgendein Mensch heute leisten kann, du gewinnst sie durch perfekte Einteilung, durch das Zusammenpressen von Terminen, durch künstliche Hektik, durch Antreiben deiner Partner und Mitarbeiter. Was machst du mit der gewonnenen Zeit?

Nichts. Da mache ich nichts, und zwar ungestört. Ich düse nach Ibiza und bin glücklich über die mühsam abgerungene Zeit, ein Tag, zwei Tage, im tollsten Fall sogar drei Tage auf Ibiza. Mehr als drei Tage halte ich kaum aus, da werde ich schon wieder unruhig und brauche *action*. Ibiza ist wunderbar, aber wenn ich dort auf Dauer sein müßte, käme ich mir schrecklich eingesperrt und verloren vor ...

... offensichtlich im Gegensatz zu Marlene.

Sie ist happy in Ibiza, sie kann das genießen. Ich bin in einem völlig anderen Leben. Ich kann nur leistungsbezogen leben, ich brauche den Leistungsdruck — und daher auch die ruhigen Tage dazwischen.

Man könnte also sagen, du baust gewaltigen Druck auf, um jene Erholungszeit zu gewinnen, die du gar nicht brauchen würdest, wenn das Tempo ein bisserl normaler wäre.

Das ist überspitzt ausgedrückt. Mein System erlaubt mir, viel zu leisten und trotzdem ein gewisses Maß an Unabhängigkeit zu bewahren. Spazierengehen, Laufen, Schlafen, Nixtun, mit dem Motorboot irgendwo zu ankern und einfach nachzudenken oder auch nur zu dösen, das ist unendlich wertvoll. Dadurch kann ich mich immer wieder der übermächtigen Maschinerie entziehen, meine Eigenheit bewahren und meine Gedanken fassen. So kann ich mich trotz aller Arbeitsleistung körperlich fit halten, — und im Hirn bleibt's auch immer spannend. Die großflächige Einteilung — jetzt konzentriert Arbeiten, morgen völlige Entspannung — bringt ein viel besseres Ergebnis als ein dauerndes Mischmasch. Ich hasse die Pitzlerei, die kleinen Portionen, das Warten und Trödeln. Die große Balance zwischen Druck und Nachlassen, auf die kommt es an.

Inwieweit wird dein Leben vom Berühmtsein überlagert? Ist das eher ein Vorteil oder ein Nachteil?

Ich weiß, daß das folgende von vielen Leuten als Hochnäsigkeit oder Arroganz angesehen wird: Ich empfinde mein Prominentsein zu 95% als negativ. Erkannt-zu-werden, Hofiert-zu-werden gibt mir null, exakt null. Geltungssucht ist angeboren, sie hängt nicht damit zusammen, was du tatsächlich erreicht hast. Ich glaube, daß sie bei mir minimal ausgeprägt ist, daß ich deshalb von den sogenannten glanzvollen Seiten des Berühmtseins überhaupt nicht profitiere.

Es bleiben höchstens die nützlichen Nebeneffekte, — daß manche Dinge für mich schneller oder besser abgewickelt werden als für dich. Wenn mich die Polizei beim Schnellfahren erwischt, habe ich eine bessere Chance als du. Ich sage, „Herr Inspektor, ich muß trainieren für den nächsten Grand Prix. Wie soll ich denn was lernen, wenn ich mit 130 über die Autobahn schleiche?" Dann lacht er und läßt mich fahren. Aber diese Art von Vorteilen wird zwanzigfach aufgewogen durch die Nachteile des überall-Beobachtetwerdens. Eine wunderbare Ausnahme ist Amerika, dort kennt mich kaum einer. Im Westin-Hotel in Seattle hat mich der Mann an der Reception gefragt, ob Niki mein Vor- oder Familienname sei. Ich hätte ihn abbusseln können.

Die typische Situation: Ich sehe aus den Augenwinkeln, wie Leute tuscheln, über mich reden, wie einer sich einen Zettel besorgt, wie er innehält und überlegt, ob er jetzt kommen soll oder ein bisserl später. Im Moment, da ich die Kaffeetasse in die Hand nehme, gibt er sich einen Ruck, ich stell die Tasse hin, sehe, daß er nur den Zettel hat, aber kein Schreibgerät. Er geht zum nächsten, sagt, hätten Sie vielleicht einen Kugelschreiber, jener wieder sagt, ist das nicht der Lauda, jaja, das ist der Lauda, ich will mir gerade ein Autogramm undsoweiter — es wächst sich zu einer komplizierten Aktion aus. Keiner kommt schnurstracks und sagt Bitte und Danke, es gibt immer eine Rahmenhandlung.

Du warst und bist ein Medien-Sportler, stehst dauernd in der Zeitung, — auch dann, wenn du nicht gewinnst. Schließt dein „System" auch eine konsequente Behandlung von Journalisten ein?

Ich versuche, den Zeitaufwand auf ein Minimum zu beschränken, dafür aber die wichtigen Dinge im richtigen Moment prägnant zu sagen. Es ergibt keinen Sinn, stundenlang herumzuquatschen und Schmäh zu führen, wie es einige meiner Kollegen tun. Ich bewundere Prost, wie er nicht müde wird, belangloses Zeug zu reden und ein paar Schreiber damit happy zu machen. Auf unseren gemeinsamen Marlboro-Promotions-Tours hat er auf jede Frage derart ausführliche Antworten gegeben, daß unser Zeitplan ins Schleudern kam. Ich schlug ihm vor, kürzer zu reden, und zeigte es ihm vor. Es war sehr gelehrig, seine Statements wurden von Mal zu Mal kürzer. Wir machten einen Sport draus, wer den anderen unterbieten könne.

Im Verhältnis zu deiner Exponiertheit — durch deine markigen Sprüche, deine Direktheit und durch unternehmerischen Mut — bist du im Lauf der Jahren bei den Medien sehr gut weggekommen. Warst du in der Lage, das in irgendeiner Weise zu lenken?

Nein. Da gibt es kein großartiges Rezept. Ich habe mich dran gehalten, lieber weniger zu reden, dafür akzentuierter, habe mich nie angebiedert und mein Privatleben fast völlig aus den Medien rausgehalten. Marlene kann mit Journalisten sowieso überhaupt nichts anfangen, da wird sie richtig kopfscheu.

Was war die schlimmste Aktion, die du von Seiten irgendeines Mediums erlebt hast?

Eine deutsche Fernsehsendung mit dem Titel „Ich stelle mich". Ich bin völlig unbelastet dort hingekommen, es gab Publikum, eine Moderatorin und einen Moderator, den Herrn Casdorf. Es begann damit, daß ich als einer der verrücktesten Menschen einer extremen Sportart angekündigt wurde. Hmmm, dachte ich, das läuft ja ziemlich komisch. Dann wurde gesagt, mein Vorbild stimuliere die Leute, zu rasen und gegen den nächsten Baum zu fahren, wie ich das verantworten könne?

Nach fünf Minuten war ich so weit, daß ich aufstehen und heimgehen wollte, aber dann packte mich der Ehrgeiz, ob ich die Sendung nicht umdrehen könnte. Ein „Spiegel"-Reporter sollte nach vor treten und mir Fragen stellen. Da er mich aber schon vorher als Untermensch bezeichnet hatte, fragte ich, was es jetzt noch zu reden gäbe, ich sei jedenfalls nicht mehr bereit dazu. Dann attackierte mich die Moderatorin, ausgerechnet die Dame, daß ich mich um den Militärdienst gedrückt hätte, und so weiter, bis als Höhepunkt ein Wiener Journalist präsentiert wurde, der nun wirklich in den Tiefen der Laudaschen Verkommenheit wühlen sollte.

Zu diesem Zeitpunkt war im Publikum schon ein starker Trend für mich zu erkennen, und zum Herrn Worm aus Wien fiel mir gleich einmal ein, daß seine Zeitung und ich gegeneinander im Prozeß stünden, weil ich sie wegen seiner Lügen beschlagnahmen hatte lassen. Und daß er nicht so zufällig im Studio vorbeigekommen sei, wie es jetzt aussehen möge. Damit hatte ich endgültig Oberwasser, bei seinen Fragen kam auch nichts Neues raus, und als am Schluß die große Zuseherbefragung über das Abschneiden des Kandidaten gemacht wurde, war ich haushoch im Plus. Worm sagte nachher, in Österreich gebe es drei Leute, denen könne man nichts anhaben, so sehr man sich auch bemühe — Klammer, Kreisky und Lauda. Und Herr Casdorf sinnierte vergrämt vor sich hin, warum es nicht gelungen sei, mich aufs Kreuz zu legen. Ich gab ihm den Tip, es vielleicht ein bisserl seriöser zu probieren.

Diese Sendung, oder besser, der darin unternommene Versuch war also das ärgste, was mir in dieser Richtung untergekommen ist. Sonst kann ich nicht klagen. Beim „profil" hat sich der Herr Worm in blinder Wut in mich verbissen. Für Austrian Airlines ist es natürlich sehr praktisch, einen so verläßlichen Mann laufend informieren zu können.

15. Kapitel

Fliegerei

Die Fliegerei hatte mich rasch gepackt, seit ich 1974 zufällig in einer einmotorigen Cessna mitgeflogen war. Zwei Jahre später, knapp nach meinem Unfall, machte ich den Flugschein, zuvor hatte ich schon eine Golden Eagle angeschafft. Dann die diversen Flugscheine, Instrumentenberechtigung, Berufspilotenschein zweiter Klasse, erster Klasse, später Linienpilotenschein.

Falls sich einer wundert, daß ich in der Schule eine totale Niete war und jetzt locker den schwierigen Stoff der Fliegerei inhalierte: Das Freiwillige macht den ganzen Unterschied. Warum ich im Gymnasium was lernen sollte, habe ich nie eingesehen, ich habe keinen Sinn drin gefunden und es deshalb abgelehnt. Fliegen interessierte mich, das wollte ich. Als visueller Typ im Lernen bin ich sehr stark, das kam mir zugute. Noch dazu hast du die perfekte Motivation: Je mehr du übers Fliegen weißt, umso sicherer bist du unterwegs. Jede Information ist ein Gewinn. Bei all den diversen Prüfungen bin ich nur ein einziges Mal durchgeflogen, die Wiederholung habe ich rasch geschafft. Einen Bonus fürs Prominentsein gibt es in diesem Geschäft übrigens nicht.

Das private Fluggerät, das ich entweder besaß oder das mir zumindest zur Verfügung stand, waren zwei Cessna Golden Eagle, dann eine Citation, die jetzt im Besitz von Nelson Piquet ist, ein Lear Jet, eine Falcon 10, eine Falcon 20, und jetzt wieder ein Lear Jet. Daneben hat mich immer die gewerbliche Seite interessiert, speziell in Österreich, wo in den siebziger Jahren Austrian Airlines praktisch allein waren. Als ich durch Zufall draufkam, daß die Konzession des Herrn Hinteregger um fünf Millionen Schilling zum Verkauf anstand, schlug ich schnell zu, kaufte sie und gründete die Lauda Air. Damit war ich berechtigt, Flugzeuge mit bis zu 44 Sitzplätzen gewerblich zu betreiben. Wir kauften fürs erste eine Fokker F 27 in Deutschland — exakt 44 Plätze —, und brachten hauptsächlich österreichische Club-Mediterranée-Gäste in den Mittelmeerraum. Als nächstes wollte auch die Touropa, einer der größten österreichischen Reiseveranstalter, mit uns fliegen. Mit Bankfinanzierung (durch jene „Erste", die mich 1971 in der Formel 2 gesponsert hatte) kauften wir um 70 Millionen Schilling eine zweite Fokker. Mein Ziel war, den offensichtlich existierenden Markt unterhalb der Austrian, also mit kleinen Fliegern auf der Kurz- und kurzen Mittelstrecke, abzudecken.

Ich wollte nie gegen die AUA ankämpfen, es wäre für eine kleine Firma sowieso lächerlich gewesen, drum fand ich die 44 plätzigen Flieger ideal. Ich stellte mir vor, daß es vorerst ein Nebeneinander geben könnte, dann vielleicht sogar eine Kooperation, weil ich in manchen Bereichen das Netz der Austrian ergänzen können würde. In Deutschland lebt ja auch DLT mit der Lufthansa, in der Schweiz die Cross Air neben der Swissair. Die Zwerg-und-Riese-Konstellation ist im Luftgeschäft wirklich nicht so außergewöhnlich.

Das erste Anzeichen, daß ich zu naiv an die Dinge heranging, bekam ich schon 1978 anläßlich einer Mercedes-Präsentation in Salzburg, bei der auch Herr Pölz geladen war. Er war ein alter Kriegsflieger, jetzt im Flugzeuggeschäft, hatte mir zwei Golden Eagle verkauft und stand in einem Naheverhältnis zu Austrian Airlines, besonders zu deren Dr. Heschgl. Pölz kam zu mir und sagte, *ich habe gehört, du steigst mit einer Fokker in die gewerbliche Fliegerei ein.* Ja, sagte ich.

Pölz: „Im Krieg wurden Leute, die nicht ins System paßten, an die Wand gestellt, und dann tatata ... tatata ... waren die weg. Heute ist das anders. Leute, die wir nicht wollen, ruinieren wir wirtschaftlich. Ich rate dir ab, in das Geschäft einzusteigen, weil wir wollen das nicht."

Ich war perplex, sagte, *das kapier' ich nicht, das kann doch nicht wahr sein.* Er sagte in aller Ruhe: „Mach das nicht."

Als ich damals mit dem Auto wegfuhr, blieb ich irgendwo stehen, um einen klaren Gedanken zu fassen. Eine absurde Situation: Auf der einen Seite meine Euphorie, das erste Flugzeug, Lauda Air, Lizenz und tausend Pläne, auf der anderen Seite der alte Kriegsflieger, der mit dem Finger eine Maschinenpistole markiert. *Hab ich jetzt geträumt oder was ist los?*

Wenn das System in Österreich heute so ausschaut, dann will ich fünfzigmal dagegen kämpfen, — aber eigentlich habe ich damals geglaubt, daß Herr Pölz bloß übertreibt.

Es hat sich rausgestellt, daß er das System ganz gut kannte. Von einem Nebeneinander mit der AUA oder gar von einer Kooperation konnte keine Rede sein. Es ging nur um reine Machtpolitik, hauptsächlich um die persönliche Politik des Dr. Heschgl, eines der beiden Austrian-Geschäftsführer. Ich habe ihn öfters aufgesucht, um mit ihm auf einen grünen Zweig zu kommen, und jener Ausspruch von ihm, den ich mir am besten gemerkt habe, war:

„Ich bin wie der Fuchs vorm Loch, und wenn Sie die Kappe rausstrecken, dann habe ich Sie."

Ich fragte ihn, ob ich ihm irgendeinen Grund für seinen Haß gegeben hätte. *Hab ich was getan, hab ich was gesagt, was nicht korrekt war, hab ich der AUA irgendwie geschadet, war ich unhöflich zu Ihnen?*

Nein, alles nein, bloß: Er wolle nicht, daß ich fliege.

Für diese Einstellung kann ich mir nur persönliche Gründe zusammenreimen, etwa die Komplexe des stolzen Dr. Heschgl, der alles dominieren will, was in Österreich Flügel hat. Bei jedem Gespräch erzählte er mir, daß er der Sohn eines Eisenbahners sei, was ich für unser Sachthema eigentlich nicht so sonderlich wichtig fand. Meint er, daß der Sohn des Eisenbahners dem Sohn des Generaldirektors den Herrn zeigen müsse? Jedenfalls scheint sein Haß auf mich im Unterbewußtsein zu stecken, bloß sind mir derartige Gedankengänge so fremd, daß ich wirklich nicht in der Lage bin, die Psyche des AUA-Direktors genügend auszuloten.

Ende der siebziger Jahre war der Einfluß von Austrian Airlines auf alles, was im österreichischen Verkehrsministerium mit dem Fliegen zusammenhing, erdrückend. Die konnten alles durchsetzen, was dem Schutz ihres Monopols diente. Man ließ die Lauda Air mit Verkehrsrechten für entscheidende Destinationen hängen, und wenn es gar nicht anders ging, warf sich die AUA in einen Preiskampf, um mich rauszudrücken. Wenn die Lauda Air Venedig anbot, schossen die gleich mit Kanonen zurück und ließen ihre DC 9 runterfliegen, zu Preisen, bei denen sie draufzahlten. Sobald wir aus Venedig draußen waren, stellte die AUA die Route ein.

Damals hatte ich den heute abenteuerlich klingenden Plan, mit einer DC 10 in den Markt oberhalb von Austrian Airlines einzusteigen. So wahnsinnig, wie es heute klingt, war es damals nicht — mit einem dramatisch niedrigen Dollarkurs und einem stark expandierenden Tourismus. Zum Zeitpunkt meines Rücktritts war dieses Projekt hochaktuell und faszinierte mich immens, — es mag in meinem Unterbewußtsein dazu beigetragen haben, daß ich den Rennsport für langweilig hielt; eine DC 10 ist allemal spannender. Lauda Air kaufte eine DC-10-Option für 300.000 Dollar, und wir begannen, an der Finanzierung des Riesendings zu arbeiten. Als im Frühjahr 1980 die enormen Spritpreiserhöhungen und der Zinsen-Boom kamen, wurden die Aussichten immer schlechter, und als dann die echte Rezession ausbrach, war das Thema weg vom Tisch. Natürlich auch die 300.000 Dollar für die Option.

Bei all diesen wunderbaren — gedanklichen — Höhenflügen vergaßen wir nie unsere kleinen Fokker, für die wir nicht genügend attraktive Destinationen bekamen. Ideal für die 44-sitzigen Flieger wäre die Strecke Wien-Klagenfurt gewesen, wo Austrian nur eine Metro einsetzte, sicherlich ein unpassendes Fluggerät, bei den Passagieren „Angströhre" genannt. Es gab nur Platz für zehn Leute und keinen Service, meistens war weit überbucht. Uns für Klagenfurt keine Verkehrsrechte zu geben, war als Schikane ganz offensichtlich erkennbar.

Man hat mir später meine Intervention bei Bundeskanzler Kreisky zum Vorwurf gemacht, aber ich stehe auch heute noch dazu. Dazu muß ich sagen, daß ich ein unpolitischer Mensch bin, und schon gar nicht in der Öffentlichkeit vor irgendeinen Karren gespannt werden will. Ich interessiere mich nur für Persönlichkeiten, nicht für Parteien. Sport und Politik haben mitsammen nichts zu schaffen.

Politisch hatte ich also weder mit Dr. Kreisky noch mit irgendjemand anderem was zu tun. Trotzdem schien es mir logisch zu sein, den Kanzler zu informieren, was im Verkehrsministerium los ist, und er berief daraufhin eine Besprechung ein. Eingeladen waren Verkehrsminister Lausecker, Finanzminister Salcher, Austrian-Direktor Heschgl und ich. Der Termin verzögerte sich etwas, wir saßen etliche Minuten zu viert in Kreiskys Vorzimmer, und das eisige Schweigen hat mir eine Idee gegeben, was die Herren davon hielten, wegen mir zum Kanzler zitiert worden zu sein.

Kreisky sagte sinngemäß, Österreich hätte schon einmal den Fehler gemacht, einen gewissen Herrn Porsche zum Verlassen des Landes veranlaßt zu haben, weil man ihn falsch behandelt habe. Er wolle nicht, daß mit dem Herrn Lauda das gleiche passiere, und es müsse doch möglich sein, eine vernünftige Regelung für seine zwei kleinen Fokker zu finden.

Im speziellen ging es damals um Klagenfurt. Dr. Heschgl begann mit dem Argument, man könne die Lauda Air nicht über die Berge fliegen lassen, da die Fokker keine Druckkabinen hätten. Natürlich hat jede F 27 eine Druckkabine, und es ist ein Jammer, wenn sich der Kanzler solche Lächerlichkeiten anhören muß.

Auch Finanzminister Salcher hatte was ähnlich Zielführendes anzubieten. Welche Gesellschaftsform die Lauda Air habe, wollte er wissen, ich sagte *GesmbH und Co KG.* „Na, dann haben Sie ja eh kein Geld drinnen, lassen Sie sie doch in Konkurs gehen."

Ich sagte ihm, daß ich bei einer Bank 70 Millionen Schulden hätte, um die beiden Flugzeuge abzuzahlen. Daraufhin spricht unser Finanzminister im Beisein des Bundeskanzlers: „Die Banken haben doch eh genug Geld." Ich erklärte ihm, daß ich auf komische Art erzogen worden sei: Das Zurückzahlen von Schulden sei für mich eine Selbstverständlichkeit, auch wenn der Gläubiger zufällig *eh genug Geld* habe.

Der Verkehrsminister lieferte auch einen Beitrag von ähnlicher Güte, indem er sagte, von 24 Ansuchen um Verkehrsrechte seien doch ohnehin 18 bewilligt worden. Ich durfte ihm darauf sagen, daß es sich bei den sechs fehlenden zufällig um die Winterstrecken handelte, die den ganzen Unterschied zwischen Überleben und Eingehen ausmachen würden.

Daraufhin wurde Dr. Kreisky ein bisserl wütend und sagte den drei Herren, daß er deren Argumente nicht besonders gut finde, und daß es doch um Himmels willen möglich sein müsse, das ganze in Ordnung zu bringen. Auf Wiedersehen.

Noch bevor ich irgendeinen Hinweis bekam, daß sich die Verhältnisse bessern würden, ergab sich die Chance, beide Fokker an die Egypt Air zu verleasen. Die mußten innerhalb rascher Zeit zwei neue Inlandflugdienste einrichten und brauchten genau die F 27-Kapazität. Daraufhin rief ich Dr. Kreisky an, bedankte mich für seine Hilfe und sagte ihm, daß es mir unter den jetzigen Bedingungen doch vernünftiger vorkomme, die Maschinen außer Landes zu verlegen. Das Abkommen mit den Ägyptern funktionierte tadellos, ich konnte Lauda Air langsam schrumpfen lassen und auf bessere Zeiten warten, ohne deswegen mörderische Verluste zu schreiben. Was immer Lauda Air tun würde, es konnte nur unter einer neuen Machtkonstellation, politisch und wirtschaftlich, erfolgen.

*

Wir überstanden die ruhige Zeit in geordneten Verhältnissen. In Wien führten wir den Betrieb für zwei bis drei Executive Jets; die beiden Fokker brummten brav in Ägypten. Daß es nicht die Verlustabdeckungen waren, die mich zum Rennfahrer-Comeback trieben, habe ich schon an anderer Stelle erklärt.

Am Morgen des Österreich-Grand-Prix 1982 rief mich meine Sekretärin an: „Der Lauda Air soll morgen die Konzession entzogen werden."

Ein Regierungsrat im Verkehrsministerium hatte sich gottseidank die Indiskretion eines solchen Hinweises erlaubt. Feuer war am Dach. Wenn sie dir die Konzession wegnehmen, aus welchen Gründen auch immer, stehen die Flieger sofort still, auch wenn sie fernab der Heimat in Ägypten eingesetzt sind. Es dauert dann ewig, bis du über den Verwaltungsgerichtshof etwas rückgängig machen kannst.

Ich rief am Montag früh sofort im Ministerium an: Dr. Vogl auf Urlaub, Dr. König, Sektionschef Halbmayer auf Urlaub, Minister Lausecker auf Urlaub — es war August. Ich erreichte einen Ministersekretär. Der wußte von nichts, wollte sich aber den Akt ansehen. Er rief mich zurück und las mir den Brief vor, der gerade weggeschickt werden sollte. Tatsächlich, Lizenzentzug, und zwar „aus wirtschaftlichen Gründen".

Was immer das Kriterium dafür sein mag — etwa: zu geringes Stammkapital —, man müßte doch erst einmal sagen, was konkret beanstandet werde, und dann dem Unternehmen eine Chance geben, es in Ordnung zu bringen. Einfach eine Firma blitzartig zu lähmen, ohne Verwarnung, kann nicht fair sein. Jedenfalls konnte ich den Sekretär überzeugen, daß man mit der Absendung des Briefes noch auf einen zuständigen Herrn warten sollte, er legte das Schriftstück einstweilen wieder in den Schreibtisch zurück.

Ich flog sofort nach Mallorca, wo Bundeskanzler Kreisky Urlaub machte, bekam auch gleich einen Termin. Er rief an Ort und Stelle Verkehrsminister Lausecker an und bat ihn, in dieser Sache um Himmels willen keine Fehler zu machen. Man möge das sehr sorgsam prüfen.

Ein paar Wochen später wurde ich ins Verkehrsministerium geladen, alle zuständigen Herren war da. Wie ich dazu käme, soviel Wind zu machen?

„Haben Sie etwa nie vorgehabt, mir die Konzession zu entziehen?"

„Nein", sagte Dr. Vogl, „das bilden Sie sich bloß ein."

Als ich die Sache mit dem Sekretär erzählte, bekam ich die Antwort: „Das ist ja nur ein Postler."

„Aber immerhin kann er lesen."

Viel mehr war bei dieser Unterredung nicht drin, wenigstens war keine Rede mehr von Konzessionsentzug. Lauda Air lief weiter auf Sparflamme, die beiden Fokker taten in Ägypten ihren Job.

Zwei Jahre später ergab sich die Konstellation für ein kräftiges Durchstarten. Auch die Herren Nouza (Benzinfirma

"Avanti") und Varvaressos (Reiseveranstalter "Itas") fanden das Monopol der AUA nicht so toll. Wir taten uns zusammen, jeder steckte fünf Millionen Schilling hinein, und gründeten die Lauda Touristik AG. Das größte Problem war die Ausweitung meiner Lizenz, die bis dahin auf maximal 44-sitzige Maschinen beschränkt war, — und daß wir nunmehr eine Stufe höher einsteigen mußten, war klar. Acht Monate brauchte mein Antrag, um im Verkehrsministerium gegen alle Widerstände der AUA durchzukommen, und es war sicherlich nur deshalb möglich, weil mit Dr. Lacina nun ein objektiver, pragmatischer Mann Minister geworden war.

Wir charterten zwei BAC 1-11 von der rumänischen Airline "Tarom" und flogen damit sehr erfolgreich die Saison 1985. Itas (ist gleich Varvaressos) stieg mit 49% in die Lauda Air ein, damit habe ich Österreichs zweitgrößten Reiseveranstalter in der Firma drin. Itas bringt jährlich 80.000 Menschen in die Ferien, hauptsächlich nach Griechenland und Spanien. Auf Grund dieser Basisauslastung haben wir uns die Kapazitäten zweier Boeing 737 gesichert. Die 737-300 ist das modernste Mittelstreckenflugzeug dieser Tage, mit 146 Plätzen, und wir haben eines davon für 25 Millionen Dollar gekauft. Lieferung ist im Juli 1986, aber schon ab Jahresbeginn steht uns eine 130-plätzige 737-200 zur Verfügung, die wir von der holländischen Gesellschaft Transavia geleast haben — und zwar für exakt zwei Jahre und drei Monate. Sollte sich das Geschäft so gut weiterentwickeln, wie ich es erwarte, werden wir zum Auslaufen des Leasing-Vertrags eine zweite eigene 737-300 in Betrieb nehmen.

Bei all diesen Projekten hat die AUA aus vollen Rohren quergeschossen. Jede Bank, die für die Mitfinanzierung in Frage kam, wurde von der AUA mit einer Kalkulation beliefert, aus der ersichtlich war, daß unsere Rechnung nie und nimmer aufgehen könne, — wir würden 30 Millionen Schilling Verlust pro Jahr einfliegen. Logisch, daß sie dabei nicht von unseren Zahlen ausgehen, sondern von irgendwelchen Ziffern, die ihnen in den Kram passen und zum Beispiel die hohe Auslastung durch ITAS nicht berücksichtigen.

Meine Unternehmenspolitik ist jetzt anders als 1978. Damals habe ich alles versucht, um eine Kooperation mit der AUA zu erreichen und jene Art von Fluggerät zu wählen, das das Austrian-Angebot nach unten hin ergänzen würde. Da sie mich damals bekämpft haben, macht es keinen Unterschied, sich gleich frontal zu stellen und mit Maschinen zu operieren, die besser und wirtschaftlicher sind als die ihren. Der Markt verträgt's, meine ich.

16. Kapitel

Ibiza

Meine Frau lebt ihr Leben, wie sie es gern mag, und läßt mir den Freiraum, den ich dringend brauche. Weil wir einander oft lange Zeit nicht sehen und sie so friedlich und tolerant ist, glaube ich, daß an unserem Leben alles okay ist, daß mein Egoismus normal ist und daß es mit dem Wichtignehmen meiner Person seine Richtigkeit hat. Durch meinen ewigen Drang zum Weiterarbeiten bin ich verstrickt in Ideen und Systeme, als ob ich der alleinige Mittelpunkt der Welt wäre. Marlene ist keine Frau, die jeden Tag drüber diskutieren würde, ob meine Idee vom Leben gut und richtig ist, sie läßt mich ein halbes Jahr werken, dann baut sich in ihr eine Sprengladung auf, die nur den kleinsten Funken braucht. Da genügt ein nicht völlig gelungener Scherz am Morgen, denn sie ist absolut kein Morgenmensch und daher nicht hundertprozentig bereit, die ganze Subtilität einer humorvollen Bemerkung auszuloten, statt dessen könnte ein Marmeladetiegel, den mir Udo Proksch vom „Demel" mitgegeben hat, zehn Zentimeter neben meinem Kopf an der Wand zerschellen. Wir haben die typischen spanisch-weißen Wände in Ibiza, da rinnt die Marmelade so dramatisch runter, ich mache einen Schrei, sie geht daraufhin in aller Ruhe zum Eiskasten und tritt die Tür ein, bis sie völlig unbrauchbar ist. „Willst du noch mehr?", sagt sie, geht zum Geschirrkasten und fetzt die Teller raus, auch das Bügeleisen ist sehr gefährdet. Ich kriege einen unheimlichen Zorn, und als erstes fällt mir ein, daß ich diesmal den Schaden nicht zahlen werde, *der wird vom Wirtschaftsgeld bezahlt, verstehst du!*

Dabei ist Geld kein Thema für sie. Ich könnte ihr zehntausend oder eine Million Schilling Haushaltsgeld geben, in jedem Fall wäre es am 25. des Monats weg, und sie wüßte in keinem Fall, was damit geschehen ist. Es ist ein lachhafter Widerspruch zu meinem eigenen disziplinierten und präzisen Umgang mit Geld. Dabei kann man ihr nicht vorwerfen, sie würde irgendwelchen Luxus treiben, sie macht sich weder was aus Schmuck noch aus Fetzen, es ist bloß so, daß die Kinder dann plötzlich zehn Funkgeräte haben. Jedenfalls tut es meinem pingeligen Gemüt im Innersten weh, wenn Kühlschrank, Türen und Bügeleisen vernichtet werden, ich denke dran, wieviel Geld das kostet, aber Marlene lebt einfach nicht in dieser Welt.

Sobald die betreffende Ecke des Hauses in groben Zügen demoliert ist, kehrt Ruhe ein. Die mündlichen Erklärungen folgen ein paar Tage später, idealerweise, wenn ich zeitig zu Bett gegangen bin, weil ich am nächsten Morgen früh wegfliegen will. Im Halbschlaf, mitten in der Nacht, höre ich, daß es so nicht weitergehen kann. Dann erklärt sie mir meinen Egoismus, ich sage zu mir selbst, bitte, schlaf jetzt sofort ein, du brauchst den Schlaf, du brauchst Ruhe, aber plötzlich sind ihre Argumente so präzise, so überlegt, daß ich blitzschnell meinen ganzen Verstand zusammenreißen muß, um ihr zu folgen.

Dieser Stilwechsel von den fliegenden Marmeladetiegeln zur klaren Analyse von äußeren Umständen und inneren Zuständen macht mich hellwach, ich höre fasziniert zu und kann höchstens über ein Drittel des Themas die Diskussion aufnehmen, — bei den restlichen zwei Dritteln gebe ich glatt zu: Du hast recht. Der entscheidende Punkt ist immer wieder meine Ichbezogenheit, meine mangelnde Einfühlung, meine fehlende Rücksichtnahme. Ich hisse sofort die weiße Fahne der Kapitulation, gelobe Besserung und meine es auch ernst damit. In den folgenden Stunden, Tagen, Wochen, Monaten überlege ich: Was kann ich besser machen, und tu es auch, so gut ich halt kann.

Dies ist eine weitere groteske Kluft zwischen uns beiden: Meine Bereitschaft zur Selbstkritik, und ihre Sturheit. Wenn sie heute mit dem Auto gegen einen Baum führe, würde sie bis an ihr Lebensende behaupten: Der Baum ist schuld. Jeder Versuch meinerseits, die Unschuld des Baums nachzuweisen, kann nur im Debakel enden.

So versuche ich hin und wieder, ihr zu erklären, daß sie sich bei der Schuldzuweisung unserer Krachs nicht völlig ausklammern sollte. Der Haushalt liegt ihr nicht sonderlich, was natürlich kein Problem wäre, doch leider hält auch unsere Haushälterin nicht viel davon. Wir haben Milla. Sie ist eine Philippinin, die sehr wenig Englisch, ein bißchen Spanisch und hervorragend Philippinisch spricht. Wenn Marlene grantig ist, fühlt sich auch Milla kaum in der Lage, mir Frühstück, Lunch oder Dinner zu bereiten, und es gibt nichts im ganzen Haus, nichts.

Für einen wie mich, der auf den vielen Reisen oft darunter leidet, die Dungl-empfohlene Kost nicht zu kriegen, weil man in den Restaurants zu wenig flexibel ist, wiegt eine Niederlage am heimatlichen Herd besonders schwer. Das ärgste: Kein Joghurt. Marlene würde niemals zugeben, darauf vergessen zu haben, — allein ihr Eingeständnis würde mir allen Wind aus den Segeln nehmen. Statt dessen sagt sie aber: *Es gab kein Joghurt. Ausverkauft. Alle Geschäfte geschlossen. Kein Joghurt auf Ibiza. Die Insel wurde nicht beliefert, das ist der Nachteil einer Insel, weißt du.*

Laut Willy Dungl hat der Tagesbeginn für mich so auszusehen: Positiv motiviert zum Frühstück zu gehen, das aus Joghurt und Erdbeeren bestehen wird. Unveränderlich Joghurt und Erdbeeren übers ganze Jahr, und wenn es wirklich keine Erdbeeren gibt, dann eben nur Joghurt. Es mag passieren, daß ich morgens meine tiefschlafende Frau verlasse, runtergehe und in völliger Dungl'scher Pflichterfüllung auf Joghurt mit Erdbeeren eingestellt bin. In der Küche sind: Ein Dutzend leerer Weinflaschen (wir sind ein sehr gastfreundliches Haus, auch wenn ich schon längst schlafengegangen bin; die Spanier sind großherzig genug, mir zu verzeihen), jede Menge voller Aschenbecher, alter toter Fisch, tausend Fliegen, zwischendrin eine Filipino-Frau mit Schlapfen, die dauernd klappern. Milla trägt einen roten Lockenwickler und sagt in gebrochenem Spanisch: „Nix Joghurt."

An einem jener Morgen beschloß ich, die Sache selbst in die Hand zu nehmen, da die Eskalation meines Wutgeheuls auch für mich selbst nicht mehr tragbar war. Ich erklärte Marlene, daß sie unfähig sei, einen Haushalt und eine Haushälterin zu führen, und daß es mit Milla nicht mehr weiterginge. Sie sah das vollkommen ein. Wir würden in Österreich ein Inserat aufgeben, etwa: Haushälterin für hübsches Haus auf Mittelmeerinsel gesucht, deutschsprechend.

Wir brachten eine schöne Zahl von Anwärterinnen zuwege. Laut Plan sollte Marlene in Wien die endgültige Auswahl treffen, aber sie fühlte sich dann etwas ermattet, als es tatsächlich darum ging, in den Flieger zu steigen. Sie bat ihre Schwester Renate, die damals in Genf lebte, sie zu vertreten. Eine Kärntnerin wurde für würdig befunden. Sie flog mit mir hinunter, kochte perfektes Willy-Dungl-Gemüse, aber dafür klappte es mit dem Zusammenräumen nicht, langsam erstickte das Haus im Sand, bei jedem Schritt knirschte es. Also setzte ich sie beim nächsten Österreich-Flug wieder in die Maschine und wartete auf Marlenes neue Superlösung. Wer meine Frau und ihr gutes Herz kennt, ahnt den Fortgang: Milla kehrte zurück. Ich stellte einige Transferbedingungen, zum Beispiel Verzicht auf Schlürfschlapfen und Lockenwickler. Das wurde akzeptiert, seither ist eine etwa fünfprozentige Verbesserung des Haushalts eingetreten.

Schwierig ist es deshalb, weil ich auch Wäsche brauche, Pullover, Hemden, Socken, Hosen. Ich fasse zweimal im Monat fünf oder sechs Pullover bei Boss aus, was den Bedarf kaum deckt. Wann immer ich in Albis Bar „La Villa" komme, sehe ich irgendjemanden, Mann oder Frau, mit meinem Gewand. Und selbst die Marlboro-Pullover, die nur an Teammitglieder ausgegeben werden, um bei Pressekonferenzen getragen zu werden, verlassen meinen Kasten und schmücken irgendeinen hilfsbedürftigen Hippie. „Der Arme hat gefroren", höre ich, „du hättest ihm den Pullover sicher selbst gegeben, wenn du dagewesen wärst." Tilly trägt meine Hosen, Marlene meine T-Shirts, ganz Ibiza meine Pullover.

Meistens sind auch meine Schwägerin Renate und deren beiden Kinder bei uns, dadurch sind wir nicht so allein mit unseren zwei Kindern, zwei Hunden, zwei Ponies und den Meerschweinen, die mit sehr viel Aufwand vor Tasso zu schützen sind. Sehr gern ist auch Schwager Tilly bei uns, ein glühender Chilene, prachtvoller Maler und ein Mensch, der alles kann, was er anpackt. Er liebt Pferde über alles und hat drei davon. Er reitet am liebsten nachts, mit einer Lampe auf der Stirn, wie bei den Grubenarbeitern. Warum reitest nicht am Tag?, habe ich ihn gefragt, und er meinte, am Tag sei es den Pferden zu heiß.

Wenn du um zwei Uhr Nacht zu Albis Bar kommst, mitten in St. Eulalia, fällt dir als erstes auf, daß draußen ein Pferd angebunden ist, wie in „High Noon". Das Pferd hat einen kunstvoll gearbeiteten chilenischen Sattel mit einem weißen Lasso drumherum, dahinter liegt die Decke zum Übernachten samt Packtasche für einen Dreimonatsritt, alles bewacht von Tillys Hund.

Tilly sitzt drinnen in der Bar mitten unter den Hippies, trägt einen riesigen chilenischen Hut und Reiterstiefeln und schaut aus wie der letzte Django. Ich frage, was machst du?, er deutet mit dem Kinn zur Bar. Dort stehen tausend Flaschen und ich weiß nicht, was er meint. Wenn ich genauer hinschaue, bemerke ich die zum Aufladen angesteckte Stirnlampe. Nach einer halben Stunde schnallt er die Lampe auf den Sombrero, pfeift dem Hund, pfeift dem Pferd, schwingt sich rauf und reitet in die Nacht, vorerst funkenspritzend auf dem Asphalt, der Hund hinterdrein. Tilly möchte im Moment keine Wohnung haben, er schläft entweder bei Albi oder bei mir oder im Freien, mit dem Pferd.

Zu Matthias' viertem Geburtstag kaufte Tilly ein Pony, obwohl ich dagegen war, weil ich weit und breit niemanden sehen konnte, der sich auf lange Sicht drum kümmern würde. Egal, Tilly und ich holten das Pony vom anderen Ende der Insel. Matthias war überglücklich, aber Lukas machte sich seine eigenen Gedanken über die Ein-Pony-Lösung. Außerdem brauchten wir ein kleines Wägelchen für das Pony, aber der Bauer, der genau das richtige besaß, würde es nur gemeinsam mit einem weiteren Pony verkaufen. Mir war völlig klar, daß wir demnächst zwei Ponies haben würden. Natürlich brauchten wir einen Stall.

Neben unserem Grund ist eine große Wiese, die mir immer wieder zum Kauf angeboten wird, allerdings zum Vierfachen ihres Werts, drum lehne ich ab, obwohl Marlene meint, man müßte unbedingt zugreifen. Während der Grand-Prix-Saison 1985 entstand an der Grundstücksgrenze unter Tillys Leitung der Ponystall, und nach jedem Rennen waren die Mauern ein bisserl höher. Irgendwann fiel mir auf, daß er die Dimensionen eines eigenen Hauses bekam, ein Riesenklotz, der die Sicht aufs Meer verstellte. Tilly hatte den Stall derart angelegt, daß neben den beiden Ponies zufällig auch seine drei Pferde reinpassen würden, — ausgewachsene chilenische Vollblüter. Da tauchte allerdings unser Nachbar auf, bewies, daß wir zu knapp an der Grundstücksgrenze bauten und war nun sicher, seine Wiese endlich ums vierfache Geld verkaufen zu können. Ich kaufte trotzdem nicht, und so ließen wir den monströsen Stall wieder abreißen. Jetzt durfte ich die Sache selbst in die Hand nehmen, und wir errichteten einen schnuckeligen kleinen Stall im Pony-Format. So steht er heute noch, und alle sind happy.

Eigentlich gehen alle unsere Reibereien immer wieder gut aus, und immer wieder sind alle happy. Auch bei den ärgsten Krachs und Marlenes härtesten Strafexpeditionen war nie von Trennung die Rede. Wir sind jetzt bald zehn Jahre verheiratet und haben eine phantastische Basis. Die Streitereien haben einen ganz klaren Zweck, mich zu ändern und bessern. Die Tatsache, daß zwei derart verschiedene Menschentypen es miteinander aushalten können, empfinde ich immer wieder als Wunder. Ich sehe mich als einen kalkulierenden, egoistischen, zielstrebigen Arbeiter, und Marlene ist haargenau das Gegenteil: Verspielt in den Tag hineinlebend, vergnügt und planlos. Sie tut fast immer nur das, was ihr Spaß macht, und hat überhaupt nichts von jener Disziplin, die mir so erfolgreich anerzogen wurde. Was ich zuviel habe, hat sie zuwenig, und umgekehrt, so ergänzen wir einander auf eine seltsame, schöne Weise.

Ich mache mir aber keine Illusionen, daß ein brav-bürgerliches Zusammenleben, tagein-tagaus miteinander, bei uns nicht funktionieren würde. Meine vielen Reisen, der Job in Österreich und das Haus in Spanien verhindern von vornherein jedes Aufeinanderkleben, bei dem unsere Gegensätze vielleicht ein bisserl zu stark rauskommen würden.

Ibiza war das beste, was uns passieren konnte. Ich habe weniger Ärger mit den Finanzbehörden, Marlene ist überglücklich in ihrem spanischen Ambiente, in der Nähe ihrer Mutter und ihrer Schwester Renate wohnend, und die Kinder wachsen auf wie junge Hunde. Lukas, 6, und Matthias, 4, sind offene, unkomplizierte Kinder, warmherzig und lieb, sie reflektieren das, was sie von ihrer Mutter kriegen (übrigens ist mit Marlenes Planlosigkeit und Inkonsequenz schlagartig Schluß, wenn es um die Erziehung der Kinder geht; da ticken ihre Uhren auf einmal ganz anders).

Der Kleine, also Matthias, ist ein draufgängerischer Typ, furchtlos, durch nichts zu beeindrucken. Wenn er im Baum sitzt und runterspringt, ruft er, fang mich, und nimmt an, daß es sich schon irgendwie ausgehen wird. Lukas würde in der gleichen Situation prüfen, ob man eh richtig steht und bereit ist, ihn zu fangen. Beide Kinder wachsen mit Deutsch und Spanisch als vollwertige Muttersprachen auf, Lukas geht in die spanische Schule, Matthias in den spanischen Kindergarten.

Ursprünglich hatte ich vorgehabt, mit der Familie wieder nach Österreich zu übersiedeln, sobald die Kinder schulpflichtig seien. Davon ist keine Rede mehr, weil alle in Ibiza rundum glücklich sind. Ich glaube, es wäre gar nicht möglich, Marlene ein zweites Mal nach Österreich zu verpflanzen. Sie hat sich nie wirklich wohl gefühlt in Salzburg, sie empfindet die Leute als verkrampft und verkorkst, jedenfalls im Vergleich zu den Menschen, die in Ibiza ihren Bekanntenkreis ausmachen.

Auch mir taugen die jeweils paar Tage, die ich zwischen Job und Reisen auf Ibiza sein kann. Unser Haus liegt in der Nähe von Santa Eulalia an einem sanften Hügel, etwa drei Kilometer vom Meer, das gut zu sehen ist. Mit Bewässerung halten wir viel Grün am Leben. Das Haus selbst war ein normales spanisches Landhaus und wurde von Schwager Tilly auf ziemlich geniale Weise vergrößert, es ist hell und luftig und sehr spanisch — kein Vergleich zu dem strengen Riesenbau in Hof bei Salzburg. Da unser Ibiza-Haus nur über einen miserablen Schotterweg erreichbar ist, gibt's zum Glück auch keine Fan-Expeditionen, die sich in Salzburg schon zur richtigen Plage ausgewachsen hatten.

Ein Glücksfall für uns ist die Existenz des Albi Clary, eines lieben Freundes und Mannes der ersten Lauda-Air-Stunde. Er führt die hinreißende Bar „La Villa" in Santa Eulalia und ein Restaurant, das an die größte Diskothek von Ibiza-Stadt, Pascha, angeschlossen ist. Er weiß immer, was läuft, was gut ist und was lustig ist.

Eine Bereicherung des Lebens auf Ibiza ist natürlich auch der schon mehrmals erwähnte Tilly. Er ist vor 32 Jahren in Chile auf die Welt gekommen und in vielen Wesenszügen seiner Schwester Marlene sehr ähnlich. Als Maler hatte er vor etwa zehn Jahren großen Erfolg und bekam auch ordentlich Geld für seine Bilder (Lieblingsthema: Urwald). Seit ein paar Jahren lebt er auf Ibiza und hat kaum noch gemalt. Ich fragte ihn unlängst nach dem Grund, und er sagte:

„Ich bin hier zufrieden, ohne zu arbeiten, das ist für einen Künstler schlimm. Ein Künstler braucht die Konfrontation mit der Realität, er braucht Sorgen und Unzufriedenheit. Man kann Unzufriedenheit genießen, wenn man sie in Kunst umwandelt. Am besten müßte es im Gefängnis funktionieren. Ibiza ist fatal. Es ist zu schön, zu sorglos, und es geht mir zu gut. Es gibt keine Künstler auf Ibiza. Viele Maler sind hergekommen, aber kaum einer hat längere Zeit weitergemalt."

Mein lieber Schwager glaubt übrigens, daß einiges von dem Gesagten auch auf mich zutreffe: „Daß man Unzufriedenheit genießen könne, wenn man sie in Kunst umwandelt, gilt auch für dich und dein Autofahren. Wenn du mal rundum zufrieden bist, wirst du keine Rennen mehr fahren können."

Also hat Tilly als Antiquitäten-Experte und Restaurateur von Kunstwerken gearbeitet, auch als Mechaniker und Architekt. Er kann alles. Vor vier Jahren beschloß er, sich auf Pferde zu konzentrieren, und er tat es auf seine übliche Art, mit totaler Hingabe. Er ist wie in einen neuen Beruf eingestiegen, verschaffte sich alle nötige Sachkenntnis rund um Pferde und ist heute als Veterinär genauso ausgebildet wie als Hufschmied.

Tilly sagt manchmal, seine große und ewige Liebe sei die Landwirtschaft. Ich glaube, er wird eines Tages zurück nach Chile gehen und Bauer werden, also genau jenes Experiment wiederholen, mit dem sein Vater in den fünfziger Jahren gescheitert ist. Er würde es aber ganz anders anpacken, mit viel mehr Fachkenntnis, nicht bloß aus einem schwärmerischen Ideal heraus.

17. Kapitel

Endspurt

In einer Auslaufrunde im Training zum Großen Preis von Belgien blieb das Gas stecken. Alles ging so blitzartig, daß nichts mehr zu tun blieb, — weder die Zündung auszuschalten noch die Hände vom Lenkrad zu nehmen. Mit ungefähr Tempo 180, in schrägem Winkel, knallte ich in die Leitschienen, die hier nur wenige Meter neben der Fahrbahn stehen. Kein großes Drama, von Ron Dennis kam exakt das, was ich von ihm erwarten durfte: Ein blöder Kommentar. Als hätte ich in die Luft geschaut und dabei das Auto weggeschmissen. Einziger mildernder Umstand: Ich werde Ron nicht mehr lang ertragen müssen. Es war nicht daran zu denken, mit der geprellten Hand vernünftig den Schaltknopf bewegen, ich flog nach Wien und ließ mich bei Willy Dungl und einem Arzt anschauen. Ergebnis: Spa ohne Lauda, auch Brands Hatch ohne Lauda.

In der Zwischenzeit meldete sich Bernie Ecclestone und machte Angebote, wie sie sonst nur im Kino vorkommen. Für ein Jahr Brabham-Fahren bot er 6 Millionen Dollar, was auch einem Besserverdiener einige Hochachtung abringt. Der 86er-Brabham würde technisch hochinteressant sein, und zu Konstrukteur Gordon Murray hatte ich ja immer Vertrauen gehabt. Normalerweise kann man solche Angebote nicht ablehnen. Verärgert stellte ich fest, daß mir die Sache dauernd im Kopf herumging. Die Leute würden mich für einen geldgierigen Idioten halten, wenn ich noch einmal schwankend würde,

Marlene würde meine Einweisung in die Psychiatrie beantragen, und ich würde vor mir selbst auch nicht so toll dastehen. Auf jeden Fall wollte ich noch Zeit gewinnen.

Was Ecclestone zu diesem Wahnsinns-Offert trieb, war klar. Der Spielertyp Bernie hatte Piquet falsch eingeschätzt, zu niedrig gesetzt und ihn überraschend an Williams verloren. Ein derart großes Team wie Brabham, mit potenten Partnern und Sponsoren wie BMW, Pirelli und Olivetti braucht einen internationalen Star — und von denen war im Herbst 1985 keiner mehr frei. Drum war plötzlich diese unglaubliche Summe im Gerede — fast doppelt so viel wie das, wie ich selbst meinen Wert einschätzte (Piquet war für 3,3 Millionen Dollar abspenstig gemacht worden).

Durch meine Verletzung ergab sich eine fünfwöchige Grand-Prix-Abstinenz, in der mir eigentlich nichts abgegangen war. Sehr gelassen ließ ich Kyalami auf mich zukommen. Durch den *Jet Lag* war ich früh wach und entsprechend früh an der Rennstrecke. Bei Sonnenaufgang werkten ein paar Mechaniker an den Autos, alles war ruhig und schön. Die Jungs begrüßten mich, als ob ich wieder in die Familie zurückkäme, und ich hatte plötzlich das Gefühl, daß mir all dies unheimlich abgehen würde. Was bin ich doch für ein Idiot, diese Art von Leben verlassen zu wollen.

Eigentlich hätte jetzt Ron Dennis auftauchen müssen, und *welcome back* sagen müssen, das wäre ein netter Zug gewesen, und *hier ist dein Trainingsauto*. Das dritte Auto im Team steht abwechselnd Prost und mir zur Verfügung (mit zwei Autos trainieren zu können, ist ein Riesenvorteil, weil man die Wartezeiten bei Umbauten oder Defekten vermeidet). Ich hatte ab Zandvoort drauf verzichtet, um Prost beim WM-Finale zu unterstützen. Nun, da er als neuer Weltmeister schon feststand, war für mich klar, daß wir zur alten Vereinbarung zurückkehren würden, — und diesmal war ich dran.

Ron Dennis sagte aber weder *welcome back* noch *hier ist dein* Trainingsauto. Statt dessen: Ich solle froh sein, wenn ich mit *einem* Auto zurechtkäme, in den fünf Wochen Pause hätte ich sicher stark abgebaut, ich könne das zweite Auto nicht haben. Ich sagte ihm, daß er sich damit einen soliden Feind fürs ganze Leben schaffen würde, er solle sich das gut überlegen.

Er hielt Krisenstab mit den Mechanikern und Ingenieuren, dann kam er zurück und sagte, ich könne das Auto haben, damit es nachher keine Ausreden gebe, wenn ich zu langsam sei. Ich sagte ihm, was er doch für ein netter Kerl sei und wie sehr ich ihn schätzte.

Solcherart aufgebaut glühte ich los, brauchte tatsächlich gleich das zweite Auto, weil das andere keinen Ladedruck kriegte, und war in jeder Trainingssitzung schneller als Alain. Mit den anderen Wagen konnten wir uns kaum messen, weil wir sicherlich hundert PS weniger als Honda und BMW hatten (Porsche hatte es nicht geschafft, die Turbos an die extreme Höhenlage von Kyalami anzupassen).

Ich war mit meiner Leistung sehr zufrieden, glücklich über meinen neugewonnenen Biß und insgesamt so aufgekratzt, daß ich mir ein Leben ohne Rennerei gar nicht vorstellen konnte. Würde Bernie Ecclestone zu mir kommen, lieb und freundlich sein, die passenden Worte erwischen, kurz gesagt eine wohlige Atmosphäre schaffen, dann würde ich an Ort und Stelle für ein weiteres Jahr unterschreiben, an Ort und Stelle.

Er spürte es nicht, und daher kam er nicht. Er fing erst wieder in Europa zu telefonieren an, aber da war ich schon wieder viel nüchterner, viel vernünftiger. Der aufregende Zauber von Kyalami war verflogen, und drei Tage danach rief ich Bernie an und sagte: Endgültig nein. Schade, sagte er, und hatte keine Ahnung, wie knapp wir einander verpaßt hatten.

*

Das letzte Rennen: Großer Preis von Australien in Adelaide, 3. November 1985.
Schon am Flughafen in Melbourne fiel mir auf, wie rennverrückt die Australier sind und wie sehr sie sich drüber freuen, einen eigenen Grand Prix zu haben. Das ganze Land steht dahinter, die Begeisterung ist echt und voller Schwung.

Ich war geschlaucht von der langen Fliegerei und verärgert, weil ich gleich am Abend des Ankunfttags zu einer dieser McLaren-Parties, die mir nur auf die Nerven gehen, antreten mußte. Ich schüttete zwei Gläser Wein in mich rein, quatschte mit Ron Dennis, der einen friedlichen Tag hatte, packte noch zwei Gläser, und wahrscheinlich nochmal zwei. Um drei Uhr früh fiel ich ins Bett, ein Rekord an schlechter Trainingsvorbereitung in allen achtzehn Jahren meines Rennfahrens. Die Strafe war fürchterlich: In der Früh zersprang mir der Schädel, und im ersten Training wurde mir schlecht. Soweit lief es richtig: Alles sollte öd und unangenehm sein, um mir den Abschied so leicht wie möglich zu machen. Nur keine Sentimentalitäten, nur keine erhebenden Gefühle.

Die Australier nahmen auf meine Gefühle keine Rücksicht. Statt irgendein verlottertes Rennen mit Ach und Krach über die Bühne zu bringen, machten sie den schönsten Grand Prix des Jahres. Die Rennstrecke war phantastisch, alles war perfekt und professionell organisiert, und noch nie in meinem Leben hatte ich soviele begeisterte Menschen auf einem Fleck gesehen. Schon im freien Training waren 60.000 auf den Tribünen, und keiner von uns konnte sich dieser Bombenstimmung entziehen.

Jeder Mensch, den man sah, gab einem das Gefühl, glücklich über den Besuch von uns 26 Wurschteln zu sein. Wann immer man den Fernseher aufdrehte, um sieben Uhr früh oder um Mitternacht, immer lief das Thema Grand Prix, und offensichtlich auf allen Kanälen. Es war unglaublich. Selbst der mie-

SALZBURG, IBIZA, LAUDA AIR

In Hof bei Salzburg, oberhalb des Fuschlsees, 1978

Lukas und Matthias

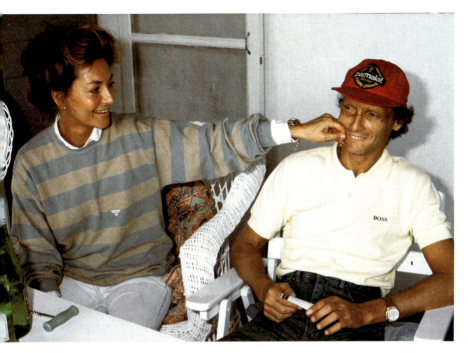

...rwager Tilly Knaus, BMW Jahrgang 1951

*Ibiza,
Lukas,
Matthias*

*Neues Fluggerät ab
1986: Boeing 737-300*

*Beginn der Lauda Air 1978 mit zwei Fokker F 27
Im Lear-Jet (links) mit Copilot Samhaber*

Frank Sinatra in Wien

Sydne Rome

selsüchtigste Grantscherm konnte nichts zum Nörgeln finden, und irritiert sagte ich zu Willy Dungl: „Kein Kopfweh mehr, kein Bauchweh mehr. Kannst nix für mich tun?"

Dafür lief wenigstens das Training „programmgemäß": Ein Defekt nach dem anderen, nichts klappte. Stromstörungen, dann sogar Motorschaden, der totale Frust. Sechzehnter Startplatz, die ideale Ausgangsposition für die perfekte Demotivation eines Rennfahrers. Es konnte mir nicht mehr viel passieren.

Superatmosphäre am Renntag, Prachtwetter, Menschenmassen, — bloß mein Startplatz vermindert einen euphorischen Ausrutscher. Ich gehe das Rennen vorsichtig an, kapiere aber rasch, daß jede Art von Überraschung drin ist. Durch das warme Wetter und den Gummiabrieb hat die Strecke viel mehr *grip* als im Training, die Reifen haben bessere Haftung. Schon sehr bald bemerke ich Auflösungserscheinungen an den Hinterrädern von Johanssons Ferrari. *Ujj, ich muß aufpassen wie ein Haftelmacher.* Ich drehe den Ladedruck[1]) von 3,5 auf 3,2 zurück und gehe mit dem Gaspedal so vorsichtig wie möglich um. Trotzdem marschiere ich halbwegs zügig durchs Feld, bin bald sechster und sehe, daß meine Reifen noch in bestem Zustand sind, also gehe ich wieder auf normalen Ladedruck zurück und arbeite mich zur Nähe der Spitzengruppe durch. Möglicherweise bin ich der einzige Mann im Feld, der genügend liebevoll mit seinen Reifen umgegangen ist. Besonders Rosberg und Senna morden ihre Gummis innerhalb kürzester Zeit, kommen zum Wechseln in die Box und fahren derart bescheuert, daß ihre Reifen nach fünfzehn Runden schon wieder abbauen. Mir bleibt überhaupt nichts anderes übrig, als Senna

---

[1]) Seit 1985 ist der Ladedruck beim McLaren-TAG elektronisch verstellbar und wird in absoluten Werten, also inklusive atmosphärischem Luftdruck, angegeben. Davon abgesehen kam es durch Entwicklungsarbeiten auch zu einer realen Erhöhung des Ladedrucks, daher scheinen jetzt ganz andere Zahlen als beispielsweise im „Estoril"-Kapitel auf.

auszubremsen und in Führung zu gehen. Ich spüre schon, wie die Geilheit aufs Rennfahren wieder hochkommt, *ist doch super, schau dir bloß an, wie du mit ein bißl Hirn die ganze Partie austricksen kannst.* Ich bin so happy mit mir und meiner Leistung und dem Herumraspeln auf dieser tollen Strecke, daß es jetzt echt kritisch wird. Aber da melden sich die Bremsen und sagen *sorry.*

Wir haben uns für Carbonbremsen entschieden, obwohl wir auch schon im Training leichte Schwierigkeiten damit hatten. Im Rennen, bei unerwartet gutem *grip,* war die Beanspruchung noch höher, wir haben zu hohe Abnutzung an den Carbonscheiben. Du mußt pumpen wie ein Irrer, dann funktioniert's, dann läßt die Wirkung wieder nach. Wir reden vom *knock-off:* Wenn die Scheibe ungleichmäßig dünner wird und dadurch „taumelt", liegen die Bremsbeläge nicht mehr an, und die harten Schläge der Fahrbahnunebenheiten auf der langen Gerade tun ein übriges. Beim ersten Tritt aufs Pedal spielt sich überhaupt nichts ab, du mußt mehrmals durchtreten (notfalls auch mit dem linken Fuß, noch während des Gasgebens), um zu irgendeiner Wirkung zu kommen. In dieser Situation bist du immerhin alarmiert und weißt, daß dir die Bremsen jederzeit einen Streich spielen können.

Ich muß stärker angasen, denn Rosberg ist aus der Box gekommen, liegt sechzehn Sekunden hinter mir, wird mit frischen Reifen ein Affentempo machen, ich darf ihn nicht zu rasch näherkommen lassen. Also wieder voller Hammer. Am Ende der Geraden haben wir etwa Tempo 300 drauf. Ich springe auf die Bremse, es tut sich nichts, ein zweites Mal Pumpen, noch immer nichts, noch einmal aufs Pedal, jetzt greifen nur die hinteren Bremsen, sie blockieren, der Wagen wird nach links gerissen.

Da ist die Mauer.

Die Schnauze des McLaren hobelt am Beton, der Wagen schmirgelt an der Mauer, kommt zum Stillstand.

Ich springe raus, Wut kommt schnell hoch, aber schon fange ich mit mir zu reden an: *Reg dich nicht auf, letztes Rennen, eh alles wurscht, es ist vorbei, du hast es überstanden.*

Die Zuschauer applaudieren und winken, den ganzen Weg zur Box begleitet mich der Jubel der Leute. Es ist ein schönes Ende, hier in Adelaide. Alle Mechaniker sind da zum Abschiednehmen, Dutzende Journalisten, und der Doyen der deutschsprachigen Motorsportjournalisten, Ernst Graf, hat nasse Augen und sagt, „ein Mythos geht zu Ende." Bevor ich auch noch zu heulen anfange, renn ich lieber zum Hubschrauber. Ron Dennis bedankt sich fürs Team McLaren, ich danke ihm auch.

Er drängt mich, noch zu bleiben für ein großes Fest am Abend, der ganze Formel-1-Zirkus ist eingeladen. Nur jetzt kein großes Theater, der Helikopter wartet.

Adelaide — Sydney — Honolulu — San Francisco — London. Bernie Ecclestone ist im gleichen Flieger, findet zwischendurch noch ein paar hunderttausend Dollar, die er auf sein Angebot drauflegen kann. Nein, die Sache ist gelaufen. Zum Glück sitze ich nicht neben Bernie, sondern neben einer feschen Negerin. Im Bordkino läuft „Gandhi".

In London wartet mein Copilot Samy mit dem Lear Jet. Wir düsen nach Ibiza, kommen am Abend an. Ich werde nur eine Nacht bleiben, muß am Morgen zu Filmaufnahmen nach Nizza. Ich bin seit zwei Tagen und zwei Nächten unterwegs und entsetzlich müde.

Mein Auto steht am Flughafen. *In einer halben Stunde bist du im Bett,* das hält mich aufrecht. Als ich durch Santa Eulalia fahre, sehe ich links hinten komische Lichter. Hinter dem Ort biege ich von der Asphaltstraße in den Schotterweg ab, Rechtskurve, schweres Geröll, ein Schlängler, Kreuzung mit einem anderen Pfad, links rauf, und über unserem Haus geht ein Feuerwerk in die Höh. Unser Ibiza-Clan ist versammelt, Marlene hat zur „Retirement Party" gerufen, der ganze Frust des Rennsports bröckelt von ihr ab, sie ist glücklich und überschäumend. Ich hätte schwören können, nach dem ganzen Monstertrip nur noch ins Bett fallen zu wollen, aber davon kann keine Rede sein.

Das Dinner ist ein Traum, die Gastgeberin hinreißend.

Beim Aufwachen sagt Marlene:

„Now the bad news. Kein Joghurt."

ANHANG

296 Rennen in 18 Jahren:
Alle Starts Niki Laudas

1968

Bergrennen Bad Mühllacken, A, 15. 4.
Cooper 1300, Platz 2
Klassensieger Herbert Grünsteidl, A, Cooper
Gesamtsieger Richard Gerin, A, Porsche 906

Bergrennen Dobratsch, A, 28. 4.
Cooper 1300, Klassensieg,
Gesamtsieger Rudi Lins, A, Porsche 906

Bergrennen Alpl, A, 5. 5.
Cooper 1300, Klassensieg
Gesamtsieger Richard Gerin, A, Porsche 906

Bergrennen Engelhartszell, A, 26. 5.
Cooper 1300, Klassensieg
Gesamtsieger Gerhard Krammer, A, Brabham-Alfa

Bergrennen Kasten-Viechtenstein, A, 9. 6.
Porsche 911, ausgefallen (Unfall)
Gesamtsieger Dieter Schmied, D, Lotus 23

Koralpe-Bergrennen, A, 23. 6.
Porsche 911, Klassensieg
Gesamtsieger Richard Gerin, A, Porsche 906

Flugplatzrennen Tulln-Langenlebarn, A, 14. 7.
Porsche 911, Ausfall (Motor)
Gesamtsieger Klaus Reisch, A, Alfa Romeo GTA

Bergrennen Tauplitzalm, A, 4. 8.
Porsche 911, Klassensieg
Gesamtsieger Guido de Guidi, CH, Cooper-ATS

Bergrennen Stainz, A, 11. 8.
Porsche 911, Klassensieg
Gesamtsieger Jochen Rindt, A, Brabham Formel 2

Bergrennen Walding, A, 15. 8.
Porsche 911, Klassensieg
Gesamtsieger Peter Peter, A, Porsche 906

Flugplatzrennen Aspern, A, 6. 10.
Porsche 911, Platz 3
Sieger Ernst Furtmayer, D, BMW 2002
Kaimann Formel Vau: Platz 8
Sieger Erich Breinsberg, A, Kaimann

Flugplatzrennen Innsbruck, A, 13. 10.
Porsche 911, Ausfall
Sieger P. Kaiser, D, Porsche 911

Bergrennen Dopplerhütte, A, 27. 10.
Porsche 911: Klassensieg
Kaimann: Platz 2
Gesamtsieger Rudi Lins, A, Porsche 910

1969

Hockenheim, D, 12. 4.
Kaimann Formel Vau, Platz 4
Sieger Gerold Pankl, A, Austro Vau

Flugplatzrennen Aspern, A, 13. 4.
Kaimann Formel V, Ausfall
Sieger Peter Peter, A, Austro Vau

Belgrad, YU, 20. 4.
Kaimann Formel Vau, Platz 2
Sieger Gerold Pankl, A, Austro Vau

Budapest, H, 11. 5.
Kaimann Formel Vau, Platz 4
Sieger Alfred Vogelberger, D, Olympic

Roßfeld-Bergrennen, D, 8. 6.
Kaimann Formel Vau, Platz 5
Sieger Alfred Vogelberger, D, Olympic

Hockenheim, D, 15. 6.
Kaimann Formel Vau, Platz 2
Sieger Erich Breinsberg, A, Kaimann

Hansa-Pokal Nürburgring, D, 29. 6.
Kaimann Formel Vau, Platz 4
Sieger Erich Breinsberg, A, Kaimann

Sopron, H, 6. 7.
Kaimann Formel Vau, Sieger

Flugplatzrennen Tulln-Langenlebarn, A, 13. 7.
Opel 1900, Ausfall (Motor)
Sieger Peter Huber, A, Ford Escort TC
Kaimann Formel Vau, Platz 3
Sieger Peter Peter, A, Austro Vau

sterreichring, A, 27. 7.
imann Formel Vau, Platz 8
ger Helmut Marko, A, McNamara

irburgring, D, 3. 8.
imann Formel Vau, Platz 2
ger Helmut Marko, A, McNamara

sterreichring, A, 10. 8.
uda/Stuppacher, A, Porsche 910, Platz 21
ger Siffert/Ahrens, CH/D, Porsche 917

antorp Park, S, 31. 8.
imann Formel Vau, Ausfall (Benzinpumpe)
ger Bertil Roos, S, RPB

zburgring, A, 21. 9.
imann Formel Vau, Platz 3
ger Dieter Quester, A, Kaimann

gplatzrennen Innsbruck, A, 5. 10.
imann Formel Vau, Platz 2
ger Erich Breinsberg, A, Kaimann

elpokalrennen Nürburgring, D, 12. 10.
imann Formel Vau, Platz 20
ger Peter Peter, A, Austro Vau

gplatzrennen München-Neubiberg, D, 26. 10.
el 1900: Platz 5
ger Dieter Basche, D, BMW 2000 ti
imann Formel Vau: Sieger

70

garo, F, 29. 3.
mel-3-McNamara, Ausfall (Unfall)
ger Jean-Pierre Jaussaud, F, Tecno

-km-Rennen Nürburgring, D, 19. 4.
mel-3-McNamara, Platz 16
ger Freddy Kottulinsky, S, Lotus

gny Cours, F, 3. 5.
mel-3-McNamara, Platz 5
ger Jean-Pierre Jaussaud, F, Tecno

Hockenheim, D, 10. 5.
Formel-3-McNamara, Ausfall (Unfall)
Sieger Hermann Unold, D, Tecno

Österreichring, A, 17. 5.
Formel-3-McNamara, Platz 6
Sieger Freddy Kottulinsky, Lotus

Brünn, CS 24. 5.
Formel-3-McNamara, Platz 2
Sieger Jürg Dubler, CH, Chevron

Silverstone, GB, 7. 6.
Formel-3-McNamara, Nichtstarter
Sieger Mike Beuttler, GB, March

Norisring, D, 28. 6.
Porsche 908, Platz 8
Sieger Jürgen Neuhaus, D, Porsche 917

Hockenheim, D, 5. 7.
Porsche 908, Platz 12
Sieger Vic Elford, McLaren-Chevy
Formel-3-McNamara, Platz 5
Sieger Gianni Salvati, I, Tecno

6-Stunden-Rennen Nürburgring, D, 12. 7.
Lauda/Herzog, A/CH, BMW 1600, Ausfall
Sieger de Adamich/Picchi, I, Alfa Romeo

Brands-Hatch, GB, 17. 7.
Formel-3-McNamara, Ausfall (Unfall)
Sieger Mike Beuttler, GB, Brabham

Flugplatzrennen Diepholz, D, 19. 7.
Porsche 908, Sieger

Karlskoga, S, 9. 8.
Formel-3-McNamara, Platz 5
Sieger Peter Hanson, GB, Chevron
Porsche 908, Ausfall (Getriebe)
Sieger Chris Craft, GB, McLaren-Cosworth

Knutstorp, S, 16. 8.
Formel-3-McNamara, Ausfall (Unfall)
Sieger Ulf Svensson, S, Brabham

Keimola, SF, 23. 8.
Porsche 908, Ausfall (Lagerschaden)
Sieger Gijs van Lennep, NL, Porsche 917

Zandvoort, NL, 30. 8.
Formel-3-McNamara, Platz 4
Sieger Jürg Dubler, CH, Chevron

Brands Hatch, GB, 31. 8.
Formel-3-McNamara, Ausfall
Sieger Gerry Birrell, GB, Brabham

Zolder, B 6. 9.
Formel-3-McNamara, Ausfall (Unfall)
Sieger James Hunt, GB, Lotus

Imola, I, 13. 9.
Lauda/Kottulinsky, A/S Porsche 908, Platz 5
Sieger Brian Redmann, GB, Porsche 917

Thruxton, GB, 20. 9.
Porsche 908, Platz 5
Sieger Jürgen Neuhaus, D, Porsche 917

1000-km-Österreichring, Marken-WM, A, 11. 10.
Lauda/Peter, A, Porsche 908, Platz 6
Sieger Siffert/Redmann, CH/GB, Porsche 917

Nürburgring, D, 18. 10.
Porsche 908, Platz 3
Sieger Helmut Kelleners, D, March-Chevy

Österreichring (Martha Grand National), A, 25. 10.
Porsche 908, Sieger

1971

Mallory Park, GB, 14. 3.
Formel-2-March/Ford, Ausfall (Benzinpumpe)
Sieger Henri Pescarolo, F, March-Ford

Hockenheim, F-2-EM, D, 4. 4.
Formel-2-March/Ford, Ausfall (Kupplung)
Sieger François Cevert, F, Tecno-Ford

Thruxton, F-2-EM, GB, 12. 4.
Formel-2-March/Ford, Platz 10
Sieger Graham Hill, GB, Brabham-Ford

Nürburgring, F-2-EM, D, 2. 5.
Formel-2-March/Ford, Platz 6
Sieger François Cevert, F, Tecno-Ford

Jarama, F-2-EM, E, 16. 5.
Formel-2-March/Ford, Platz 7
Sieger Emerson Fittipaldi, BRAS, Lotus-Ford

Salzburgring, 2-l-EM, A, 23. 5.
Chevron-Ford (2-l-Sportwagen) Sieger

Crystal Palace, F-2-EM, GB, 31. 5.
Formel-2-March/Ford, nicht qualifiziert
Sieger Emerson Fittipaldi, BRAS, Lotus-Ford

Monza, I, 20. 6.
Formel-2-March/Ford, ausgefallen (Getriebe)
Sieger Dieter Quester, A, March-BMW

Rouen, F-2-EM, F, 27. 6.
Formel-2-March/Ford, Platz 4
Sieger Ronnie Peterson, S, March-Ford

Nürburgring, TW-EM, D, 11. 7.
Lauda/Huber, A, Alpina-BMW-Coupé, Platz 3
Sieger Marko/Glemser, A/D, Ford Capri RS

Spa-Francorchamps, TW-EM, B, 24./25. 7.
Lauda/Larrousse, A/F, Alpina-BMW-Coupé, Aus
Sieger Glemser/Soler-Roig, D/E, Ford Capri RS

Mantorp Park, F-2-EM, S, 8. 8.
Formel-2-March/Ford, Platz 13
Sieger Ronnie Peterson, S, March-Ford

Großer Preis von Österreich, Österreichring, 15.
Formel-1-March, ausgefallen (Motor)
Sieger Jo Siffert, CH, BRM

Kinnekulle, S, 22. 8.
Formel-2-March/Ford, Platz 6
Sieger Ronnie Peterson, S, March-Ford

Brands Hatch, GB, 30. 8.
Formel-2-March/Ford, Platz 7
Sieger Ronnie Peterson, S, March-Ford

Tulln-Langenlebarn, F-2-EM, A, 1. 9.
Formel-2-March/Ford, Ausfall
Sieger Ronnie Peterson, S, March-Ford

Albi, F-2-EM, F, 26. 9.
Formel-2-March/Ford, Ausfall
Sieger Emerson Fittipaldi, BRAS, Lotus-Ford

llelunga, F-2-EM, I, 10. 10.
ɔrmel-2-March/Ford, Platz 7
eger Ronnie Peterson, S, March-Ford

972

roßer Preis von Argentinien, Buenos Aires, 23. 1.
ɔrmel-1-March, Platz 11
eger Jackie Stewart, GB, Tyrrell-Ford

roßer Preis von Südafrika, Kyalami, 4. 3.
ɔrmel-1-March, Platz 7
eger Denny Hulme, NZ, McLaren-Ford

allory Park, F-2-EM, GB, 12. 3.
ɔrmel-2-March/Ford, Platz 2
eger Dave Morgan, GB, Brabham-Ford

ulton-Park, GB, 31. 3.
ɔrmel-2-March/Ford, Sieger

ruxton, F-2-EM, GB 3. 4.
ɔrmel-2-March/Ford, Platz 3
eger Ronnie Peterson, S, March-Ford

ɔckenheim, F-2-EM, D, 16. 4.
ɔrmel-2-March/Ford, ausgefallen (Motor)
eger Jean-Pierre Jaussaud, F, Brabham-Ford

roßer Preis von Spanien, Jarama, 1. 5.
ɔrmel-1-March, Ausfall (steckendes Gaspedal)
ger Emerson Fittipaldi, BRAS, Lotus-Ford

u, F-2-EM, F, 7. 5.
ɔrmel-2-March/Ford, Ausfall (Halbachse)
ger Peter Gethin, GB, Chevron-Ford

oßer Preis von Monaco, Monte Carlo, 14. 5.
ɔrmel-1-March, Platz 16
ger Jean-Pierre Beltoise, F, BRM

inn, TW-EM, CS, 21. 5.
ɔina-BMW, Ausfall (Motor)
ger Dieter Glemser, D, Ford Capri

ystal Palace, F-2-EM, GB, 29. 5.
ɔrmel-2-March/Ford, Ausfall (Kurbelwelle)
ger Jody Scheckter, ZA, McLaren-Ford

Großer Preis von Belgien, Nivelles, 4. 6.
Formel-1-March, Platz 12
Sieger Emerson Fittipaldi, BRAS, Lotus-Ford

Hockenheim, F-2-EM, D, 11. 6.
Formel-2-March/Ford, Ausfall (Motor)
Sieger Emerson Fittipaldi, Lotus-Ford

Preis von Rom, Vallelunga, I, 18. 6.
Formel-1-March, Unfall im Training, nicht am Start
Sieger Emerson Fittipaldi, BRAS, Lotus-Ford

Rouen, F-2-EM, F, 25.6.
Formel-2-March/Ford, Ausfall (Motor)
Sieger Emerson Fittipaldi, BRAS, Lotus-Ford

Großer Preis von Frankreich, Clermont-Ferrand, 2. 7.
Formel-1-March, Ausfall (Hinterradaufhängung)
Sieger Jackie Stewart, GB, Tyrrell-Ford

Österreichring, F-2-EM, A 9. 7.
Formel-2-March/Ford, Ausfall (Motor)
Sieger Emerson Fittipaldi, BRAS, Lotus-Ford

Großer Preis von England, Brands Hatch, 15. 7.
Formel-1-March, Platz 9
Sieger Emerson Fittipaldi, BRAS, Lotus-Ford

Imola, F-2-EM- I, 23. 7.
Formel-2-March/Ford, Platz 3
Sieger John Surtees, GB, Surtees-Ford

Großer Preis von Deutschland, Nürburgring, 30. 7.
Formel-1-March, Ausfall (Leck im Öltank)
Sieger Jackie Ickx, B, Ferrari

Mantorp Park, F-2-EM, S, 6. 8.
Formel-2-March/Ford, nicht qualifiziert
Sieger Mike Hailwood, GB, Surtees-Ford

Großer Preis von Österreich, Österreichring, 13. 8.
Formel-1-March, Platz 10
Sieger Emerson Fittipaldi, BRAS, Lotus-Ford

Zandvoort, TW-EM, NL, 20. 8.
Lauda/Hezemans, A/NL, Alpina-BMW-Coupé, Platz 3
Sieger Mass/Soler-Roig, D/E, Ford Capri RS

Salzburgring, F-2-EM, A, 3. 9.
Formel-2-March/Ford, Platz 6
Sieger Mike Hailwood, GB, Surtees-Ford

Großer Preis von Italien, Monza, 10. 9.
Formel-1-March, Platz 13
Sieger Emerson Fittipaldi, BRAS, Lotus-Ford

Oulton-Park, GB, 16. 9.
Formel-2-March/Ford, Platz 2
Sieger Ronnie Peterson, S, March-Ford

Großer Preis von Kanada, Mosport, 24. 9.
Formel-1-March, Ausfall (disqualifiziert)
Sieger Jackie Stewart, GB, Tyrrell-Ford

Hockenheim, F-2-EM, D, 1. 10.
Formel-2-March/Ford, Platz 9
Sieger Tim Schenken, AUS, Brabham-Ford

Großer Preis der USA, Watkins Glen, 8. 10.
Formel-1-March/Platz 17
Sieger Jackie Stewart, GB, Tyrrell-Ford

9-h-Kyalami, ZA, 4. 11.
Lauda/Scheckter, A/ZA, March-BMW, Platz 4
Sieger Regazzoni/Merzario, CH/I, Ferrari

1973

Großer Preis von Argentinien, Buenos Aires, 18. 1.
Formel-1-BRM, Ausfall (Motor)
Sieger Emerson Fittipaldi, BRAS, Lotus-Ford

Großer Preis von Brasilien, Interlagos, 11. 2.
Formel-1-BRM, Platz 8
Sieger Emerson Fittipaldi, BRAS, Lotus-Ford

Großer Preis von Südafrika, Kyalami, 3. 3.
Formel-1-BRM, Ausfall (Motor/Pleuelschaden)
Sieger Jackie Stewart, GB, Tyrrell-Ford

Race of Champions, Brands Hatch, GB, 18. 3.
Formel-1-BRM, Ausfall (Batterie, Reifen)
Sieger Peter Gethin, GB, Chevron F 5000

4-h-Monza, TW-EM, I, 25. 3.
Lauda/Muir, A/Aus, Alpina-BMW-Coupé, Sieger

Flugplatzrennen Aspern, A, 1. 4.
BMW 2002, Gr. 1, Ausfall (Reifen)
Sieger Dieter Quester, A, BMW 2002/Gr. 1

Daily Express Trophy, Silverstone, GB, 8. 4.
Formel-1-BRM, Platz 5
Sieger Jackie Stewart, GB, Tyrrell-Ford

Großer Preis von Spanien, Barcelona, 29. 4.
Formel-1-BRM, Ausfall (Reifen)
Sieger Emerson Fittipaldi, BRAS, Lotus-Ford

Coupe de Spa, B, 5. 5.
Alpina-BMW-Coupé, Sieger

1000-km-Spa, Marken-WM, B, 6. 5.
Lauda/Stuck, A/D, Alpina-BMW-Coupé, Platz 7
Sieger Bell/Hailwood, GB, Gulf-Mirage-Ford

Großer Preis von Belgien, Zolder, 20. 5.
Formel-1-BRM, Platz 5
Sieger Jackie Stewart, GB, Tyrrell-Ford

1000-km-Rennen Nürburgring, D, 27. 5.
Lauda/Muir, A/AUS, Alpina-BMW-Coupé
Nichtstarter (Muir Unfall im Training)
Sieger Ickx/Redman, B/GB, Ferrari

Großer Preis von Monaco, Monte Carlo, 3. 6.
Formel-1-BRM, Ausfall (Getriebe/Kupplung)
Sieger Jackie Stewart, GB, Tyrrell-Ford

Großer Preis von Schweden, Anderstorp, 17. 6.
Formel-1-BRM, Platz 13
Sieger Denny Hulme, NZ, McLaren-Ford

24-h-Nürburgring, D, 23./24. 6.
Lauda/Joisten, A/D, Alpina-BMW-Coupé, Sieger

Großer Preis von Frankreich, Paul Ricard, 1. 7.
Formel-1-BRM, Platz 9
Sieger Ronnie Peterson, S, Lotus-Ford

6-h-Nürburgring, TW-EM, D, 8. 7.
Lauda/Joisten, A/D, Alpina-BMW-Coupé, Platz
Sieger Stuck/Amon, D/NZ, BMW CSL

Großer Preis von England, Silverstone, 14. 7.
Formel-1-BRM, Platz 12
Sieger Peter Revson, US, McLaren-Ford

ugplatzrennen Diepholz, D, 15. 7.
pina-BMW-Coupe, Ausfall (Motor)
eger Rolf Stommelen, D, Ford Capri RS

roßer Preis von Holland, Zandvoort, 29. 7.
rmel-1-BRM, Ausfall (Reifen/Benzindruck)
eger Jackie Stewart, GB, Tyrrell-Ford

roßer Preis von Deutschland, Nürburgring, 5. 8.
rmel-1-BRM, Ausfall (Unfall)
eger Jackie Stewart, GB, Tyrrell-Ford

roßer Preis von Österreich, Österreichring, 19. 8.
icht am Start (Handverletzung vom Nürburgring-
nfall)
eger Ronnie Peterson, S, Lotus-Ford

roßer Preis von Italien, Monza, 9. 9.
rmel-1-BRM, Ausfall (Unfall)
eger Ronnie Peterson, S, Lotus-Ford

roßer Preis von Kanada, Mosport, 23. 9.
rmel-1-BRM, Ausfall (Differential)
eger Peter Revson, USA, McLaren-Ford

ugplatzrennen Innsbruck, A, 30. 9.
ruppe-1-BMW 2002; Klassensieger

roßer Preis von USA, Watkins Glen, 7. 10.
rmel-1-BRM, Platz 18
eger Ronnie Peterson, S, Lotus-Ford

sonfinale Österreichring, 14. 10.
rd Capri RS, Klassensieger

974

roßer Preis von Argentinien, Buenos Aires, 13. 1.
rmel-1-Ferrari, Platz 2
ger Denny Hulme, NZ, McLaren-Ford

roßer Preis von Brasilien, Interlagos, 27. 1.
rmel-1-Ferrari, Ausfall (Motor)
ger Emerson Fittipaldi, BRAS, McLaren-Ford

ce of Champions, Brands Hatch, GB, 17. 3.
rmel-1-Ferrari, Platz 2
ger Jackie Ickx, B, Lotus-Ford

Großer Preis von Südafrika, Kyalami, 30. 3.
Formel-1-Ferrari, Ausfall (Zündung)
Sieger Carlos Reutemann, ARG, Brabham-Ford

Tourenwagen-EM Salzburgring, A, 14. 4.
Lauda/Mass, A/D, Ford Capri RS, Ausfall (Motor)
Sieger Stuck/Ickx, D/B, BMW 3,0 CSL

Großer Preis von Spanien, Jarama, 28. 4.
Formel-1-Ferrari, Sieger

Großer Preis von Belgien, Nivelles, 12. 5.
Formel-1-Ferrari, Platz 2
Sieger Emerson Fittipaldi, BRAS, McLaren-Ford

1000-km-Nürburgring (Marken-WM), D, 19. 5.
Lauda/Mass, A/D, Ford Capri RS, Ausfall
Sieger Beltoise/Jarier, F, Matra

Großer Preis von Monaco, Monte Carlo, 26. 5.
Formel-1-Ferrari, Ausfall (Zündung)
Sieger Ronnie Peterson, S, Lotus-Ford

Großer Preis von Schweden, Anderstorp, 9. 6.
Formel-1-Ferrari, Ausfall (Hinterradaufhängung)
Sieger Jody Scheckter, ZA, Tyrrell-Ford

Großer Preis von Holland, Zandvoort, 23. 6.
Formel-1-Ferrari, Sieger

Großer Preis von Frankreich, Dijon, 7. 7.
Formel-1-Ferrari, Platz 2
Sieger Ronnie Peterson, S, Lotus-Ford

6-h-Nürburgring (TW-EM), D, 14. 7.
Lauda/Glemser/Hezemans, A/D/NL,
Ford Capri RS, Platz 2
Sieger Heyer/Ludwig, D, Zakspeed-Escort

Großer Preis von England, Brands Hatch, 20. 7.
Formel-1-Ferrari, Platz 5
Sieger Jody Scheckter, ZA, Tyrrell-Ford

Großer Preis von Deutschland, Nürburgring, 4. 8.
Formel-1-Ferrari, Ausfall (Unfall)
Sieger Clay Regazzoni, CH, Ferrari

Großer Preis von Österreich, Österreichring, 18. 8.
Formel-1-Ferrari, Ausfall (Ventilschaden)
Sieger Carlos Reutemann, ARG, Brabham-Ford

Großer Preis von Italien, Monza, 8. 9.
Formel-1-Ferrari, Ausfall (Motor)
Sieger Ronnie Peterson, S, Lotus-Ford

Norisring, D, 15. 9.
Ford Capri, RS, Ausfall (Schaltschwierigkeiten)
Sieger Hans-Joachim Stuck, D, BMW 3,0 CSL

Großer Preis von Kanada, Mosport, 22. 9.
Formel-1-Ferrari, Ausfall (Unfall)
Sieger Emerson Fittipaldi, BRAS, McLaren-Ford

Großer Preis von USA, Watkins Glen, 6. 10.
Formel-1-Ferrari, Ausfall (Stoßdämpfer)
Sieger Carlos Reutemann, ARG, Brabham-Ford

1975

Großer Preis von Argentinien, Buenos Aires, 12. 1.
Ferrari, Platz 6
Sieger Emerson Fittipaldi, McLaren-Ford

Großer Preis von Brasilien, Interlagos, 26. 1.
Ferrari, Platz 5
Sieger Carlos Pace, BRAS, Brabham-Ford

Großer Preis von Südafrika, Kyalami, 1. 3.
Ferrari, Platz 5
Sieger Jody Scheckter, ZA, Tyrrell-Ford

International Trophy Silverstone, GB 12. 4.
Ferrari, Sieger

Großer Preis von Spanien, Barcelona, 27. 4.
Ferrari, Ausfall (Unfall)
Sieger Jochen Mass, D, McLaren-Ford

Großer Preis von Monaco, Monte Carlo, 11. 5.
Ferrari, Sieger

Großer Preis von Belgien, Zolder, 25. 5.
Ferrari, Sieger

Großer Preis von Schweden, Anderstorp, 8. 6.
Ferrari, Sieger

Großer Preis von Holland, Zandvoort, 22. 6.
Ferrari, Platz 2
Sieger James Hunt, GB, Hesketh-Ford

Großer Preis von Frankreich, Paul Ricard, 7. 7.
Ferrari, Sieger

Großer Preis von England, Silverstone, 19. 7.
Ferrari, Platz 8
Sieger Emerson Fittipaldi, BRAS, McLaren-Ford

Großer Preis von Deutschland, Nürburgring, 3. 8.
Ferrari, Platz 3
Sieger Carlos Reutemann, ARG, Brabham-Ford

Großer Preis von Österreich, Österreichring, 17. 8.
Ferrari, Platz 6
Sieger Vittorio Brambilla, I, March-Ford

Großer Preis von Italien, Monza, 7. 9.
Ferrari, Platz 3
Sieger Clay Regazzoni, CH, Ferrari

Großer Preis von USA, Watkins Glen, 5. 10.
Ferrari, Sieger

1976

Großer Preis von Brasilien, Interlagos, 25. 1.
Ferrari, Sieger

Großer Preis von Südafrika, Kyalami, 6. 3.
Ferrari, Sieger

Race of Champions, Brands Hatch, GB, 14. 3.
Ferrari, Ausfall (Bremsen)
Sieger James Hunt, GB, McLaren

Großer Preis von USA/West, Long Beach, 28. 3.
Ferrari, Platz 2
Sieger Clay Regazzoni, CH, Ferrari

Großer Preis von Spanien, Jarama, 2. 5.
Ferrari, Platz 2
Sieger James Hunt, GB, McLaren-Ford

Großer Preis von Belgien, Zolder, 15. 5.
Ferrari, Sieger

Großer Preis von Monaco, Monte Carlo, 30. 5.
Ferrari, Sieger

Großer Preis von Schweden, Anderstorp, 13. 6.
Ferrari, Platz 3
Sieger Jody Scheckter, ZA, Tyrrell-Ford

Großer Preis von Frankreich, Paul Ricard, 4. 7.
Ferrari, Ausfall (Motor)
Sieger James Hunt, GB, McLaren-Ford

Großer Preis von England, Brands Hatch, 18. 7.
Ferrari, Platz 2
Sieger James Hunt, GB, McLaren-Ford

Großer Preis von Deutschland, Nürburgring, 1. 8.
Ferrari, Ausfall (Unfall)
Sieger James Hunt, GB, McLaren-Ford

Großer Preis von Österreich, Österreichring, 15. 8.
nicht am Start
Sieger John Watson, IRL, Penske-Ford

Großer Preis von Zandvoort, 29. 8.
nicht am Start
Sieger James Hunt, GB, McLaren-Ford

Großer Preis von Italien, Monza, 12. 9.
Ferrari, Platz 4
Sieger Ronnie Peterson, S, March-Ford

Großer Preis von Kanada, Mosport, 3. 10.
Ferrari, Platz 8
Sieger James Hunt, GB, McLaren-Ford

Großer Preis von USA/Ost, Watkins Glen, 10. 10.
Ferrari, Platz 3
Sieger James Hunt, GB, McLaren-Ford

Großer Preis von Japan, Fuji, 24. 10.
Ferrari, aufgegeben
Sieger Mario Andretti, USA, Lotus-Ford

1977

Großer Preis von Argentinien, Buenos Aires, 9. 1.
Ferrari, Ausfall (Benzineinspritzung)
Sieger Jody Scheckter, ZA, Wolf-Ford

Großer Preis von Brasilien, Interlagos, 23. 1.
Ferrari, Platz 3
Sieger Carlos Reutemann, ARG, Ferrari

Großer Preis von Südafrika, Kyalami, 5. 3.
Ferrari, Sieger

Großer Preis USA/Westküste, Long Beach, 3. 4.
Ferrari, Platz 2
Sieger Mario Andretti, USA, Lotus-Ford

Großer Preis von Spanien, Jarama, 8. 5.
nicht am Start (Rippenverletzung)
Sieger Mario Andretti, USA, Lotus-Ford

Großer Preis von Monaco, Monte Carlo, 22. 5.
Ferrari, Platz 2
Sieger Jody Scheckter, ZA, Wolf-Ford

Großer Preis von Belgien, Zolder, 5. 6.
Ferrari, Platz 2
Sieger Gunnar Nilsson, S, Lotus-Ford

Großer Preis von Schweden, Anderstorp, 19. 6.
Ferrari, aufgegeben
Sieger Jacques Laffite, F, Ligier-Matra

Großer Preis von Frankreich, Dijon, 3. 7.
Ferrari, Platz 5
Sieger Mario Andretti, USA, Lotus-Ford

Großer Preis von England, Silverstone, 16. 7.
Ferrari, Platz 2
Sieger James Hunt, GB, McLaren-Ford

Großer Preis von Deutschland, Hockenheim, 31. 7.
Ferrari, Sieger

Großer Preis von Österreich, Österreichring, 14. 8.
Ferrari, Platz 2
Sieger Alan Jones, AUS, Shadow-Ford

Großer Preis von Holland, Zandvoort, 28. 7.
Ferrari, Sieger

Großer Preis von Italien, Monza, 11. 9.
Ferrari, Platz 2
Sieger Mario Andretti, USA, Lotus-Ford

Großer Preis von USA/Ost, Watkins Glen, 2. 10.
Ferrari, Platz 4
Sieger James Hunt, GB, McLaren-Ford

Großer Preis von Kanada, Mosport, 9. 10.
nicht am Start
Sieger Jody Scheckter, ZA, Wolf-Ford

Großer Preis von Japan, Fuji, 23. 10.
nicht am Start
Sieger James Hunt, GB, McLaren-Ford

1978

Großer Preis von Argentinien, Buenos Aires, 15. 1.
Brabham-Alfa, Platz 2
Sieger Mario Andretti, USA, Lotus-Ford

Großer Preis von Brasilien, Rio de Janeiro, 29. 1.
Brabham-Alfa, Platz 3
Sieger Carlos Reutemann, ARG, Ferrari

Großer Preis von Südafrika, Kyalami, 4. 3.
Brabham-Alfa, Ausfall (Motor)
Sieger Ronnie Peterson, S, Lotus-Ford

Großer Preis von USA/West, Long Beach, 2. 4.
Brabham-Alfa, Ausfall (Zündung)
Sieger Carlos Reutemann, ARG, Ferrari

Großer Preis von Monaco, Monte Carlo, 7. 5.
Brabham-Alfa, Platz 2
Sieger Patrick Depailler, F, Tyrrell-Ford

Großer Preis von Belgien, Zolder, 21. 5.
Brabham-Alfa, Ausfall (Unfall)
Sieger Mario Andretti, USA, Lotus-Ford

Großer Preis von Spanien, Jarama, 4. 6.
Brabham-Alfa, Ausfall (Motor)
Sieger Mario Andretti, USA, Lotus-Ford

Großer Preis von Schweden, Anderstorp, 17. 6.
Brabham-Alfa, Sieger

Großer Preis von Frankreich, Paul Ricard, 2. 7.
Brabham-Alfa, Ausfall (Motor)
Sieger Mario Andretti, USA, Lotus-Ford

Großer Preis von England, Brands Hatch, 17. 6.
Brabham-Alfa, Platz 2
Sieger Carlos Reutemann, ARG, Ferrari

Großer Preis von Deutschland, Hockenheim, 30.
Brabham-Alfa, Ausfall (Motor)
Sieger Mario Andretti, USA, Lotus-Ford

Großer Preis von Österreich, Österreichring, 13. 8
Brabham-Alfa, Ausfall (Unfall)
Sieger Ronnie Peterson, S, Lotus-Ford

Großer Preis von Holland, Zandvoort, 27. 8.
Brabham-Alfa, Platz 3
Sieger Mario Andretti, USA, Lotus-Ford

Großer Preis von Italien, Monza, 10. 9.
Brabham-Alfa, Sieger

Großer Preis von USA/Ost, Watkins Glen, 1. 10.
Brabham-Alfa, Ausfall (Motor)
Sieger Carlos Reutemann, ARG, Ferrari

Großer Preis von Kanada, Montreal, 8. 10.
Brabham-Alfa, Ausfall (Bremsen)
Sieger Gilles Villeneuve, CAN, Ferrari

1979

Großer Preis von Argentinien, Buenos Aires, 21.
Brabham-Alfa, Ausfall (Benzindruck)
Sieger Jacques Laffite, F, Ligier-Ford

Großer Preis von Brasilien, Interlagos, 4. 2.
Brabham-Alfa, Ausfall (Schaltgestänge)
Sieger Jacques Laffite, F, Ligier-Ford

Großer Preis von Südafrika, Kyalami, 3. 3.
Brabham-Alfa, Platz 6
Sieger Gilles Villeneuve, CAN, Ferrari

Großer Preis von USA/West, Long Beach, 8. 4.
Brabham-Alfa, Ausfall (Unfall)
Sieger Gilles Villeneuve, CAN, Ferrari

Race of Champions, Brands Hatch, GB, 15. 4.
Brabham-Alfa, Platz 5
Sieger Gilles Villeneuve, CAN, Ferrari

Großer Preis von Spanien, Jarama, 29. 4.
Brabham-Alfa, Ausfall (Kühlwasser)
Sieger Patrick Depailler, F, Ligier-Ford

Procar-Rennen GP Belgien/Zolder, 12. 5.
BMW M1, Ausfall (Schwingungsdämpfer gerissen)
Sieger Elio de Angelis, I, BMW M1

Großer Preis von Belgien, Zolder, 13. 5.
Brabham-Alfa, Ausfall (Motor)
Sieger Jody Scheckter, ZA, Ferrari

Procar-Rennen GP Monaco, Monte Carlo, 26. 5.
BMW M1, Sieger

Großer Preis von Monaco, Monte Carlo, 27. 6.
Brabham-Alfa, Ausfall (Unfall)
Sieger Jody Scheckter, ZA, Ferrari

Procar-Rennen GP Frankreich, Dijon, 30. 6.
BMW M1, Platz 8
Sieger Nelson Piquet, BRAS, BMW M1

Großer Preis von Frankreich, Dijon, 1. 7.
Brabham-Alfa, Ausfall (Unfall)
Sieger Jean-Pierre Jabouille, F, Renault-Turbo

Procar-Rennen GP England, Silverstone, 13. 7.
BMW M1, Sieger

Großer Preis von England, Silverstone, 14, 7.
Brabham-Alfa, Ausfall (Bremsen)
Sieger Clay Regazzoni, CH, Williams-Ford

Procar-Rennen GP Deutschland, Hockenheim, 28. 7.
BMW M1, Sieger

Großer Preis von Deutschland, Hockenheim, 29. 7.
Brabham-Alfa, Ausfall (Motor)
Sieger Alan Jones, AUS, Williams-Ford

Procar-Rennen GP Österreich, Österreichring, 11. 8.
BMW M1, Ausfall (Kupplung)
Sieger Jacques Laffite, F, BMW M1

Großer Preis von Österreich, Österreichring, 12. 8.
Brabham-Alfa, Ausfall (kein Öldruck)
Sieger Alan Jones, AUS, Williams-Ford

Procar-Rennen GP Holland, Zandvoort, 25. 8.
BMW M1, Ausfall (Elektrik)
Sieger Hans-Joachim Stuck, D, BMW M1

Großer Preis von Holland, Zandvoort, 26. 8.
Brabham-Alfa, Ausfall
(Handschmerzen/Aufgegeben)
Sieger Alan Jones, AUS, Williams-Ford

Procar-Rennen GP Italien, Monza 8. 9.
BMW M1, Platz 2
Sieger Hans-Joachim Stuck, D, BMW M1

Großer Preis von Italien, Monza, 9. 9.
Brabham-Alfa-Platz 4
Sieger Jody Scheckter, ZA, Ferrari

Imola, I, 16. 9.
Brabham-Alfa, Sieger

1982

Großer Preis von Südafrika, Kyalami, 23. 1.
McLaren-Ford, Platz 4
Sieger Alain Prost, F, Renault-Turbo

Großer Preis von Brasilien, Rio de Janeiro, 21. 3.
McLaren-Ford, Ausfall (Kollision)
Sieger Alain Prost, F, Renault-Turbo

Großer Preis von USA/West, Long Beach, 4. 4.
McLaren-Ford, Sieger

Großer Preis von Belgien, Zolder, 9. 5.
McLaren-Ford, disqualifiziert
Sieger John Watson, IRL, McLaren-Ford

Großer Preis von Monaco, Monte Carlo, 23. 5.
McLaren-Ford, Ausfall (Motor)
Sieger Riccardo Patrese, I, Brabham-Ford

Großer Preis USA/Ost, Detroit, 6. 6.
McLaren-Ford, Ausfall (Kollision)
Sieger John Watson, IRL, McLaren-Ford

Großer Preis von Kanada, Montreal, 13. 6.
McLaren-Ford, Ausfall (Kupplung)
Sieger Nelson Piquet, BRAS,
Brabham-BMW/Turbo

Großer Preis von Holland, Zandvoort, 3. 7.
McLaren-Ford, Platz 4
Sieger Didier Pironi, F, Ferrari-Turbo

Großer Preis von England, Brands Hatch, 18. 7.
McLaren-Ford, Sieger

Großer Preis von Frankreich, Paul Ricard, 25. 7.
McLaren-Ford, Platz 8
Sieger Rene Arnoux, F, Renault-Turbo

Großer Preis von Deutschland, Hockenheim, 8. 8.
McLaren-Ford, nicht am Start
(Trainingsunfall)
Sieger Patrick Tambay, F, Ferrari-Turbo

Großer Preis von Österreich, Österreichring, 15. 8.
McLaren-Ford, Platz 5
Sieger Elio de Angelis, I, Lotus-Ford

Großer Preis der Schweiz, Dijon (F), 29. 8.
McLaren-Ford, Platz 3
Sieger Keijo Rosberg, SF, Williams-Ford

Großer Preis von Italien, Monza, 12. 9.
McLaren-Ford, Ausfall (Fahrwerk)
Sieger Rene Arnoux, F, Renault-Turbo

Großer Preis USA/West, Las Vegas, 25. 9.
McLaren-Ford, Ausfall (Öldruck)
Sieger Michele Alboreto, I, Tyrrell-Ford

1983

Großer Preis von Brasilien, Rio-Jacarepagua, 13. 3.
McLaren-Ford, Platz 2
Sieger Nelson Piquet, BRAS, Brabham-BMW

Großer Preis von USA/West, Long Beach, 27. 3.
McLaren-Ford, Platz 2
Sieger John Watson, IRL, McLaren, Ford

Großer Preis von Frankreich, Paul Ricard, 17. 4.
McLaren-Ford, Ausfall (Halbwelle)
Sieger Alain Prost, F, Renault

Großer Preis von San Marino, Imola (I), 1. 5.
McLaren-Ford, Ausfall (Unfall)
Sieger Patrick Tambay, F, Ferrari

Großer Preis von Monte Carlo, Monaco, 15. 5.
McLaren-Ford, nicht qualifiziert
Sieger Keijo Rosberg, SF, Williams-Ford

Großer Preis von Belgien, Spa, 22. 5.
Mc-Laren-Ford, Ausfall (Motor)
Sieger Alain Prost, F, Renault

Großer Preis USA/Ost, Detroit, 5. 6.
McLaren-Ford, Ausfall (Stoßdämpfer)
Sieger Michele Alboreto, I, Tyrrell-Ford

Großer Preis von Kanada, Montreal, 12. 6.
McLaren-Ford, Ausfall (Dreher)
Sieger Rene Arnoux, F, Ferrari

Großer Preis von England, Silverstone, 16. 7.
McLaren-Ford, Platz 6
Sieger Alain Prost, F, Renault

Großer Preis von Deutschland, Hockenheim, 7. 8.
McLaren-Ford, wegen Zurückschiebens in der
Boxenstraße aus der Wertung genommen
Sieger Rene Arnoux, F, Ferrari

Großer Preis von Österreich, Österreichring, 14. 8.
Mc-Laren-Ford, Platz 6
Sieger Alain Prost, F, Renault

Großer Preis von Holland, Zandvoort, 28. 8.
McLaren-TAG, Ausfall (Bremsen)
Sieger Rene Arnoux, F, Ferrari

Großer Preis von Italien, Monza, 11. 9.
McLaren-TAG, Ausfall (Motor)
Sieger Nelson Piquet, BRAS, Brabham-BMW

Großer Preis von Europa, Brands Hatch (GB), 25.
McLaren-TAG, Ausfall (Motor)
Sieger Nelson Piquet, BRAS, Brabham-BMW

Großer Preis von Südafrika, Kyalami, 15. 10.
McLaren-TAG, Platz 11
Sieger Riccardo Patrese, I, Brabham-BMW

1984

Großer Preis von Brasilien, Rio-Jacarepagua, 25. 3.
McLaren-TAG, Ausfall (Batteriekabel gebrochen)
Sieger Alain Prost, F, McLaren-TAG

Großer Preis von Südafrika, Kyalami, 7. 4.
McLaren-TAG, Sieger

...oßer Preis von Belgien, Zolder, 29. 4.
...cLaren-TAG, Ausfall (Motor)
...ger Michele Alboreto, I, Ferrari

...oßer Preis von San Marino, Imola (I), 6. 5.
...cLaren-TAG, Ausfall (Motor)
...ger Alain Prost, F, McLaren-TAG

...oßer Preis von Frankreich, Dijon, 20. 5.
...cLaren-TAG, Sieger

...oßer Preis von Monte Carlo, Monaco, 3. 6.
...cLaren-TAG, Ausfall (Dreher)
...ger Alain Prost, F, McLaren-TAG

...oßer Preis von Kanada, Montreal, 17. 6.
...cLaren-TAG, Platz 2
...ger Nelson Piquet, BRAS, Brabham-BMW

...oßer Preis USA/Ost, Detroit, 24. 6.
...cLaren-TAG, Ausfall (Zündkerzen)
...ger Nelson Piquet, BRAS, Braham-BMW

...oßer Preis USA/Süd, Dallas, 8. 7.
...cLaren-TAG, Ausfall (Unfall)
...ger Keijo Rosberg, Williams-Honda

...oßer Preis von England, Brands Hatch, 22. 7.
...cLaren-TAG, Sieger

...oßer Preis von Deutschland, Hockenheim, 5. 8.
...cLaren-TAG, Platz 2
...ger Alain Prost, F, McLaren-TAG

...oßer Preis von Österreich, Österreichring, 19. 8.
...cLaren-TAG, Sieger

...oßer Preis von Holland, Zandvoort, 26. 8.
...cLaren-TAG, Platz 2
...ger Alain Prost, F, McLaren-TAG

...oßer Preis von Italien, Monza, 9. 9.
...cLaren-TAG, Sieger

...oßer Preis von Europa, Nürburgring (D), 7. 10.
...cLaren-TAG, Platz 4
...ger Alain Prost, F, McLaren-TAG

Großer Preis von Portugal, Estoril, 21. 10.
McLaren-TAG, Platz 2
Sieger Alain Prost, F, McLaren-TAG

Großer Preis von Australien, Adelaide, 18. 11.
Ralt-Formula Pacific, Ausfall (Unfall)
Sieger Robert Moreno, BRAS, Ralt

1985

Großer Preis von Brasilien, Rio-Jacarepagua, 7. 4.
McLaren-TAG, Ausfall (Bordcomputer)
Sieger Alain Prost, F, McLaren-TAG

Großer Preis von Portugal, Estoril, 21. 4.
McLaren-TAG, Ausfall (Motor)
Sieger Ayrton Senna, BRAS, Lotus-Renault

Großer Preis von San Marino, Imola (I), 5. 5.
McLaren-TAG, Platz 4
Sieger Elio de Angelis, I, Lotus-Renault

Großer Preis von Monte Carlo, Monaco, 19. 5.
McLaren-TAG, Ausfall (Dreher, Motor abgestorben)
Sieger Alain Prost, F, McLaren-TAG

Großer Preis von Kanada, Montreal, 16. 6.
McLaren-TAG, Ausfall (Motor)
Sieger Michele Alboreto, I, Ferrari

Großer Preis USA/Mitte, Detroit, 23. 6.
McLaren-TAG, Ausfall (Bremsen)
Sieger Keijo Rosberg, SF, Williams-Honda

Großer Preis von Frankreich, Paul Ricard, 8. 7.
McLaren-TAG, Ausfall (Getriebe)
Sieger Nelson Piquet, BRAS, Brabham-BMW

Großer Preis von England, Silverstone, 21. 7.
McLaren-TAG, Ausfall (Elektronik)
Sieger Alain Prost, F, McLaren-TAG

Großer Preis von Deutschland, Nürburgring, 4. 8.
McLaren-TAG, Platz 5
Sieger Michele Alboreto, I, Ferrari

Großer Preis von Österreich, Österreichring, 18. 8.
McLaren-TAG, Ausfall (Turbolader)
Sieger Alain Prost, F, McLaren-TAG

Großer Preis von Holland, Zandvoort, 25. 8.
McLaren-TAG, Sieger

Großer Preis von Italien, Monza, 8. 9.
McLaren-TAG, Ausfall (Vibrationen)
Sieger Alain Prost, F, McLaren-TAG

Großer Preis von Belgien, Spa, 15. 9.
McLaren-TAG, Trainingsunfall, nicht am Start
Sieger Ayrton Senna, BRAS, Lotus-Renault

Großer Preis von Europa, Brands Hatch (GB), 6. 1
Wegen der Verletzung von Spa nicht am Start
Sieger Nigel Mansell, GB, Williams-Honda

Großer Preis von Südafrika, Kyalami, 19. 10.
McLaren-TAG, Ausfall (Turboschaden)
Sieger Nigel Mansell, GB, Williams-Honda

Großer Preis von Australien, Adelaide, 3. 11.
McLaren-TAG, Ausfall (Bremsdefekt)
Sieger Keke Rosberg, SF, Williams-Honda

Alle Jahre wieder:

Der Bestseller der
Motorsport-Literatur

Heinz Prüller
GRAND PRIX STORY

aktuell
hautnah
faszinierend

Erscheint jeweils sofort nach Ende einer Grand Prix Saison.

In jeder Buchhandlung.

Orac

Die vielfältigsten, wertvollsten, umfassendsten Bücher dieses Sports

Die 2. Auflage des Rallye-Sport-Klassikers von Herbert Völker.
226 Seiten, 240 Farbfotos, Format 21,5 x 29 cm
öS 498,–

Tamotsu Futamura, das Maß aller Dinge in der Rallyefotografie. Mit Texten von Herbert Völker.
220 Seiten, 176 Farbbildseiten, Format 21,5 x 29 cm
öS 498,–

In jeder Buchhandlung.